세 상 을
밝 히 는
지식교양

● ● ●

현실을 지배하는
아홉 가지 단어

세 상 을 · **현실을 지배하는 아홉 가지 단어**
밝 히 는 ·
지식교양 · 빈곤에서 신자유주의까지, 자본주의를 움직이는 사회 키워드

초판 1쇄 펴낸날 2010년 10월 15일
초판 2쇄 펴낸날 2013년 3월 20일

지은이 | 한국철학사상연구회
펴낸이 | 이건복
펴낸곳 | 도서출판 동녘

전무 | 정락윤
주간 | 곽종구
편집 | 윤현아 이정신
책임편집 | 구형민
미술 | 조하늘 고영선
영업 | 김진규 조현수
관리 | 서숙희 장하나

인쇄·제본 | 영신사
라미네이팅 | 북웨어
종이 | 한서지업사

등록 | 제 311-1980호. 1980년 3월 25일
주소 | (413-756) 경기도 파주시 문발동 파주출판도시 532-5
전화 | 영업 (031)955-3000 편집(031)955-3005
전송 | (031) 955-3009
블로그 | www.dongnyok.com
전자우편 | editor@dongnyok.com

ISBN 978-89-7297-626-4 04100 978-89-7297-623-3 (세트)

세상을 밝히는 지식교양

빈곤에서 신자유주의까지,
자본주의를 움직이는 사회 키워드

현실을 지배하는
아홉 가지 단어

한국철학사상연구회 지음

동녘

차례

현실을 지배하는
아홉 가지 단어 사전

근대 사회에 접어들면서 우리는 자유롭고 평등한 사회, 누구나 노력하면 행복을 얻을 권리가 있다는 믿음을 자연스럽게 받아들이게 되었다. 그리고 온갖 제도와 법률이 이러한 믿음을 보장해준다고 여겼다. 그러나 현실이 실제로 그러하다고 믿는 사람이 과연 얼마나 될까? 그렇다면 현실 세계를 지배하는 것은 무엇일까? 근대 사회의 원리에 따르자면 현실을 지배하는 것은 국가였고 정치였다. 경제와 시장이 지배하는 사회, 그것을 우리는 자본주의 사회라고 부른다. 현실을 지배하는 것들은 바로 이 자본주의를 둘러싸고 배치된다. 그렇다면 한국사회의 현실을 움직이는 실질적인 실체는 무엇일까? 더 나아가 세계를 지배하는 실질적인 흐름은 무엇일까?

《세계의 절반은 왜 굶주리는가》에서 장 지글러는 이렇게 묻는다. "식량이 넘쳐나는데 왜 수십 억 인구가 굶주리는 걸까?" 그 이유는 세계적으로 아주 복잡한 일들, 도무지 이해할 수 없는 일들이 넘쳐나기 때문이다. 과거의 자유로도 모자라 '새로운 자유주의'를 외치는 신자유주의가 어느 때보다 목소리를 높이고 있는데, 왜 더 많은 사람들이 부자유스럽고 곤경에 처하는 것일까? 도대체 그 자유는 누구의 자유를 말하는 것일까?

우리는 저마다 자신이 처한 현실 속에서 살아간다. 아침에 일어나 잠자리에 들 때까지 그 현실을 벗어나서 살아가는 사람은 아무도 없다. 그런데 그 현실이 도대체 보이지 않으니 어찌된 일일까? 만약 우리가 겪고 있는 것이 현실이 아니라면, 진실로 현실은 무엇일까? 우리는 '인간을 이해하는 아홉 가지 단어'와 '세계를 바꾼 아홉 가지 단어'에 더하여 '현실을 지배하는 아홉 가지 단어—빈곤, 소유, 기업, 분배, 정보, 공동체주의, 저출산 고령화, 노동, 신자유주의'에 대해 생각해보기로 했다.

혼자 읽는 아홉 가지 단어 사전 사용법

물론 '현실을 지배하는 아홉 가지 단어'라고 하면 사람들은 저마다 다른 단어를 떠올릴 것이다. 그리고 그에 대한 이유도 다양할 수 있다. 하지만 우리가 여기에 제시한 아홉 개의 단어는 20세기 말부터 현재에 이르기까지 가장 쟁점이 되는 문제들 가운데서 고르고 추린 것들이다.

사전이란 다른 책을 읽을 때 사용하는 보조 도구이다. 책을 읽다가 의미를 알 수 없는 단어가 나올 때 혼자서 찾아보는 것이 바로 사전이다. 그렇다면 이 '현실을 지배하는 아홉 가지 단어 사전'을 어떻게 활용해야 할까? 이 책은 우리가 살아가는 현실의 숨겨진 실체들, 즉 우리의 삶을 구성하고, 우리 사회의 재화와 권력을 분배하는 가장 핵심적인 흐름과 체제에 관한 사전이다. 이 책의 구성과 각 영역의 의미는 다음과 같다.

의미 영역에 따른 구성	내 용
생각 속으로	각 단어의 역사적 기원과 의미 변화 그리고 가장 핵심적인 개념들을 다양한 예시를 들어가며 소개한다.
고전 속으로	각 단어와 관련하여 꼭 만나봐야 하는 근현대 철학자들과 그들의 저서 가운데 핵심 부분을 발췌해 소개하고 해설을 곁들였다. 독자들의 이해를 돕기 위해 필자가 판단하여 출전의 번역을 수정·보완하기도 했다.
역사와 현실 속으로	각 단어와 관련된 현대적 사건이나 사용 용례를 소개하여 구체적인 역사와 현실 속에서 그 개념을 이해할 수 있도록 했다.
가상토론	각 단어와 관련된 철학자나 사상가 혹은 가상의 인물이 등장해 토론하는 상황을 가정하고, 이들의 대화 속에 단어와 관련된 개념과 배경지식 등을 담아 폭넓은 이해를 돕는다.

철학자 사르트르는 "개념이란 사유의 도구"라고 말한 바 있다. 즉 개념이란 우리가 생각하고 반성하고 판단하는 과정에 쓰이는 일종의 도구일 뿐이다. 마찬가지로 이 책 또한 현실을 지배하는 중요한 아홉 개의 단어를 담은 일종의 사전으로서 독자들에게 이용되기를 바라는 마음이다. 여기에 소개한 단어들은 중고등학교 과정은 물론 대학 교양과정에서 필수적으로 요구되는 핵심 단어들이다. 이 책이 다양한 교육 현장에서 그리고 많은 독자들이 스스로 찾아 읽고 활용할 수 있는 그런 사전이 되었으면 좋겠다.

이 책을 기획하고 진행하는 데에 많은 분들이 함께 고생했다. 먼저 20여 년을 우리의 취지와 함께했고 이 시리즈의 기획에 공감해주신 동녘출판사의 이건복 사장님, 함께 기획하고 귀찮은 일들을 일일이 챙겨준 신우현 선생님, 그리고 무엇보다 좋은 글을 써주신 필자 선생님들께 진심으로 감사드린다.

2010년 9월

한국철학사상연구회 회장 최종덕, 기획자 김시천

1

빈곤

최저생계비로 한 달 살아봐!

여현석 (안양대학교 외래교수)

생각 속으로 l 열심히 일하면 과연 부자가 되는 걸까?
고전 속으로 l 프리드리히 하이에크와 칼 마르크스
역사와 현실 속으로 l 강부자와 고소영 그리고 영구네 엄마
가상토론 l 세계 13위 경제대국 국민들이 불행한 까닭은?

생각 속으로

열심히 일하면 과연 부자가 되는 걸까?

흥부가 기가 막혀? 놀부가 기가 막혀?

21세기 한국 사회의 관점에서 《흥부전》을 재해석하면 놀부는 부를 축적한 당당한 자산가의 모습으로, 흥부는 경제적으로 무능한 가장의 모습으로 볼 수 있다. 현대인들은 놀부의 도덕적 흠결을 따지기 보다는 그가 소유한 부를 부러워한다. 《흥부전》을 보면 놀부는 아버지의 재산을 상속받음과 동시에 동생의 재산을 갈취함으로써, 흥부는 제비로 상징되는 '한방의 대박'을 터트림으로써 부를 축적한다. 결국 두 사람은 성실한 노동을 통해서 부를 축적한 것이 아니라 '부도덕한 착취'와 '한방이라는 요행'을 통해서 부를 축적한 것이다. 세월을 넘어 이 두 모습은 현대 한국 사회에서 부에 대한 사람들의 생각을 상징적으로 보여주고 있으며, 오늘날 한국 자본주의 사회의 성격을 단적으로 보여주고 있다.

흥부는 오늘날 빈곤층을 상징하는 가난한 사람이다. 흥부의 그 지독한 가난 혹은 빈곤의 원인은 과연 무엇일까? 우선 빈곤의 개념을 간략히 살펴보자. 빈곤의 척도는 한 가계가 벌어들이는 소득이며, 이 소득이 사회적으로 정해진 최저생계비보다 낮을 경우 그 가계는 빈곤층으로 분류된다. 최저생계비란 건강하고 문화적인 생활을 유지하기 위해 필요한 최소한의 비용을 말하는데, 이는 정부가 생계에 필요한 여러 상품의 가격을 고려해 측정한다. 한 가계가 다양한 방법으로 벌어들인 소득에서 세금을 뺀 가처분소득이 정부가 측정한 최저생계비보다 낮다면 그 가정이나 그에 속한 사람들은 가난하다고 정의된다.

보건복지부 자료에 따르면, 2010년 한국의 최저생계비는 서울과 지방을 막론하고 1인 가구 50만 4,344원, 2인 가구 85만 8,746원, 3인 가구 110만 919원, 4인 가구 136만 3,091원이다. 이 최저생계비에는 집세, 식료품비, 교육비, 의료비, 교통비 등 모든 생활비가 포함되어 있다. 2010년의 다양한 경제적 변화와 최저생계비의 상승을 고려하더라도 과연 살인적인 고물가 시대에 이 돈으로 충분히 인간답게 살 수 있을까? 오늘날 한국 사회는 부유한 20%와 가난한 80%로 구성되어 있다. 과연 부유한 사람들은 열심히 일하는 사람들이고, 가난한 사람들은 게으르고 불성실한 사람들인가?

세상이 그대를 속일지라도 슬퍼하거나 노여워하지 말라

현대 신자유주의의 이념적 기반을 제공한 하이에크는 빈곤의 원인을 개인들에게 돌리고 있다. 하이에크는 기본적으로 현재의 자유주의 체제와 이에 근거한 시장자본주의 체제를 강력히 옹호한다. 그는 시장 체제에서 개인들이 자유롭게 경쟁하고, 그 경쟁의 결과에 온전히 승복해야 한다고 주장한다. 시장은 국가와 정부로부터 최소한의 규제와 제약을 받아야 하며, 가능한 한 최대한의 자율성에 근거해서 작동해야 한다는 것이다. 시장의 자유경쟁만이 경쟁력을 강화할 수 있기 때문에 국가의 간섭과 규제는 최소화하고 사회의 여러 분야를 경쟁에 완전히 노출시켜야 한다고 주장한다. 자유경쟁 체제에서만이 경제를 비롯한 사회 여러 분야의 생산성과 효율성이 극대화되기 때문이라는 것이다. 현대 자본주의가 놀라울 만한 문명과 경제적 발전을 이룩한 것은 모두 자유경쟁과 시장 체제를 기반으로 하기 때문이라는 것이 하이에크의 주장이다.

자유주의는 개인들의 불평등을 인정하는 이념이다. 자유주의자들은 개인들의 능력 차이를 인정하고, 자유경쟁으로부터 발생하는 다양한 불평등, 특히 경제적 불평등을 매우 자연스러운 것으로 수용한다. 이들에게 중요한 것은 형식적 평등이지, 내용이나 결과에서의 평등은 부차적인 것이다.

이러한 하이에크의 주장은 한편으로는 타당하다. 그의 말대로 자유경쟁과 시장 체제를 거부한 사회주의 국가는 몰락했고 자본주의 국가들은 성장하고 있기 때문이다. 하이에크는 시장에서의 자유경쟁은 열심히 일한 승자에게 부를 축적할 기회를 주고, 무능하고 게으른 패자에게는 가난과 굶주림의 자유를 준다고 강조한다. 따라서 가진 자의 부는 정당하고 정의로운 것이며, 가난한 패자는 자유경쟁 체제 속에서 다시 자신의 노력에 따라 부자가 될 수 있는 기회를 가진다는 것이다. 즉 부와 빈곤의 결정적 원인은 시장에서 자유롭게 경쟁하는 개인들에게 있는 것이지 다른 데에 있는 것은 아니라는 말이다. 그러나 과연 가난의 원인을 개인에게만 돌리는 것이 정당할까?

노동가치론과 잉여가치론을 주장한 마르크스는 빈곤의 원인이 개인들의 게으름에 있는 것이 아니라 자유경쟁 시장 체제 그 자체에 있다고 주장한다. 즉 빈곤의 본질적 원인은 사람들이 노동을 외면하고 기피하기 때문이 아니라, 노동자들이 정당한 노동의 대가를 자본가에게 과다하게 착취당하기 때문이라고 주장한다. 자본주의 체제는 기본적으로 생산-유통-소비가 순환하는 방식으로 작동하고 있다. 생산의 주체는 자본가와 노동자이다. 자본가는 이윤을 위하여 자본을 투자하고, 노동자는 임금을 위해서 노동력을 제공한다. 이 두 주체는 상품을 시장에 판매한 대가로 이윤과 임금을 분배한다. 그런데 문제는 여기서 발생한다. 즉 자본가와 노동자가 투하한 가치가 공정하게 분배되지 않고 불공정하게 분배되는 것이다. 자본가는 잉여가치라는 자신의 몫 이상을 노동자로부터 착취한다. 그 결과 자본가는 부를 축적하지만 노동자는 노동 재생산에 필요한 최저임금만을 받음으로써 빈곤의 굴레를 벗어날 수 없게 된다.

자유무역을 통한 불공정한 부의 축적 사례를 살펴보자. 페루와 볼리비아 등 남미의 농민들은 자신들이 피땀 흘려 생산한 커피 50kg를 70달러에 판매한다. 그러나 초국적 커피 판매 기업은 이것을 가공하여 런던, 뉴욕, 토론토에서 1만 3,000달러에 팔고 있다. 좀더 구체적으로 페루에서 생산되어 뉴욕에서 소비되는 커피 한 통의 가격과 관련하여 생산-유통-소비의 과정을 살펴보자. 이 과정에서 각각 커피 재배자 10%, 수출업자 10%, 네슬레와 같은 거대 커피 회사와 배송업자 55%, 소매업자 25%의 비율로 이윤을 나눠 갖는다. 이것이 신자유주의 이념을 기반으로 한 자유무역의 위대한 성취다. 초국적 기업의 생산비용과 유통비용을 충분히 고려하더라도 이것은 명백한 커피 재배 노동자의 노동력 착취다. 그리고 이것이 노동의 가치를 스스로 만들었음에도 노동의 결과로부터 소외된 노동자들의 현실이다. 이들의 빈곤이 과연 노동자 개인의 게으름과 노동의 기피 때문인가?

이 모든 것은 자유경쟁 체제에서 필연적으로 발생하는 구조적이고 체제 내적인 문제라고 마르크스는 주장한다. 자유경쟁 체제는 무한한 이윤추구를 목적으로 하기 때문에 본질적으로 노동자를 착취할 수밖에 없다는 것이 마르크스의 주장이다. 생산의 두 주체인 자본가와 노동자는 생산의 결과를 분배할 때 투하한 가치량에 근거해서 합리적으로 분배하기보다는 서로가 가진 정치적 힘에 따라서 생산의 결과를 분배하고 있는 것이 역사적 현실이다. 이 경우 자본가는 일반적으로 국가권력을 등에 업고 자신의 과도한 이익을 관철시킨다. 즉 국가권력은 자본가와 노동자 사이에서 공정하게 조정하고 심판하는 것이 아니라, 거의 대부분 일방적으로 자본가의 주장을 옹호한다. 오늘날 한국 사회에서 흔히 들을 수 있는 '정경유착'이라는 말을 상기하면 이러한 현상을 쉽게 이해할 수 있다.

자본가와 국가권력은 늘 경제위기를 들먹이며 법에 보장된 노동자의 정당한 파업 권리 행사를 비난하고 억압한다. 이러한 상황은 18세기 자본주의 탄생 이래 21세기까지 지속된 역사적 사실이다. 그래서 마르크스는 국

■■■■■ 공정무역 상품들. 공정무역이란 가난한 나라의 노동자와 농민들이 만든 상품을 정당한 값을 주고 구입함으로써 그들의 경제적 자립을 돕는 무역이자 윤리적 소비운동이다.

가의 성격을 '노동자의 이익을 외면하고 자본가만을 위하는 위원회'라고 비판한다. 자본가는 국가권력을 등에 업고 혹은 국가권력과 결합하여 노동자 착취의 시스템을 강화하고 있다. 국가권력과 자본가로부터 소외된 노동자는 자신에게 돌아올 노동의 몫으로부터 배제되고, 필연적으로 빈곤의 사슬에 얽매이게 되는 것이다.

자유무역에서 공정무역까지

18세기 고전파 경제학자 애덤 스미스 이래로 자유무역을 주장한 리카도 역시 자유경쟁을 핵심 가치로 여긴다. 리카도는 '비교우위론'에 근거해서 강력한 자유무역을 주장한다. 그에 따르면 국가 간의 자유무역을 통해서 서로 다른 무역국가가 경제적 이익을 공유할 수 있다. 리카도의 자유무역론은 21세기 신자유주의 세계화 무역론의 핵심 내용으로 자리 잡고 있다. 국가 간의 보호무역 장벽을 없애고 자본과 상품, 노동의 자유로운 이동을 통해서 이윤을 극대화할 수 있다는 것이 신자유주의 세계화 자유무역론의 핵심이다.

　과학기술에 근거한 혁신적 정보통신의 발달로 말미암아 이제 세계는 하나의 경제권을 형성하고 있다. 리카도의 말처럼 자유무역은 세계시장을 통해서 국가 간의 경제적 성장에 중요한 전기를 제공한 것도 사실이다. 한국도 자유무역을 통하여 개발도상국에서 중진국가로 발돋움했다. 한국은 농업에 대한 중화학공업 분야의 비교우위를 통해 세계시장에서 강력한 경제국가로 성장했다. 미국을 중심으로 세계의 많은 국가가 자유무역협정을 체결하려고 애쓰는 것도 리카도의 '비교우위론'의 경제적 타당성을 신뢰하기 때문이다. 그런데 진정 세계화 자유무역론이 교역 국가 간의 상호 경제적 발전을 실현하고 있는가?

리카도의 기대대로 세계화 자유무역은 이제 국가 간의 장벽을 허물고 민족국가의 정체성을 위협하면서 초국적 자본의 이익 실현을 위한 미다스의 손이 되고 있다. 초국적 자본은 보다 많은 이윤을 추구하기 위하여 값싼 노동력을 찾아 세계를 떠돌고 있다. 그리고 금융자본의 자유로운 이동을 통한 이윤추구를 위하여 보호장벽을 철폐하도록 약소국가의 법질서 재편을 강요하고 있다. 자국의 경제와 문화 그리고 인권과 환경을 보호하려는 개발도상국들의 노력은 강대국과 초국적 자본의 제국주의적 위협 아래 무참히 짓밟히고 있다.

멕시코를 비롯한 남미와 아시아 지역에서 보듯이, 자유무역은 결국 약소국가의 경제적 몰락으로 귀결되고 있다. 리카도의 '비교우위론'에 근거한 자유무역은 이제 한미 FTA를 통하여 한국 농민들을 죽음으로 내몰고 있으며, 영화 등 한국의 문화산업을 초토화시키고 있다. 자유무역은 초국적 거대 자본의 이익을 위하여 저개발국가의 노동자와 농민에게 저임금 장시간 노동을 강요하고 있으며, 이들을 끊임없이 빈곤의 절망으로 내몰고 있다.

따라서 이제는 FTA^{Free Trade Agreement}를 보완할 수 있는 새로운 FTA^{Fair Trade Agreement}, 즉 공정무역이 필요하다. 공정무역이란 가난한 나라의 노동자와 농민들이 만든 상품을 정당한 값을 주고 구입함으로써 그들의 경제적 자립을 돕는 무역이자 윤리적 소비운동이다. 즉 공정무역은 생산자의 인권과 정당한 노동의 대가를 인정하며, 지구 환경을 보호하는 올바른 소비자 운동을 주장한다.

우리가 즐겨 입는 청바지를 예로 들어보자.

청바지는 면으로 만든다. 목화는 세계의 경작 가능한 토지의 약 5%에서 생산되는데, 재배 과정에서 가난한 나라의 비옥한 토지를 황폐하게 만들고, 관개를 통해 주위의 물을 고갈시키며, 농약으로 토지를 뒤덮는다. 목화 재배에는 다른 어떤 작물보다 독한 살충제가 많이 사용된다. 전 세계 살충제의 4분의 1이 목화농장에 뿌려지고, 해마다 수백만 명이 중독 피해를 당한다. 그리고 미국에서 재배되는 목화의 반 이상은 유전자가 조작된 것들이다. 또 면을 옷감으로 만들기 위하여 염색을 하는데, 이 과정에서 독성이 강한 인공 화학물질이 사용된다. 이 독성 화학물질은 결국 공기, 토양, 수질을 오염시킨다.

초국적 악덕 기업은 이윤을 위하여 다른 나라의 환경을 오염시키고 노동자의 인권을 억압하기 때문에 소비 주체들이 이러한 기업과 상품을 적극 비판하고 소비자 운동을 통해서 노동자의 인권과 임금, 환경을 보호하는 노력을 기울여야 한다. 이것이 자유무역의 문제점을 극복하는 공정무역의 가치다. 상품의 교환가치를 중심으로 한 자본가의 과도한 이윤추구를 통제하고 생산의 또 다른 주체인 노동자와 농민에게 정당한 몫을 돌려줘야 한다. 70달러짜리 상품이 1만 3,000달러에 판매되고 100만 원짜리 한우가 350만 원에 판매되는 이 기이한 체제를 이제는 넘어서야 한다.

신화는 신화일 뿐 따라하지 말자

하이에크의 주장과 달리 자유경쟁 시장 체제는 소수의 선진 자본주의 국가나 그 나라의 소수 자본가와 부자들에게는 진리의 말씀이다. 그러나 그의 주장은 개발도상국이나 그 국가 내 다수의 가난한 사람들에게는 고통의 족쇄로 작용하고 있는 것이 사실이다. 자유경쟁은 명목상의 자유경쟁이지 본질적으로는 불공정 경쟁일 뿐이다. 왜냐하면 국가나 개인 모두 공정하게 동일한 조건 속에서 경쟁하지 않기 때문이다. 차별적 경쟁 속에서 차별적 결과가 발생하는 것이 과연 정당한가?

신자유주의와 자유경쟁 시장 체제가 공정하고 정의로우며 인간의 발전과 해방을 가져온다는 것은 하나의 허구적 신화이고 우상화된 지배자의 이념일 뿐이다. 불공정 경쟁에서 승리한 자가 치켜드는 축배의 술잔은 가난한 패자의 피눈물로 채워지고 있다. 흥부가 제비를 통해서 '한방의 대박'을 터트렸던 것도 이제 한 편의 신화일 뿐이다. 로또 복권의 신화는 어처구니없게도 880만분의 1이라는 확률 속에서 매주 실현되고 있다. 소수의 부자와 초국적 기업들이 '지금 이대로'를 외치는 순간에 대다수 빈곤한 노동자와 서민들은 '로또 한방이라는 대박의 신화' 속에서 오늘도 절망을 경험하고 있다.

프리드리히 하이에크와 칼 마르크스

프리드리히 A. 하이에크 Friedrich August von Hayek (1899~1992)

오스트리아 태생 영국의 경제학자이자 정치철학자. 《노예의 길The Road to Serfdom》(1944) 등을 통해 자유경쟁을 소비자의 수요와 더 나은 생산 방식을 발견해나가는 절차로 보고, 자유시장경제의 작동 원리를 새로이 부각시켰다. 1980년대 영국 마거릿 대처 총리의 경제정책, 그리고 미국 로널드 레이건Ronald W. Reagan 대통령의 경제정책에 많은 영향을 끼쳤다. 케인스의 시장에 대한 국가의 개입론에 대항하여 시장경제의 자율성을 옹호했다. 이때문에 하이에크는 20세기 신자유주의의 사상적 선도자로 인정받고 있다. 1974년 노벨 경제학상을 수상했다.

> 프리드리히 하이에크, 김이석 옮김,
> 《노예의 길》, 나남출판, 2006.

자유주의의 핵심적 주장은 인간의 노력들을 조정하는 수단으로 자유경쟁의 힘을 가능한 한 최대로 잘 활용하자는 것이지 그대로 놔두라는 것이 아니다. 이는 유효한 경쟁이 창출될 수 있는 곳에서는 다른 그 어떤 방법보다도 자유경쟁이 개별적 노력의 좋은 길잡이가 되어준다는 확신에 기초한 것이다. 경제적 자유주의는 개인들의 개별적 노력을 조정하는 방법으로 경쟁보다 더 열등한 방법들이 경쟁을 대체하는 것에 반대한다. 자유주의는 경쟁이 대개의 경우 알려진 방법 중 가장 효율적이라는 이유뿐만 아니라 더 크게는 권력의 강제적이고도 자의적인 간섭 없이도 우리의 행위들이 서로 조정될 수 있는 유일한 방법이기 때문에 자유경쟁을 우월한 방법으로 간주한다. 사실 경쟁을 선호하는 핵심적 이유는 '정치권력의 의식적인 사회적 통제'가 필요하지 않다는 점이며, 특정한 직업이 그 직업과 연관된 불리한 점과 위험요소들을 상쇄하고도 남을 만큼 전망이 있는지 개인이 스스로 결정할 기회를 각자에게 부여한다는 점이다.

사회 조직의 원칙으로 자유경쟁을 성공적으로 활용하기 위해서는 경제 활동에 대한 국가의 정치적이고 강제적인 간섭을 배제해야 한다. 그러나 자유경쟁의 작동을 상당히 도와줄 수도 있는 다른 유형의 국가의 간섭은 인정하며, 심지어 특정한 종류의 정부 행동은 필요한 것이기도 하다. 그러나 국가의 강제력이 사용되지 말아야 한다는 점이 특별히 강조된 데에는 그만한 이유가 있다. 무엇보다 먼저 시장 참여자들은 거래 상대방을 찾을 수 있는 한 어떤 가격에서건 자유롭게 사고팔 수 있어야 하고, 누구든 자유롭게 생산할 수 있고, 팔릴 수 있는 어떤 것도 생산하여 팔고 살 수 있어야 한다.

경제적 업종에 상관없이 시장 진입이 모든 사람에게 동일한 조건으로 자유롭게 개방되어야 한다는 것이 본질적으로 중요하다. 아울러 개인이나 단체가 공개적 혹은 드러나지 않은 힘들을 이용하여 이러한 시장 진입을 제한하려는 것을 법이 허용하지 않아야 한다는 것 또한 본질적으로 중요하다. 특정 상품에 대해 국가가 가격이나 물량을 통제하게 되면, 개인 각자의 노력을 유효하게 조정하는 경쟁능력은 박탈된다. 그렇게 되면 가격 변화들이 더 이상 변화된 모든 상황을 반영하지 못하게 되며, 그 결과 시장 가격의 변화들이 더 이상 개인들의 행위에 대한 믿을 만한 길잡이가 될 수 없기 때문이다.

자본주의 사회, 즉 자유경쟁 사회에서는 가격을 지불하기만 하면 대부분의 상품이나 물건들을 개인이 가질 수 있다는 사실이 매우 중요하다. 시장 가격 체제의 반대는 완전한 선택의 자유가 아니라 반드시 복종해야 하는 명령과 금지, 그리고 최종적으로는 정치권력자의 자의적인 시혜이다. 자유경쟁 사회에서는 거의 모든 것이 돈만 지불하면 가질 수 있다는 사실이 종종 비난의 원인이 되고 있다. 이러한 자유경쟁 사회의 특징에 대한 비판은 널리 퍼져 있다. 이 점은 중요한 의미를 지닌다. 어떤 사람들은 자유경쟁 사회가 삶의 고귀한 가치들을 단지 '냉혹한 금전관계' 속으로 불러들인다고 비판하고 있다. 그러나 자본주의 시장경제는 우리에게 보다 높은 가치를 가진 상품들을 소유하기 위해 덜 중요한 필요들을 희생할 수 있도록 허용한다는 점을 기억할 필요가 있다.

자유경쟁 사회에서 빈곤한 사람들에게 열려 있는 기회들은 부유한 사람들에게 개방된 기회들보다 훨씬 더 제약되어 있다. 그럼에도 자유경쟁 사회의 가난한 사람들이 전체주의 사회에서 더 큰 물질적 안락함을 누리는 사람보다 훨씬 더 자유롭다는 사실은 변하지 않는다. 자유경쟁 하에서는 가난하게 출발한 어떤 사람이 큰 부에 이르게 될 가능성이 유산을 가지고 있는 사람보다 훨씬 더 작은 것은 사실이다. 그러나 자유경쟁 시스템에서는 가난하게 출발한 사람도 큰 부를 쌓는 것이 가능할 뿐만 아니라, 큰 부가 자신에게만 달려 있을 뿐 정치권력자의 선처에 달려 있지 않다. 자유경쟁 시스템은 누군가가 큰 부를 이루려는 시도를 아무도 금지할 수 없는 유일한 시스템이다.

가짜 '경제적 자유'와 유사한 '사회경제적 보장'은 진정한 자유의 필수불가결한 조건으로 제시되곤 한다. 그러나 사회경제적 보장의 개념은 막연하고 불분명하다. 사회경제적 보장의 요구는 자유를 위험하게 할 수 있다. 경제적 보장이나 사회복지에 대한 일반적 노력은 자유의 기회를 높이기는커녕 자유에 대한 가장 심각한 위협이 된다. 원칙적으로 사회경제적 실업의 문제를 해결하는 것은 매우 중요하다. 그러나 실업 문제의 해결을 위한 국가의 개입은 불필요하며, 이것이 시장의 체제를 대체해서는 안 된다. 일부 경제학자들은 국가의 대규모 공공사업 시행과 재정 지출을 통한 실업 문제의 해결을 주장한다. 그러나 이것은 자유경쟁 분야에 심각한 제약을 초래할 것이다. 왜냐하면 첫째, 사회 전체가 하나의 통합된 목적 아래 강압적으로 재편되기 때문이다. 둘째, 그런 목적들을 달성하기 위해 과도한 독재적 정치권력계획 당국의 탄생의 확보가 요청되기 때문이다. 셋째, 그러한 권력의 중앙집중화는 노예제와 구별하기 어려울 정도로 시민의 정치적·경제적 종속 상태를 초래하기 때문이다.

해설

하이에크는 개인의 자유로운 행위를 사회 운영의 핵심적 이념이자 원리로 제시한다. 특히 그는 경제적 영역에서 개인의 자유로운 행위가 가장 효율적이고 경쟁력 있는 결과를 만들어낸다고 강조한다. 시장에서 개인들의 자유로운 활동은 생산과 유통, 소비에서 효율성을 극대화하며, 시장에서의 가치 갈등은 가격을 통하여 해결하는 것이 최선의 원리라고 주장한다. 그는 시장에서 개인의 자유로운 활동에 대한 국가의 간섭과 규제를 반대한다. 개인의 자유로운 경제적 행위를 국가가 간섭하고 통제하면 개인과 사회의 발전이 정체된다고 그는 주장한다. 왜냐하면 개인의 자유를 통제하고 시장의 자율성을 규제하는 국가는 대체로 전체주의적 성격을 갖기 때문이다.

국가가 미리 전제된 목적을 향하여 개인의 자유를 규제하고 시장에 개입하면 필연적으로 효율성이 떨어진다. 그리고 국가가 개입하면 필연적으로 특정한 권력자의 의도에 따라 시장의 질서가 재편됨으로써 시민들의 정치적·경제적 종속을 초래하기 때문이다. 이는 전체주의 국가나 사회주의 국가의 사례를 통해서 이미 입증되었다. 자본주의 체제 하에서도 가난한 사람의 문제나 실업 문제에 국가가 개입하게 되면 효율성과 경쟁력이 저하된다고 비판한다. 국가의 개입은 시장의 질서를 왜곡하고, 개인들의 자발성을 저하시키며, 특정한 국가권력의 의도에 따라 시민들의 자발성이 통제되기 때문이라는 것이다.

칼 마르크스 Karl Marx (1818~1883)

독일 출신의 경제학자이자 철학자. 독일 관념론의 완성자로 평가받는 헤겔과 포이어바흐Ludwig A. Feuerbach의 사상에 깊은 영향을 받았으나, 이후 헤겔과 포이어바흐의 철학을 비판적으로 극복하고 자신의 독창적 이론인 역사유물론을 정립했다. 이후 근대 자본주의 체제를 근본적으로 변혁하기 위하여 경제학 연구와 사회주의 혁명활동에 적극 참여했다. 프리드리히 엥겔스와 공동으로 책을 출간하며 평생 친구이자 사회혁명가로 함께 지냈다. 말년에는 영국으로 이주하여 자본주의 체제를 비판적으로 분석하는 정치경제학 연구를 지속하여 《자본론》을 출간했다. 그의 사상은 현실정치와 더불어 경제학, 철학, 정치학, 역사학 등 여러 분야에 광범위하게 영향을 끼치고 있다.

칼 마르크스, 김수행 옮김, 《자본론 1》,
비봉출판사, 2003.

끊임없는 이윤추구 운동만이 자본가의 진정한 목적이다. 이 무한한 치부의 충동, 이 정열적인 가치 추구는 자본가와 수전노에게 공통된 것이지만, 수전노는 얼빠진 자본가에 지나지 않는 반면, 자본가는 합리적인 수전노이다. 수전노는 화폐를 유통에서 끌어냄으로써 가치의 지속적인 증식을 추구하지만, 더 영리한 자본가는 화폐를 끊임없이 유통에 투입함으로써 이윤추구를 달성한다.

화폐가 자본으로 전환되기 위해서는 자본가, 즉 화폐 소유자는 상품시장에서 자유로운 노동자를 발견해야 한다. 여기에서 노동자가 자유롭다는 것은 두 가지 의미를 가진다. 첫째, 노동자는 자유인으로서 자기의 노동력을 자기의 상품으로 처분할 수 있어야 한다. 둘째, 노동자는 자신의 노동력 외에는 상품으로 판매할 다른 어떤 것도 전혀 가지고 있지 않으며, 자기 노동력의 실현에 필요한 일체의 생산수단을 소유하고 있지 않다는 것이다.

화폐 소유자로서 자본가는 앞장서 걸어가고 노동력의 소유자로서 노동자는 자본가의 뒤를 따라간다. 자본가는 거만하게 미소를 띠고 사업에 착수할 열의에 차 바삐 걸어간다. 그러나 노동자는 자기의 몸과 노동력을 자본가와 시장에 팔아버렸으므로 이제는 혹독한 노동만을 기다리는 사람처럼 겁에 질려 주춤주춤 걸어가고 있다.

자본주의 시장에서 상품을 값싸게 판매하여 이윤을 얻으려고 자본가는 노력한다. 이윤추구를 위해서 자본가는 첫째, 지속적으로 노동시장에서 노동자의 노동력을 값싸게 구매하려고 노력한다. 그리고 둘째, 노동자의 노동시간을 장시간으로 늘리고 노동강도를 높임으로써 노동생산성을 증가시키려고 한다. 이러한 활동은 자본가와 자본의 본질적 충동이며 끊임없는 경향이다.

근대 산업자본주의 체제는 노동자의 일부를 끊임없이 실업자로 전환시키고 있다. 이러한 실업자는 변동하는 자본가의 가치 증식 욕구를 위해 언제나 착취할 수 있게 준비되어 있다. 노동자 중에서 취업자들의 과도한 노동은 실업자를 증가시키고, 반대로 실업자들이 경쟁을 통해 취업자들에게 가하는 압박의 강화로 취업자는 과도한 노동을 하지 않을 수 없고 자본가의 명령에 복종하지 않을 수 없다. 결국 자본가는 실업자를 빌미로 취업 노동자에게 강도 높은 노동을 시킴으로써 이윤을 추구하고, 다른 한편으로는 소수 취업자들을 이용해 과도한 노동을 유지함으로써 다수의 실업자를 양산한다.

자본의 이윤 증대와 자본가의 규모가 커지면서 동시에 노동자의 노동생산성이 크면 클수록 산업예비군인 실업자의 수는 더 커진다. 자본가의 이윤을 증대시키는 것은 노동자 수의 감소와 지속적인 실업자 수의 증가이다. 따라서 산업예비군인 실업자 수의 크기는 자본의 잠재적 힘과 함께 증대한다. 노동자가 노동의 고통으로부터 축출되고 실업자 수가 노동자에 비해 증가할수록 실업자의 빈곤은 더욱 심화된다. 그리고 노동자 극빈층과 실업자 수가 증가할수록 사회적 빈곤이 확대된다. 이것이 자본주의적 축적의 절대적 일반 법칙이다.

　자본주의 체제는 산업예비군인 실업자들을 언제나 자본가의 이윤추구의 규모 및 활력에 맞도록 유지한다. 그리고 이를 통해서 노동자들을 자본가의 이윤추구에 더욱 강하게 종속시킨다. 자본가들의 이윤이 과도하게 축적됨에 따라 노동자들의 상태는 그가 받는 임금이 많든 적든 악화되지 않을 수 없다. 이러한 상황과 조건은 자본가의 이윤 축적에 대응한 노동자와 실업자의 고통과 빈곤의 확대를 필연적으로 발생시킨다. 결국 자본가의 부의 축적은 동시에 노동자와 실업자 모두에게 노동의 고통, 실직의 위기감, 과도한 빈곤, 빈곤의 대물림, 교육조건의 절대적 악화, 가정파괴, 환경파괴 등을 축적시킴으로써 경제적 불평등과 사회적 양극화를 지속적으로 발생시킨다.

해설

　자본주의 체제에서 자본가의 최고 목표는 상품 생산 과정에서 최소의 투입을 통한 최대의 이윤추구이다. 자본가는 최대 이윤을 추구하기 위하여 시장에서 노동력을 저가로 구매하여 노동자의 노동시간을 늘리거나 노동강도를 강화하는 방법을 사용한다. 이러한 상황은 자본가에게는 이윤을 보장하지만, 노동자에게는 노동의 소외와 빈곤의 조건으로 작용한다. 경제가 성장해도 노동자가 언제나 노동의 소외와 빈곤에 시달리는 것은 자본가와의 정치경제적 힘의 관계가 불균형하기 때문이다.

　과학기술의 발달과 더불어 상품 생산 과정이 자동화됨으로써 노동의 수요는 줄어들고, 남아 있는 노동자마저도 장시간의 강도 높은 노동에 시달림으로써 노동자의 삶의 조건은 지속적으로 열악해진다. 그리고 노동의 수요 감소는 광범위한 실업자, 산업예비군을 양산한다. 이것은 노동시장에서 노동자의 소외를 강화하는 또 다른 조건으로 작용한다. 이 때문에 노동자는 지속적으로 노동의 고통과 실업의 위기, 빈곤의 지속적 확대와 삶의 절망에 빠진다. 최첨단 지식정보화 사회에서 거대 자본의 탄생과 더불어 노동자들의 실업 증가와 비정규직 양산이 이를 증명한다.

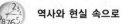 **역사와 현실 속으로**

강부자와 고소영 그리고 영구네 엄마

강부자와 고소영을 아시나요?

2008년 이명박 정부에서 장관으로 추천된 어떤 대학 교수는 너무 많은 땅과 집을 부적절하게 소유하고 있다는 이유로 결국 장관이 되지 못했다. 그는 그것이 너무 억울했던지 자신은 다만 "땅을 사랑한 죄밖에 없다"고 강변했다. 그리고 어떤 장관은 100억 넘는 부동산을 가진 것을 지적당하자 한류 스타 배용준을 들먹이며, 자신은 재산이 결코 많지 않다고 호소했다. 그래서 등장한 것이 이른바 '강부자·고소영 내각'이라는 비판이다. '잃어버린 10년'을 외치면서 어려운 서민경제를 살리자던 사람들의 실체를 들여다보니, 사실 그들은 지난 10년 동안 지속적으로 땅과 집을 열렬히 사랑함으로써 엄청난 부를 축적한 것으로 드러났다.

　IMF 이후 많은 사람들이 일터에서 쫓겨나고 내 집 마련을 위해 허리가 휠 정도로 일하며 어렵게 살아가고 있다. 1997년 IMF 이후 경제적 불평등을 상징하는 사회적 양극화 현상이 매우 극단적으로 심화되며 커다란 사회 문제가 되고 있다. 경제적으로 부유한 사람들은 고물가 저성장의 경제 불황에도 고가의 수입 명품을 소비하는 데 거침이 없다. 한국 사회가 고가 명품의 강력한 수입국가로 등장한 것은 우연인지 IMF 시기와 맞물린다. 그러나 사회 빈곤층은 하루하루 생존을 걱정하면서 일명 쪽방촌이나 닭장촌 그리고 영구임대 아파트에서 절망적인 현실을 견뎌내고 있다. 경제적 빈곤은 평화로운 가정을 파괴하여 극단적 선택을 하도록 사람들을 몰아세우고 있다. 심지어 경제적 어려움을 견디지 못하는 사람들은 자살을 선택하기도 한다.

부자 아빠와 가난한 아빠

한국 사회의 심각한 문제는 절대적 빈곤과 더불어 상대적 빈곤이 지속적으로 증가하고 있다는 사실이다. 건강하며 문화적인 생활을 유지하기 위해 필요한 최소한의 비용을 최저생계비라고 한다. 이러한 최저생계비보다 소득이 낮은 경우를 절대적 빈곤 상태라고 한다. 심각한 것은 최저생계비 이하의 수준으로 생활하는 사람들의 수가 지속적으로 늘어나고 있다는 점이다. 최근에는 가구소득이 최저생계비의 100~120%에 이르는 이른바 차상위 계층도 빈곤층으로 전락하고 있다. 절대적 빈곤과 더불어 사회적 불안과 갈등의 중요한 원인이 되는 것이 바로 상대적 빈곤이다. 상대적 빈곤의 기준은 한 사회의 소득 수준에서 중간값의 1/2 정도로 설정된다. 즉 소득 수준이 중위 소득의 반 이하인 사람들이 바로 상대적 빈곤층이다. 사람들은 절대적 빈곤 못지않게 이러한 상대적 빈곤 때문에 커다란 상실감과 박탈감에 시달리고 있다.

우리 사회에서 IMF 이후 새롭게 등장한 신빈곤층도 심각한 경제적 위기를 경험하고 있다. 신빈곤층은 장애인이나 노인 등 기존의 빈곤층 외에 노동능력이 있는 사람들이 사회구조적 이유로 가난에 빠진 경우이다. 정리해고 당한 직장인, 비정규직 노동자, 영세 자영업자 등이 이에 해당한다. 이들 중 일부는 일을 하고 있음에도 가난하므로 근로빈곤층이라고 한다. 즉 이전의 빈곤층과 달리 외환위기, 노동시장의 유연화, 고용 불안정, 산업의 구조조정 등으로 인해 가난해진 사람들이 바로 신빈곤층이다.

사회경제적 빈곤 상태와 이로부터 발생하는 사회 문제를 보여주는 구체적 지표나 통계를 살펴보면 매우 충격적이다. 가구 소득이 최저생계비에도 못 미치는 절대적 빈곤층은 1990년 중반 약 5%대였지만, IMF 이후 약 10%대로 급증했으며 2000년 이후 계속 증가하고 있다. 2005년 한국보건사회연구원은 2003년 기준으로 월평균 소득이 최저생계비의 120%에 못 미치는 넓은 의미의 빈곤층이 무려 716만 명, 즉 전체 인구의 14.6%가 이에 해당한다고 발표했다. 즉 이 자료에 따르면, 국민 10명 중 1명이 절대적 빈곤층이고 7명 중 1명이 소득빈곤층인 셈이다.

한편 보건복지부 조사를 보면 1994년 전체 사망 원인의 9위였던 자살이 1997년 경제위기 이후 빈곤의 심화와 함께 순위가 급등했다. 자살로 인한 사망자 수는 1990년대 중반 7,000명 선이었으나 1998년 8,569명으로 높아졌다가 약간 감소했고, 2002년 이후 30~40대를 중심으로 다시 급등했다. 2004년에는 자살이 사망 원인 4위를 차지했고, 자살로 사망한 국민이 총 1만 1,523명으로 교통사고 사망자 8,300여 명보다 훨씬 많았다. 한국은 2002년 OECD 국가 중 자살률 4위를 차지했으며, 최근 자살 증가율 1위를 기록하고 있다. 가난한 사람들이 증가함으로써 출생률도 급속히 감소하고 있다. 2005년 한국의 출산율은 가임여성 1인당 1.08명을 기록했는데 이는 세계에서 가장 낮은 수준이다.

이러한 결과는 한국 사회의 빈곤 문제가 1997년 경제위기 이후 급속히 악화되었고, 최근의 경제 불황과 더불어 구조적으로 고착되고 있음을 보여준다. 그럼에도 실용주의를 내세우는 신자유주의 정부의 빈곤 대책은 매우 형편없는 수준이다. OECD의 다른 선진국과 비교하면 한국의 사회복지 예산은 매우 적다. 경제력은 세계 13위이지만 정부 예산 중 사회보장비는 OECD 30개국 중 멕시코보다도 낮은 29위로, 터키에 이어 최하위다. OECD 국가의 정부 예산 중 사회보장 지출은 평균 45%에 달하지만 한국은 2004년 11%에 불과했으며, 실용주의 정부 출범 이후 복지비용의 증가세가 뚜렷이 하락하고 있다.

영구네 엄마가 뿔났다

한국 사회에서 정상적인 저축만으로 서울에 집을 장만하기 어렵다는 것은 이제 사회적 진리가 되었다. 그래서 집을 소유하기 위해 누구나 잠재적 부동산 투기꾼의 심정으로 살아가고 있다. 강남을 비롯한 몇몇 지역은 빈곤한 서민층이 주로 거주하는 영구임대주택이 자신들의 지역에 건립되는 것을 격렬하게 반대한다. 영구임대주택이 들어서면 자신들이 소유한 땅과 아파트 가격이 하락하는 데다 자신들의 자녀가 가난한 아이들과 섞여서 교육 받는 것을 꺼리기 때문이다. 2008년 서울시 교육청은 어처구니없게도 교육 수준의 하락을 경고하면서 영구임대주택의 확대를 반대한 적도 있다. '영구'네 엄마가 가슴을 치며 뿔이 날 만한 상황인 것이다.

강남으로 대표되는 한국의 집값이 너무 비싼 거품 수준임은 이미 많은 사람들이 인정하고 있다. GDP 대비 전체 땅값의 비율은 비싸기로 유명한

강남으로 대표되는 한국의 집값이 너무 비싼 거품 수준임은 이미 많은 사람들이 인정하고 있다. GDP 대비 전체 땅값의 비율은 비싸기로 유명한 이웃 일본보다도 높아서 세계 최고 수준이며, 치솟는 집값으로 인해 서울의 생활비 수준은 뉴욕이나 도쿄보다 높다.

이웃 일본보다도 높아서 세계 최고 수준이며, 치솟는 집값으로 인해 서울의 생활비 수준은 뉴욕이나 도쿄보다 높다. 이미 1980년대에 한국 땅 전체를 팔면 미국 땅 절반을 살 수 있고, 한국 땅의 100배에 이르는 캐나다를 여섯 번 살 수 있다고 보고되었다. 평균소득 대비 집값도 어느 나라보다 높아서 보통의 도시노동자 임금으로 서울에서 82㎡(25평형)대 집을 마련하려면 무려 18년이나 걸린다. 부동산 투기와 거품 때문에 일부 투기꾼들만 배를 불리고 서민들은 내 집 마련의 꿈을 포기한 채 절망하고 있다.

그렇다면 부동산 보유 상태가 얼마나 불평등한지 살펴보자. 2005년 7월 행정차지부가 발표한 통계에 따르면, 면적 기준으로 볼 때 2004년 말 현재 총인구의 1%인 48만 7,000명이 전체 사유지의 51.5%에 해당하는 땅을 소유하고 있고, 상위 5%가 전체 사유지의 82.7%를 소유하고 있으며, 상위 10%가 전체 사유지의 91.4%를 차지하고 있다. 땅값으로 환산해보면 상위 1%는 전체 땅값의 37.8%인 433조 원, 상위 5%와 10%는 전체 땅값의 67.9%인 777조 원과 82.5%인 945조 원을 소유하고 있다.

주택 보유도 일부 부유층에 편중되어 있다는 사실이 통계에서 나타나고 있다. 전체의 16.7%에 불과한 다주택자가 1가구당 평균 2.95호의 주택을 보유하고 있는 반면, 절반이 넘는 세대는 무주택자다. 특히 전체의 2%도 안되는 29만 세대가 집을 다섯 채에서 많게는 스무 채까지 보유하고 있다. 주택보급률은 1990년대 이후 꾸준히 늘어 2003년에 100%를 넘어섰다. 그러나 부동산 투기와 더불어 2002년 이후에는 자가 보유 주택률이 50% 이하로 급격히 줄어들고 있다. 이러한 현상은 집과 토지를 거주와 생산수단이 아니라 이윤추구를 위한 투기수단으로 활용하고 있다는 것을 보여준다. 부유한 사람들은 부동산을 통해서 급격하게 부를 축적하고, 가난한 사람들은 더욱더 가난해지고 있는 실정이다. 이 때문에 부유한 사람이나 가난한 사람이나 모두 부동산을 통한 '한방의 대박 신화'를 꿈꾸며 살아가고 있다.

2008년 4월 국회의원 총선거에서 나타난 '재개발 광풍'은 성실한 노동의 땀보다 '한 방의 대박'으로 부를 축적하려는 사람들의 노골적 욕망을 상징적으로 보여준 것이다. 이와 같이 심각한 사회적 양극화 현상을 공정하고 합리적으로 해결하는 것이 한국 사회의 가장 커다란 과제이다. 이 문제를 해결하지 못하면 한국 사회의 안정적 통합과 선진화는 결코 이뤄질 수 없다. 사회적 양극화로 심각한 사회적 갈등을 확대할 것인가, 아니면 정의로운 대안을 도출하여 평화로운 공존공생의 길을 갈 것인가? 1980년대 민주화 이후 21세기 한국의 민주주의는 이제 중대한 갈림길에 서 있다.

세계 13위 경제대국 국민들이 불행한 까닭은?

'경제를 살리자!' '바보야, 문제는 경제야!' 어느 누가 경제를 성장시켜서 잘 사는 사회를 만드는 데 감히 반대하겠는가. 곳간에서 인심 나고, 배가 불러야 사람 노릇도 할 수 있다고 하지 않던가. 우리가 언론매체를 통해 매일 접하는 주요 소식 중 하나는 단연 경제 뉴스다. 뉴스의 마지막은 언제나 '내일'의 날씨와 함께 '오늘'의 증권 시황을 알리고 있지 않은가.

어느덧 세계는 신자유주의 세상이 되었으며 온 지구가 하나의 경제권으로 돌아가고 있다. 국제화, 세계화 시대가 열리면서 온 국민이 온통 '영어 열공'에 빠져 있지만 현실의 본질은 영어가 아니라 경제라는 것을 보여주고 있다. '영어 열공'과 극심한 사회적 양극화라는 두 가지 상징이 말해주는 오늘의 한국 사회는 과연 정의롭고 행복한 사회로 진화하고 있는 것일까?

국가는 자유무역만이 경제 성장의 동력인 것처럼 선전하고 있지만, 세계 곳곳에서 저임금을 받고 커피와 축구공을 생산하는 어린 노동자들이 우리의 눈길을 사로잡고 있는 것도 또 하나의 서글픈 풍경이다. 공정하고 정의로운 경제와 무역을 통해 땀 흘려 일하는 사람들이 온전히 자기 몫을 가질 수는 없는 것일까? 정의롭고 민주적인 시장경제 체제를 통해 성장의 결실을 공정하게 분배할 수 있는 국가의 역할은 어떤 것일까? 서로 다른 관점에서 문제를 해결하려는 경제학 대가들의 논쟁은 우리에게 성찰의 지혜와 밝은 전망을 가져다줄 수 있을까?

신자유주의, 유토피아인가 디스토피아인가

사회자   여러분, 반갑습니다. 2008년 봄 한국 사회에서는 미국과의 쇠고기 수입 협정에 반대하는 촛불시위가 열리는 등 시민들의 비판과 저항으로 매우 어수선했습니다. 그보다 앞서 2007년에는 한미 자유무역협정으로 한국의 농민들과 노동자들이 정부에 거세게 항의하는 사태가 발생했습니다. 노동자와 농민, 서민 등은 신자유주의에 근거한 세계화가 빈곤과 경제적 불평등, 사회적 양극화를 가속화할 것이라고 비판하는 반면, 실용주의 정부는 오히려 자유무역의 확대 및 강화가 경제 발전을 지속시킬 수 있는 유일한 대안이라고 강조하고 있습니다. 또 시장의 자율성과 국가의 시장 개입을 둘러싼 논쟁이 격렬하게 진행되고 있습니다. 오늘은 세계적으로 유명한 경제학자들을 모시고 세계화를 둘러싼 이념 문제와 빈곤 문제 등 다양한 사회경제적 문제들을 논의해보고자 합니다. 우선 논란의 중심에 있는 신자유주의에 대한 논의부터 시작할까요?

하이에크   안녕하세요. 자유주의자 하이에크입니다. 고전적 자유주의라고 불리는 18세기의 자유주의는 기본적으로 정치적·경제적 영역에서 개인의 자유로운 활동과 사유재산에 대한 배타적 소유권을 강조합니다. 자유주의는 근본적으로 개인의 자유로운 활동과 그 결과에 대한 국가의 규제나 간섭을 최소화해야 한다고 주장합니다. 이러한 고전적 자유주의의 21세기적

버전이 바로 신자유주의라고 할 수 있습니다. 따라서 신자유주의 이념은 정당한 것이며, 이에 근거한 세계화와 한미 자유무역협정은 올바른 선택이라고 생각합니다.

마르크스 저는 고전적 자유주의가 성취한 개인의 정치·경제·사상적 자유에 대해 일부 동의합니다. 그러나 고전적 자유주의나 이를 계승한 신자유주의는 모두 중대한 문제점을 안고 있습니다. 그것은 경제 영역에서 자유경쟁이 확대, 강화됨에 따라 경제적 불평등과 빈곤, 즉 사회적 양극화를 초래하기 때문입니다. 특히 국가 간의 자유무역이 강화됨으로써 국가 간 양극화 현상도 초래하고 있습니다. 그래서 저는 신자유주의에 반대합니다.

하이에크 신자유주의를 반대하는 마르크스 선생의 말씀에 동의하기 어렵군요. 왜냐하면 자유로운 경쟁은 매우 당연한 것이고, 경쟁에서 이기는 개인 또는 국가가 보다 많은 경제적 이윤이나 사회적 가치를 소유하는 것은 당연하지 않습니까? 자유시장에 경쟁이 있음으로써 개인이나 국가가 서로 발전하려고 노력하는 것입니다. 자유경쟁이 없는 사회는 퇴보하고 하향 평준화할 뿐입니다.

자유경쟁이냐, 학벌 세습이냐

마르크스 저는 오늘날 광범위하게 발생하고 있는 경제적 불평등과 노동자, 농민, 서민들의 빈곤 문제에 깊은 관심을 가져야 한다고 생각합니다. 우선, 자유경쟁의 원리가 얼핏 타당한 것처럼 보이지만, 그 속을 들여다보면 문제가 있습니다. 예를 들어볼까요? 오늘날 한국 사회에서 많은 사람들이 교육 문제에 큰 관심을 가지고 있습니다. 모두들 교육을 통하여 계층 상승을 노리기 때문이죠. 그런데 사회조사 결과를 보면, 학생들의 교육 수준이나 경쟁력이 학생 자신의 노력보다 부모들의 경제 수준에 많은 영향을 받고 있다는 것을 알 수 있습니다. 2007년 서울대학교 신입생 가운데 소득 수준 상위 10% 가구의 자녀가 전체의 40%에 이르렀습니다. 그리고 상위 20% 가구에 속하는 학생이 전체의 60%를 차지합니다. 최하위 10% 가구에 속하는 학생은 단지 2.8%에 불과했습니다. 이 결과를 보면 가난한 집 학생들은 자신의 의지나 노력과 무관하게 교육 경쟁력을 가지기 어렵습니다. 즉 부모의 부와 빈곤이 자녀들에게 고스란히 세습된다는 것이지요. 그래서 한국 사회에 '학벌 세습'이란 말이 있는 것 아닙니까. 결국 자유경쟁은 사회 계층을 고착화하는 잘못된 이데올로기로서, 현실에서는 자유경쟁이 아니라 불공정 경쟁만이 있을 뿐입니다.

사회자 예, 예. 두 분의 토론이 매우 치열하게 진행되고 있군요. 화제를 좀 돌려서 2008년에 벌어진 촛불시위와 관련해서 국가 간의 자유무역에 대해 얘기해보겠습니다. 자유무역론으로 유명한 리카도 선생님의 주장을 참조하면, 그분은 현재의 한미 자유무역협정을 강력히 환영할 것으로 생각됩니다. 왜냐하면 그분은 '비교우위론'에 근거하여 국가 간의 자유무역이 활발하게 진행되어야 양국 국민들이 모두 경제적으로 풍요롭게 살 수 있다고 주장하기 때문입니다. 이에 대한 마르크스 선생님의 견해는 어떠신지요?

마르크스 비교우위론에 근거한 리카도 선생의 자유무역은 경제적 강국이나 거대 자본가의 이익만을 옹호하는 것입니다. 그의 말대로 국가 간의 무역장벽을 없애고 비교우위에 입각해서 자본, 상품, 노동을 자유롭게 이동시킨다면 얼마 안 가 국가 간의 경제적 불평등이 심화되고, 한 국가 내에서도 경쟁력이 없는 분야는 몰락하고 말 것입니다. 예를 들어 한미 자유무역협정이 발효되면 한국 농업은 몰락하고 농민들은 빈민으로 전락할 거예요. 한미 쇠고기 수입 협정 이후 한우 사육농민들의 몰락과 한탄이 이것을 증명합니다. 이것은 한 국가의 식량안보에도 강력한 위협이 될 것입니다. 리카도 선생의 자유무역론은 결국 경제적 강대국의 패권주의를 합리화하는 이데올로기일 뿐입니다. 그래서 저는 자유무역은 결국 경제적 불평등과 노동 착취를 통해서 빈곤을 초래하는 불공정무역이라고 생각합니다. 따라서 세계화 현상과 자유무역으로 인한 불공정을 극복하기 위해서는 공정무역이 필요하다고 생각합니다.

국가는 공정한 심판의 역할을 하고 있는가

사회자   마르크스 선생님께서 주장하시는 공정무역이란 무엇입니까?

마르크스   자유무역이 과도하게 이루어짐으로써 현재 세계적으로 경제적 불평등과 빈곤이 심화되고 있습니다. 이것은 본질적으로 자유무역이 자본가의 이윤만을 보장하기 때문입니다. 저는 이러한 불공정무역을 극복하기 위하여 자본가와 노동자, 즉 경제 주체들의 공정한 이익 배분과 무역 당사자 간에 공정한 이익을 실현할 수 있는 공정무역을 옹호합니다. 상품을 생산하는 노동자나 농민에게 정당한 노동의 대가를 지불하는 것은 당연합니다. 현재 초국적다국적 자본가들은 아시아나 남미, 아프리카에서 값싼 노동력을 이용하여 과도하게 이윤을 착취하고 있습니다. 한국에서 유통되는 수많은 중국산 저가 상품들은 결국 중국 노동자들의 저임금 장시간 노동에 의해서 생산된 것임을 알아야 합니다. 중국 노동자들의 착취와 희생 속에서 한국의 서민들이 생존하고 있다는 사실이 매우 비극적입니다. 이러한 상황의 핵심에는 초국적 자본가들의 과도한 이윤추구가 있다는 것을 강조하고 싶습니다.

저는 자유무역을 뜻하는 FTA Free Trade Agreement를 공정무역 Fair Trade Agreement으로 전환해야 한다고 생각합니다. 즉 선진국과 거대 자본가만을 위하는 환경파괴적 자유무역이 아니라, 가난한 나라의 노동자들과 농민들의 정당한 노동의 대가를 인정하는 환경친화적 공정무역을 실시해야 한다고 강조하고 싶습니다.

사회자   예, 잘 알겠습니다. 그럼 이제 빈곤 문제를 해결하기 위한 사회안전망 같은 복지 문제와 국가의 역할에 대해서 이야기를 나눠보겠습니다.

하이에크   저는 기본적으로 자유경쟁 체제를 옹호합니다. 자유경쟁만이 문명과 경제를 발전시킬 뿐만 아니라, 인간의 이기적 본성에도 적합하다고 생각합니다. 빈곤이나 실업 문제는 시장의 자율성에 맡겨야지 국가가 개입해서 해결하려고 하면 사회주의나 권위주의 정부처럼 관료주의화의 부작용만 초래해서 적절하지 않다고 생각합니다.

사회자   지금까지 별다른 말씀을 않으셨던 케인스 선생님께 질문을 드리겠습니다. 시장경제에 대한 국가의 역할이 무엇이라고 생각하십니까?

케인스   시장경쟁 체제는 생산의 무정부적 성격 때문에 사회적 갈등과 경제적 불황, 경제적 공황 상태에 노출되어 있습니다. 따라서 저는 경제적 불황과 빈곤을 해결하기 위해서는 국가가 일정 부분 개입해야 한다고 생각합니다. 공공근로사업과 복지사업 등을 통하여 경제에 적극 개입함으로써 사회적 수요를 창출해야 합니다. 수요가 창출되어야 공급이 발생하고, 이를 통하여 투자-생산-소비의 선순환이 지속될 수 있다고 생각합니다.

사회자   케인스 선생님, 현실적 사례를 들어 설명해주시겠습니까?

케인스   예. 미국의 사례를 들겠습니다. 1930년대 미국에서 발생한 경제대

경기도의 한 영어마을. '영어 열공'과 극심한 사회적 양극화라는 두 가지 상징이 말해주는 오늘의 한국 사회는 과연 정의롭고 행복한 사회로 진화하고 있는 것일까?

공황은 자유방임주의 경제론의 파산선고였습니다. 자유방임주의는 애덤 스미스의 '보이지 않는 손'으로 상징되듯이, 시장의 자율성을 절대화하는 경제 이론입니다. 그러나 경제대공황을 극복하기 위해서는 '보이지 않는 손'이 아니라 국가라는 '보이는 손'이 필요합니다. 1933년 미국의 루즈벨트 Franklin Roosevelt 대통령은 '뉴딜New Deal 정책'을 통하여 시장에 적극 개입했습니다. 그는 시장의 무정부성을 극복하기 위해서 다양한 경제 규제책을 내놓았고, 대규모 공공근로사업을 시행하고 사회복지 체제를 마련했습니다. 미국은 이를 통하여 경제 성장과 안정, 경제적 빈곤층의 해결, 사회적 통합을 성취했습니다. 결국 시장에 대한 국가의 개입과 규제는 그후 경제정책의 세계적인 흐름으로 자리 잡았습니다.

마르크스 미국은 1980년대 레이건 정부 때부터 케인스주의를 포기하고 신자유주의와 세계화 그리고 자유무역을 적극 실행하면서 사회적 불평등과 양극화가 가장 심한 나라 가운데 하나가 되었습니다. 그리고 한국은 국민소득 2만 달러, 세계 13위의 경제력을 자랑하지만 국민들의 행복지수는 세계 178개국 중에서 102위입니다. 오히려 신자유주의 흐름을 반대하는 유럽의 사회민주주의 복지국가들인 벨기에, 스웨덴, 핀란드, 스위스 등의 행복지수가 높게 나오고 있습니다. 유럽의 사회민주주의 국가들은 국가가 시장에 적극 개입하고 강력한 복지 체제를 통하여 경제적 불평등과 빈곤 문제를 해결함으로써 세계 시민들의 부러움을 사고 있습니다.

사회자　예, 그렇군요. 오늘날 신자유주의, 자유무역, 세계화 현상, 사회적 양극화, 경제적 불평등과 빈곤, 사회복지, 공정무역, 국가와 시장의 올바른 관계 문제는 우리의 삶에 강력한 영향을 끼치고 있습니다. 21세기 인류의 평화로운 공존공생을 위해서 우리 모두가 깊은 관심을 가져야 할 매우 중요한 과제라고 생각합니다. 오늘 토론을 종합해보니 이러한 과제를 바라보는 관점과 문제의 해결 방법은 국가 간, 사회 계층 간에 매우 첨예하게 대립하고 있는 것 같습니다. 어려운 과제인 만큼 쉽게 해결되기는 어렵겠지만, 지속적인 관심과 토론을 통해서, 그리고 우리 모두가 지혜를 모아 극복해나가길 기대하면서 오늘 토론을 마치겠습니다. 감사합니다.

더
읽어야 할 자료

___

책

■ 리오 휴버먼, 장상환 옮김, 《자본주의 역사 바로 알기》, 책벌레, 2000.

다양한 역사적 사례를 제시하며 자본주의 경제의 역사를 설명하고 있
다. 저자는 미국을 대표하는 진보 지식인으로, 봉건 사회에서 1930년대
중반 파시즘 체제에 이르기까지 자본주의의 형성 과정과 그 본질을 구
체적 사례를 들어 알기 쉽게 보여준다.

■ 박종현, 《케인즈 & 하이에크, 시장경제를 위한 진실게임》, 김영사, 2008.

수정자본주의를 주장한 케인스와 신자유주의를 주장한 하이에크의 경
제 사상을 논쟁적으로 설명한다. 같은 시대를 살며 전혀 다른 주장으
로 시장경제를 옹호했던 두 경제학자를 통해 올바른 시장경제의 모습
은 무엇이며, 우리 사회의 시장경제는 올바르게 작동하고 있는지 돌아
보게 한다. 20세기 현대 자본주의 체제의 변화와 특징을 이해하는 데
도움이 된다.

■ 구춘권, 《지구화, 현실인가 또 하나의 신화인가》, 책세상, 2000.

현대 자본주의 역사에 대한 정치경제학적 분석을 통해서 세계화의 특
징과 문제점을 이해하기 쉽게 설명하며 비판적 대안을 제시한다. 세계
화의 물결 속에서 영어 공부보다 중요한 것은 우리의 삶을 규정하는 현

대 자본주의의 정치·경제 시스템을 아는 것임을 생생하게 보여준다.

■ 데이비드 랜섬, 장윤정 옮김, 《공정한 무역, 가능한 일인가?》, 이후, 2007.
불공정무역의 구체적 사례를 분석하며 세계화 현상을 비판하고, 이를
극복하기 위한 대안으로서 공정무역의 실증적 사례를 제시한다. 페루의
커피 농장과 가나의 코코아 농장, 저개발 국가의 바나나 재배 농부들을
직접 취재하여 불공정무역의 폐해와 공정무역의 아름다운 결실 가운데
무엇을 선택해야 할지 알려준다.

영화

■ 마이클 무어, 〈식코〉, 2007.
미국의 의료현실을 비판하는 다큐멘터리 영화. 이윤을 극대화하는 데
에만 급급한 민간 의료보험사의 횡포와 그 앞에서 속수무책 당할 수밖
에 없는 일반 국민들의 사례를 보여주며 의료 민영화의 폐해를 폭로한
다. 심지어 사회주의 국가 쿠바조차도 미국보다 훨씬 나은 공공의료 서
비스를 제공하고 있다는 사실을 보여준다.

웹사이트

■ 한국공정무역연합 KFTA(www.fairtradekorea.net)
한국공정무역연합은 사람과 환경을 생각하는 공정한 경제활동을 추구
한다. 친환경적으로 제조한 상품을 공정하게 거래하여 사람과 자연을
생각하는 경제활동을 한다. 생산자는 생산과 노동의 보람을, 소비자는
'착한 상품'을 알맞은 가격에 구매하는 기쁨을 추구한다.

2

소 유

이 선을 넘어오지 마!

박영균 (건국대학교 HK교수)

생각 속으로 | '네 것'과 '내 것'을 같이 나누는 사회는 불가능할까?
고전 속으로 | 존 로크, 애덤 스미스, 칼 마르크스
역사와 현실 속으로 | 삼성 특검, 장발장을 만드는 사회, 레츠
가상토론 | 경제 발전의 힘, 자본인가 노동인가?

생각 속으로

'네 것'과 '내 것'을 같이 나누는 사회는 불가능할까?

내가 일해서 만든 건 내 것이다

오늘날 우리가 자명하게 간주하는 '소유권'은 근대의 산물이다. 중세까지만 하더라도 지상의 사물들은 인간의 소유 대상이 될 수 없었다. 지상의 모든 것은 신의 것이었다. 인간은 단지 신의 소유물을 일정 기간 동안 점유할 뿐이었다. 그런데 근대 자본주의가 성립하면서 인간들은 각자 자연물을 소유할 수 있게 되었다. 소유는 근본적으로 특정한 대상이나 사물을 배타적으로 독점하고, 그것을 소유한 자가 처분한다는 특징을 지니고 있다. 따라서 소유권의 성립은 특정 자연물을 특정 개인에게 귀속시키며 그외의 다른 사람들을 배제한다.

그렇다면 누구나 그런 권리를 가질 수 있는 것일까? 지상의 모든 것은 인간에 의해 만들어진 것이 아니라 신에 의해 만들어졌다. 그렇다면 그것을 특정한 개인이 소유하는 것은 논리적으로도 윤리적으로도 부당하다. 따라서 근대 자본주의 경제 체제가 성립하면서 사람들은 자신이 소유하고 있는 것에 정당성을 부여하는 논리를 필요로 했다. 존 로크^{John Locke}의 소유권 개념은 바로 이런 자본주의적 소유권을 정당화하는 논리적 기반을 제공했다.

로크는 인간의 노동이 바로 특정 자연물에 대한 소유의 권리를 제공한다고 주장했다. 그의 논리는 기본적으로 나의 신체에 대한 소유권이 나에게 있다는 것, 그것은 신이 모든 인간에게 부여한 천부적 권리라는 점에서 출발한다. 나의 신체가 나의 소유라면, 특정한 자연 대상에 나의 힘을 투입하는 노동활동의 결과 또한 나의 소유가 된다는 것이다. 따라서 로크는 노동이 새로운 가치를 창출하며, 그런 가치 창출을 통해서 소유권이 성립한다고 주장한다.

그러나 이런 노동이 가치를 창출하고 자신의 노동에 의해 소유가 성립한다는 것은 로크만의 생각은 아니었다. 애덤 스미스Adam Smith도 자연이

■■■■■ 자본에서 벗어난 공동체 사회에서 소유는 더 이상 사회의 기본 원리가 아니다. 다양한 가치를 지닌 사람들 사이의 소통과 연대를 구성함으로써 타자와의 차이에 기초한 열린사회를 구성하는 것이다. 오늘날 이런 대안사회의 꿈은 각종 대안 공동체 운동으로 나타나고 있다.

가치를 만든다는 중농주의, 교환—유통에서 가치가 생성된다는 중상주의 학설을 거부하고 오직 노동만이 가치를 창출한다는 노동가치론을 기본으로 하여 자신의 경제학적 체계를 세웠다. 그는 모든 인간들이 자신의 이익을 위해 활동하며, 그런 이기심이 사회적 부를 극대화한다고 보았다. 그의 '보이지 않는 손'은 인간의 이기심, 부의 극대화를 추구하는 개인들의 이기심을 최대한 보장하는 것이 사회적으로 최대의 부가 될 수 있다는 것을 의미한다.

그러나 이런 소유의 극대화, 개인적 이기심의 극대화는 '무한경쟁'을 가져왔다. 로크도, 애덤 스미스도 개인 노동에 기초한 소유의 극대화가 빈부 격차의 확대와 역설적인 경쟁의 제한, 사회적 부의 소모를 가져올 것이라는 점을 제대로 보지 못했다. 서구에서 1929년 세계대공황과 두 차례의 세계대전을 거치면서 케인스주의와 복지국가론을 받아들인 것은 이런 자유방임적 무한경쟁 체제가 가져온 폐해를 극복하기 위해서였다. 그러나 오늘날 신자유주의는 1970년대 서구의 스태그플레이션을 근거로 하여 극단적인 자유주의로 나아가고 있다. 그들은 '소유권'을 절대화하여 인간의 가치 중 최상의 가치로 만들고 있다.

신자유주의, 소유는 거부할 수 없는 본능

오늘날 전 세계를 뒤흔드는 신자유주의 지구화는 기본적으로 '자유주의' 전통에서 출발한다. 고전적 자유주의는 존 로크에서 출발하여 존 스튜어트 밀John Stuart Mill에 이르는 사상적 전통을 가리킨다. 고전적 자유주의는 기본적으로 세 가지 믿음을 가지고 있다. 첫째, 개인의 권리가 국가나 사회보다 우선한다는 '개인의 자유 우선성'이라는 믿음이다. 둘째, 사유재산권은 그 무엇도 침해할 수 없는 가장 기본적인 권리라는 '사유재산권'에 대한 믿음이다. 셋째, 국가는 이런 개인의 권리와 재산권 보호를 가장 중요한 임무로 삼아야 하며, 그 이상의 권한은 국가에 부여되어 있지 않다는 '최소국가'에 대한 믿음이다.

그러나 신자유주의는 여기서 더 나아간다. 적어도 고전적 자유주의자들은 이성과 과학에 대한 믿음과 사회적 합리화, 사회적 삶의 형성에 대한 믿음을 가지고 있었다. 그러나 오늘날 하이에크Friedrich Hayek를 비롯한 신자유주의자들은 더 이상 이성과 인간의 사회적 구성 능력을 믿지 않는다. 하이에크는 《원시 본능 이야기》에 다음과 같이 썼다. "구성주의자는 사회에 대한 이론적 계획을 기초로 하여 세상을 다시 건설할 수 있다고 믿는 사람이다. 이것은 사회주의자의 거대한 오류이다. 다시 말해, 사회주의는 지성의 궤도 이탈이다. 이것은 데카르트로의 복귀이다."

하이에크는 인간 지식과 이성의 한계를 주장하면서 사회를 인간적인 것으로 바꾸려는 '이성적 노력'을 거부했다. 대신에 그는 인간의 삶을 동물적 진화와 같은 것으로 바꿔버린다. 그는 인간의 모든 사회문화적 질서를 생물들의 진화와 마찬가지로 자생적 진화의 결과라고 주장한다. 생물들이 환경에 적응하면서 진화하듯이, 사회는 인간이 환경에 적응하는 과정에서 만들어진 산물일 뿐이다. 따라서 그는 인간 사회의 진화를 인정하고 어떤 의도적인 계획도 거부해야 한다고 주장한다. 그러나 이로써 그는 단지 사회의 총체적 계획, 통제만을 거부하는 것이 아니라 모든 계획, 공정한 분배, 사회정의까지 버렸다.

대신에 하이에크의 신자유주의는 적자생존의 동물적 세계와 마찬가지로 인간의 삶을 이기적인 개인들 간의 무한경쟁으로 바꿔버린다. 그는 인간이 이기적이며 자기 이익을 위해 투쟁하는 존재라는 점을 숙명인 것처럼 전제한다. 개인들은 누구나 자신의 이익을 위해 노력하며, 능력 있는 사람이 더 많은 부를 소유하는 것은 자연적 법칙이다. 따라서 개인이 노력을 통해서 얻은 재산과 소유권은 그 무엇도 침해할 수 없는 신성한 권리이다. 신자유주의자들은 인간이 물질적 욕망 이외에 다른 윤리적·문화적 가치들을 추구하는 존재라는 점을 보지 않고 인간을 동물과 같은 존재로 만들어버린다.

그러나 고전적 자유주의자인 로크조차 '소유권'을 신성화하지 않았다. 로크는 국가의 가장 중요한 임무가 '개인의 생명과 재산권을 보호하는 것'이라는 점에 이견이 없다. 그러나 그는 그 소유권에도 한계와 제한 조건을 두었다. 우선, 타인의 신체나 인격에 대한 소유권은 근본적으로 성립할 수 없다고 주장한다. 그 외의 영역에서는 소유권이 성립한다. 그러나 이때도 두 가지 조건이 충족되어야 한다. 첫째, 내가 소유하고도 타인이 소유할 수 있는 것이 남아 있어야 한다. 둘째, 썩어서 버리지 않는 한도 내에서 필요한 만큼만 소유해야 한다. 마찬가지로, 애덤 스미스도 서로 입장을 바꾸어 생각하는 '오감의 원리'를 통해서 상호부조와 이타적인 행위의 도덕적 가치를 인정했다.

그러나 오늘날 신자유주의는 로크와 스미스의 이런 견해조차 부정한다. 그들은 소유를 인간의 이기적 탐욕에서 비롯되는 거부할 수 없는 본능으로 바꿔놓고 있다. 이것은 오늘날 소유권이 로크가 말하는 방식으로 더 이상 정당화될 수 없기 때문이다. 로크는 노동을 통해서 소유의 권리가 성립한다고 말했다. 그러나 마르크스Karl Marx가 정확하게 지적했듯이, 오늘날 소유권은 자기 노동에 근거하고 있지 못하다. 만일 그렇다면 우리는 하루에 10억을 매일같이 100년 동안 써도 다 쓸 수 없는 빌 게이츠Bill Gates를 비롯한 세계의 갑부들이 소유하고 있는 재산이 어디에서 나왔는지를 해명할 수 없을 것이다. 평생 동안 죽어라 일해도 일반인들이 10억이라는 재산을 모으기란 쉬운 일이 아니다. 그러나 그들은 10억을 하루 또는 몇 시간 만에 벌어들인다.

정보에도 주인이 있을까?

노동가치론의 해체는 정보사회에서 보다 명확하게 나타난다. 지식정보사회가 되면서 노동을 통한 소유권의 정당화는 더 이상 유지될 수 없는 것처럼 보인다. 첫째, 지식정보는 무한 복제되기 때문에 타인이 필요로 하는 것을 항상 남겨놓을 뿐만 아니라 썩지 않는다는 점에서 로크의 소유권 개념을 해체한다. 둘째, 더 이상 자기 노동에만 근거하지 않는다는 점에서 정보사회는 노동에 근거한 소유권을 해체한다. 지식정보는 이전의 지식정보를 가감함으로써 새로운 가치를 가진 지식정보를 생산한다. 따라서 노동에 근거하여 성립했던 근대적 소유권은 해체된다.

정보사회는 더 많은 사람들을 인터넷과 같은 온라인을 통해서 네트워크적으로 결합시킨다. 여기서 물리적 시간과 공간의 제약이 사라진다. 그러므로 정보사회에서 지식정보의 가치는 이전 사회보다 훨씬 더 비약적으로 확대된 사회화에 기초하고 있다. 사람들은 인터넷을 통해 자신들의 지성과 가치를 교환하며 정서와 문화를 교류한다. 따라서 정보사회는 공장 안에서의 협력뿐만 아니라 지역적으로 멀리 떨어진 사람들 사이에서의 협력 또한 만들어낸다. 이런 의미에서 지식정보사회는 더는 물질적 노동에만 기초하지 않으며, 오히려 비물질적 노동과의 결합을 통해서 작동하고 있다.

생산의 사회화는 마르크스가 말했던 거대 자본과 공장 단위 안에 존재하는 것이 아니다. 그것은 오히려 사회 전체의 차원에서 협력노동을 만들어낸다. 특정 회사에 고용된 노동자가 아님에도 사람들은 특정한 형태의 가치를 창조하는 데 참여한다. 심지어 소비자들은 자신이 구입하는 제품을 만드는 회사에 여러 가지 형태로 품평이나 조언 등을 함으로써 생산에 참여한다. 그러므로 정보사회에서 노동에 따른 권리를 주장하기는 더욱더 어려워진다. 앨빈 토플러Alvin Toffler나 대니얼 벨Daniel Bell이 이야기하는 노동과 문화, 노동과 여가, 노동과 놀이의 융합은 가치 창조 행위를 더 이상 노동 그 자체의 영역 안에 놓아두지 않는다. 이런 의미에서 탈산업사회, 탈노동사회를 주장하는 사람들은 산업사회의 노동 소외를 극복하고 소유에 빠져 있는 개인들을 해방시킬 것이라는 낙관론을 전개한다.

그러나 마르크스주의자들은 지식정보사회의 탈노동은 근본적 의미에서 노동의 극복과 해방이 될 수 없다고 주장한다. 그것은 지식정보사회의 경제 체제가 자본주의적인 이상 지식정보가치는 사적 소유를 위한 수단으로 전화하기 때문이다. 지식정보의 가치 생산 능력이 그것의 소유권을 해체하기 때문에 카피레프트copyleft는 지식정보를 공유해야 한다고 주장한다. 그러나 카피라이트copyright는 지식정보의 소유권을 주장한다. 이들은 로크와 같이 '노동에 의한 권리'를 통해서 소유권을 주장하는 것이 아니라 '창조적 노력의 대가'로서 소유권을 주장한다. 따라서 마르크스주의자들은 정당한 소유의 근거가 없는 것을 가지고 소유권을 주장하고 있다고 이들을 비판한다.

특히 마르크스주의자들은 지식정보가 자본주의 사회의 빈부격차를 완화시키는 것이 아니라 오히려 심화시킨다고 본다. 자동화와 정보화는 기존의 노동을 기계나 정보 시스템으로 대체한다. 예컨대 은행 창구의 입출금

업무를 온라인 시스템이 대체함으로써 인력의 감축이 이루어진다. 신자유주의가 진행되면서 실업률이 상승하고 다양한 형태의 불안정 노동이 나타나고 있다. 따라서 마르크스주의자들은 정보사회가 노동의 해방이 아니라 노동의 배제를 통한 부의 편중, 극단적인 빈부격차의 양극화를 낳고 있다고 주장한다.

게다가 마르크스주의자들을 비롯한 정보사회 비판론자들은 오늘날 지식정보사회에서의 비물질 노동이 제3세계를 지배하고 수탈하는 수단이 되고 있다고 비판한다. 즉 선진 자본주의 제국들이 지적 소유권을 통해서 제3세계의 노동을 수탈할 뿐만 아니라 그들의 빈곤을 이용하여 환경파괴를 부추기는 한편, 인체나 환경에 유해한 산업과 같은 공업 부문을 제3세계로 이전하고 저임금에 기초한 노동 수탈을 강화하고 있다고 주장한다. 그리하여 이들은 전 세계가 자본의 이윤추구를 위한 수단이 되었으며, 한 국가 내에서 그리고 국가 간에 슬럼화된 지역들을 만들어내고 있다고 비판한다.

소유를 넘어서 '연대'로

오늘날 소유는 모든 사람들을 에리히 프롬Erich Fromm이 말하는 '소유양식'의 본질적 속성인 '탐욕'으로 이끌어가고 있다. 여기에는 인간의 이기성만이 남는다. 무한경쟁을 강요하는 신자유주의 지구화에 대항하여 가라타니 고진柄谷行人은 호혜적 관계에 기초한 공동체, '어소시에이션association'의 건설을 주장하고 있다. 인간의 교환 행위는 단순한 이기성의 산물이 아니라 나눔의 연대성 위에 있다는 것이다. 원시 부족들은 상호 호혜적 나눔에 따라 각자의 가치를 나눈다. 여기서 나눔의 목적은 이득이 아니다. 그것은 상호 가치의 교환이다. 따라서 고진은 소유의 원리에 기초한 화폐적 교환체계가 아닌 레츠LETS와 같은 호혜적 공동체의 건설을 주장하고 있다.

그것은 자본이 만들어내는 소비 욕망에 기초한 소유의 원리에 따라 교환하는 것이 아니라, 각자 자신이 지닌 재능과 가치를 나눔으로써 경쟁보다는 더불어 살아가는 공동체의 꿈을 실현하려는 것이다. 여기서 소유는 더 이상 사회의 기본 원리가 아니다. 다양한 가치를 지닌 사람들 사이의 소통과 연대를 구성함으로써 타자와의 차이에 기초한 열린사회를 구성하는 것이다. 오늘날 이런 대안사회의 꿈은 각종 대안 공동체 운동으로 나타나고 있다.

존 로크, 애덤 스미스, 칼 마르크스

존 로크 John Locke (1632~1704)

청교도적 경향을 띤 국교도 집안에서 시골 변호사의 아들로 태어났다. 1652년 옥스퍼드의 크라이스트처치 칼리지에 입학하여 공부했으며 4년 동안 학생들을 가르쳤다. 1666년에 입헌군주제를 주장하는 애슐리Ashley 경을 만나 뜻을 같이한 이후 왕립학회 회원이 되어 다방면에서 토론을 벌였다. 1690년에는 자신의 정치사상이 압축된《통치론Two Treatises of Government》을 익명으로 출판했으며,《인간 오성론Essay Concerning Human Understanding》을 편찬하여 생득 관념을 거부하고 백지설과 경험론을 바탕으로 한 인식론을 주장했다. 1672년 영국 대법관에 올랐으며 무역 및 식민지 평의회를 설립했다. 그후 프랑스에서 가상디Pierre Gassendi를 만나고 돌아온 뒤 추밀원 의장을 지내고 1683년 네덜란드로 망명하여 지내다가 귀국했다.

로크는 휘그당의 정신적 지도자로서 청교도 혁명을 함께 했으며,《그리스도교의 합리성The Reasonableness of Christianity》(1695)을 써서 독단적이지 않은 그리스도교를 옹호했다. 이처럼 로크는 지식의 힘을 신봉하는 계몽주의 철학자였으며, 영국의 경험론과 자유주의 철학의 기초를 정식화하여 근대 민주주의의 원리를 제시했다.

존 로크, 강정인 옮김, 《통치론》, 까치, 2007.

노동에 의한 소유의 권리

대지와 인간 이하의 모든 피조물, 즉 생물은 만인의 공유물이다. 그러나
사람은 누구나 자기 자신의 신체에 대해 소유권을 가지고 있다. 이 신체에
대해서는 본인 이외의 다른 누구도 그것에 대한 권리를 가질 수 없다. 그
의 육체가 하는 노동과 그의 손이 하는 일은 바로 그의 것이라고 말할 수
있다. 그러므로 자연이 제공하는 그대로의 상태, 즉 있는 그대로의 자연
상태에 자신의 노동력을 투하하거나 또는 자기 자신의 것을 첨가하여 끄
집어낸 것은 무엇이든 간에, 그렇게 함으로써 그것은 그의 소유가 된다. 그
것은 그에 의해서 자연 그대로의 고유 상태로부터 무언가를 끄집어낸 것이
기 때문에 그것은 그의 노동에 의해서 다른 사람들과 공유하는 권리를 배
제하는 그 무엇이 첨가된 것이라고 할 수 있다. 이와 같이 노동은 바로 그
노동을 한 사람의 소유물임이 틀림없기 때문에 오직 그 사람만이 자신의
노동이 가해진 것에 대해서 권리를 갖게 된다.

소유권의 제한

자연은 소유권의 한도를 인간의 노동과 의식주의 편의 정도를 고려하여
적절하게 규정하고 있다. 어떤 사람의 노동도 그의 노동만으로 모든 토지
를 개간하여 점유할 수 없으며, 그가 그것을 향유함으로써 소비할 수 있
는 부분도 매우 적을 수밖에 없다. 그 결과 어느 누구도 다른 사람의 권리
를 침해한다든가 또는 이웃에게 해를 끼침으로써 자신의 소유권을 획득

할 수는 없다. 왜냐하면 다른 사람이 자신의 몫을 떼어 가진 후에도 역시 이웃에게 그것을 점유하기 이전과 마찬가지로 매우 커다란 소유물을 손에 넣을 수 있는 여지가 남겨져 있기 때문이다.

화폐에 의한 소유권의 확대

자기의 정당한 소유권의 한계를 넘었느냐 넘지 않았느냐 하는 것은 그의 재산 크기가 어느 정도냐에 달린 것이 아니라, 그의 수중에서 헛되이 썩어 버려지는 것들이 있느냐 아니냐에 달려 있다. 이런 이유로 화폐의 사용이 시작되었다. 화폐는 사람들이 손상시키는 일 없이 오랫동안 보존할 수 있는 지속성을 가지고 있다. 또한 화폐라는 것은 상호간의 약속에 의거하여 실제로 생활에 유용한, 그러나 썩어버리기 쉬운 생활필수품과의 교환으로 받은 것이다.

국가의 발생과 역할

자연 상태 속에서는 사람들이 자신에 대한 절대적인 권리를 가지고 있지만, 그런 권리를 지속적으로 누린다는 것은 매우 불확실할 뿐만 아니라 또한 끊임없이 다른 사람들로부터 침해를 당할 위험에 처해 있다. (…) 이런 사정으로 인해 그는 아무리 자유롭다 할지라도 공포와 끊임없는 위험에 처한 상태를 스스로 포기하고 자신의 생명과 자유, 자산, 즉 내가 재산 property이라고 말하는 것을 상호간에 보전하기 위해 서로 결합한다. 따라서 이미 결합한 사람이나 또는 앞으로 서로 결합하려는 의향을 가진 사람들은 서로 더불어 사회를 결성하려 할 것이며, 그 스스로 그런 사회에 가입하는 것은 당연한 일이다. 그러므로 재산생명, 자유, 자산의 보전이야말로 사람들이 서로 결합하여 국가를 형성하고 그 통치에 따르는 중요한 목적이다.

일반적으로 사람들은 노동가치론이 마르크스의 사상이라고 생각하는 경향이 있다. 그러나 노동가치론은 마르크스의 사상이 아니다. 노동이 가치를 생산한다는 사상은 근대 자본주의의 탄생과 더불어 당시 지식인들 사이에 퍼져 있었던 생각이었다. 이런 점에서 노동가치론은 근대 부르주아의 사상이기도 했다.

철학적 관점에서 노동가치의 문제를 제기한 사람은 로크이다. 로크는 90% 이상의 가치 있는 재화가 인간 노동의 산물이라고 주장했다. 그러나 여기서 핵심은 인간의 노동이 가치를 만들어낸다는 점에 있는 것이 아니라 인간의 노동을 통해서 근대적 소유권을 확립하기 위한 것이라는 점에 있다.

로크는 특정한 개인의 생명은 그 자신의 소유이기 때문에 인간의 생명활동으로 이루어진 노동의 산물은 그 개인의 소유가 된다고 주장한다. 즉 그전까지 신이 부여한, 그래서 신의 소유였던 자연적 대상들이 특정한 개인들의 소유가 될 수 있는 것은 노동 때문이라는 것이다.

그러나 로크는 여기서 멈추지 않는다. 그는 이것을 근대국가의 논리적 근거로 확장시킨다. 로크는 인간의 생명과 자산 등 자신의 재산권을 안정적으로 보장받기 위해 개인들 사이에서 맺는 것이 사회계약이라고 주장한다. 따라서 국가의 논리적 근거는 생명, 자유, 자산이라는 재산권 보호에 있다.

이런 점에서 로크의 사회계약론은 근대국가가 왜 자본주의적 소유권에 기초한 국가이며, 근대 민주주의가 빈부격차와 같은 자본주의 발전의 폐해를 극복할 수 없었는지를 보여준다. 물론 로크는 다른 사람들도 소유할 것이 남아 있어야 한다든지, 썩어서 버려지지 않아야 한다든지 하는 소유의 제약 조건을 제시했다.

로크에게서 소유권의 근본적인 한계는 인신에 대한 소유이다. 왜냐하면 인신의 소유는 타인의 생명과 자유를 침해하기 때문이다. 그러나 그 밖의 소유에 대한 제약 조건들은 화폐의 등장과 함께 사라지고 소유권은 축적-저장의 영역으로 무한 확장되고 있다.

애덤 스미스 Adam Smith (1723~1790)

스코틀랜드 출신의 정치경제학자이자 윤리철학자. 세무 관리의 아들로 태어났으나 세례 받기 6개월 전 부친이 사망했으며, 네 살 때는 집시들에게 납치되기도 하는 등 어린 시절이 불운했다. 열네 살에 글래스고 대학에 입학하여 윤리학을 공부했으며, 옥스퍼드 대학 장학생으로 입학했으나 6년 뒤 자퇴했다. 1748년에 케임스Kames 경의 후원으로 에든버러에서 공개 강의를 했고 이후 글래스고 대학의 논리학 교수가 되었다.

그는 《도덕감정론The Theory of Moral Sentiments》(1759)을 발표하여 전 유럽에 자신의 존재를 알렸다. 이어 유럽을 여행하면서 중농주의 사상가들과 교류했으며, 그들의 사상과 이론을 흡수하여 《국부론An Inquiry into the Nature and Causes of the Wealth of Nations》(1776)을 출간했다. 이로써 애덤 스미스는 노동가치론을 이론적으로 정식화했을 뿐만 아니라 자유방임적 자본주의 이론과 자유무역의 이론적 기초를 제공한 사람이 되었다.

애덤 스미스, 김수행 옮김, 《국부론》,
비봉출판사, 2007.

분업에 의한 생산력의 증대

매우 커다란 노동생산력의 향상과 숙련, 기교, 판단의 향상 대부분은 분업의 결과였던 것 같다. (…) 분업의 결과, 이처럼 동일한 수의 사람들이 수행할 수 있는 작업량이 크게 증가한 것은 다음과 같은 세 가지 사정 때문이다. 첫째, 노동자 각자의 기교 향상. 둘째, 하나의 작업에서 다른 작업으로 옮길 때 일반적으로 잃게 되는 시간의 절약. 셋째, 노동을 빠른 시간에 쉽게 하도록 하며 한 사람이 많은 사람의 일을 감당할 수 있도록 하는 다수의 기계 발명이다.

교환 성향과 이익의 극대화

수많은 이익을 가져온 분업은 그것이 낳은 일반적 풍요를 예상하고 의도적으로 이루어진 인간 지혜의 산물이 아니다. 분업은 그와 같은 폭넓은 효용을 예상하지 못한 인간이 가진 어떤 성향으로부터 나온, 매우 천천히 그리고 점진적이긴 하지만 필연적으로 생겨난 결과이다. 그 성향이란 하나의 물건을 다른 물건과 거래하고 교환하는 성향이다. (…) 상이한 직업을 가진 사람들 사이에 뚜렷이 나타나는 재능의 차이를 만드는 것은 교환 성향이다. 반면 이 차이를 유용하게 만드는 것도 바로 이 교환 성향이다. (…) 각각의 동물은 독립적으로 자기 자신을 지탱하고 보호해야만 하며, 자연이 그들에게 제공하는 갖가지 재능으로부터 어떤 이익도 얻지 못한다. 이와 반대로 인간들 사이에서 나타나는 차이가 나는 재능들은 서로에게 유용하며, 각각의 재능에 의해 생산된 상이한 생산물들은 거래, 교환하는 일반적인 인간 성향에 의해 공동재산이 된다. 그리고 이 공동재산으로부터 각자는 타인의 재능에 의해 생산된 생산물 중 자기가 필요로 하는 부분을 구매할 수 있다.

보이지 않는 손

모든 사회의 연간 수입은 항상 그 사회의 산업이 생산하는 연간 총생산물의 교환가치와 정확히 일치하거나 또는 그 교환가치 자체라고 할 수 있다. 따라서 각 개인은 최선을 다해 자기 자본을 국내 산업을 지원하는 데 사용하며, 또한 그 산업의 생산물이 최대의 가치가 되도록 그 산업을 이끌어감으로써 사회의 연간 수입이 최대치가 되도록, 그가 할 수 있는 한 최선을 다해 노력한다는 것은 자연스럽다. 사실 그는 일반적으로 공공의 이익을 증진시키려는 의도를 가지고 있지 않으며, 그가 얼마나 그것에 기여했는지도 알지 못한다. 그는 오직 자신의 안전만을 위해 해외 산업의 부양보다 국내 산업의 부양을 선호하는 것이며, 오직 자신의 이익만을 위해 국내 산업의 생산물이 최대의 가치를 생산하도록 이끌어가는 것이다. 이렇게 함으로써 그는 다른 많은 경우와 마찬가지로 보이지 않는 손에 이끌리며 그가 전혀 의도하지 않은 목적을 증진시키게 된다. 목적이 개개인의 의도와 아무런 관련이 없다는 것이 사회에 항상 나쁜 결과를 가져오는 것은 아니다. 종종 그는 자신만의 이익을 추구함으로써 실제로 사회의 이익을 증진시키고, 그 자신이 의도할 때보다 더욱 효과적으로 그것을 증진시킨다.

해설

최초로 토지나 금이 아니라 노동만이 가치의 원천이라고 주장한 사람은 애덤 스미스다. 그는 토지를 가치의 원천으로 생각한 중농주의

자들의 주장뿐만 아니라 금을 통한 부의 축적을 정당화했던 중금주의에 대해서도 비판했다.

그러나 그는 이런 식의 노동에 의한 가치 생산은 자본가와 지주가 없는 경제, 즉 초기 자본주의에서만 가능하다고 주장함으로써 노동가치론을 일관되게 적용하지 못했다. 스미스가 이렇게 생각한 이유는 단순 물물교환의 경우, 교환할 물건에 투하된 노동시간에 따라 교환이 이루어지지만, 자본주의적 생산 방식에서는 이 외에 이윤, 지대, 임금 등이 상품 가격에 포함되어 있기 때문이었다.

이 문제가 해결된 것은 리카도를 거쳐 마르크스에 이르러서이다. 스미스는 가격과 가치를 혼동했으며 가치를 투하노동과 같은 것으로 생각했다. 그러나 마르크스는 가치와 가격을 구분하고 가치를 투하노동+사회적 관계, 사회적 필요노동시간으로 보았다. 또 스미스는 사용가치와 교환가치를 구별하고 효용의 개념을 도입했다. 이것은 나중에 한계효용학파로 발전했다.

애덤 스미스는 모든 경제 행위가 이기적이고 탐욕적인 동기에 기초한다는 근대적인 경제학자들의 믿음을 가지고 있었다. 게다가 이런 이기적인 동기가 분업과 협업의 발전 속에서 사회 전체적인 부의 증대를 가져올 것이라는 믿음을 가지고 있었다. 따라서 스미스는 아직까지 빈부격차와 계급갈등이 드러나지 않은 초기 자본주의 경제학자였다.

그가 말한 '보이지 않는 손'은 바로 이와 같은 믿음을 표현했다. 그가 보기에 사람들은 각자 자신의 이기적인 동기를 통해서 생산활동을 수행한다. 하지만 이런 이기적인 활동은 자신의 의도와 무관하게 사회 전체의 부를 낳으며 합리적으로 작동하도록 만든다. 이 무의식적인 합리적 체계가 '시장'이다. 따라서 그는 '보이지 않는 손'에 의해 작동하는 '자유방임 자본주의'가 최선의 경제 제도라고 믿었다.

또 그는 '생산적 노동'과 '비생산적 노동'을 구분하고 노동이 임금으로 지불되는 비용을 제외하고 이윤을 남길 정도로 수입을 가져올 때 생산적이라고 보았다. 그렇다면 왜 애덤 스미스는 임금을 넘어선 이윤을 생산하는 노동만을 생산적 노동이라고 했던 것일까? 그것은 '노동이 가치의 유일한 원천이자 지배적인 노동이 유일한 가치의 척도'라는 점, 그리고 노동자들의 노동이 임금과 이윤의 두 가지 원천이라는 점을 인정했음에도 자본가와 지주들의 소유권을 근거로 하여 이를 정당화하고자 했기 때문이다.

생산비이론 또는 가격합성이론은 그의 이런 생각이 반영되었다. 그는 자본가와 지주들이 이윤과 지대라는 형식으로, '씨를 뿌리지 않고서 수확할 수 있는 권리'를 가지고 있다는 점을 정당화하고자 했다. 따라서 그의 노동가치론은 일관적으로 유지될 수 없었다.

이 점에서 애덤 스미스의 노동가치론은 이중적 모순을 가지고 있었다. 한편으로 그것은 노동을 통해서 소유권을 정당화하고 시장 시스템을 '합리적 체계'로 만들었다. 그러나 다른 한편으로 그는 노동에 근거하지 않는 이윤과 지대를 가격합성이론에 포함시킴으로써 소유권을 통해 오히려 노동 없는 소유를 정당화했다.

칼 마르크스 Karl Marx (1818~1883)

독일 라인란트 지방의 트리어에서 태어났다. 본 대학에서 법학을 공부하다
가 베를린으로 옮겨가 역사와 철학을 공부했다. 1841년에 박사 학위를 받
고 청년헤겔학파와 교류했으며 《라인신문》 편집장을 지냈다. 그러나 프로
이센 정부의 탄압으로 돌아올 수 없는 망명길에 올랐고, 이 과정에서 헤
겔의 역사철학을 넘어 새로운 철학으로서 실천적 유물론과 역사유물론
을 정립했다. 이어 생산수단에 대한 사적 소유에 근거하고 있는 자본주의
가 인간의 소외와 문명의 파탄을 자초한다고 보고 '의인동맹', '공산주의자
동맹'을 만들고 프롤레타리아 혁명과 사회적 소유에 기반을 둔 코뮤니즘의
건설을 주장했다.

　엥겔스 Friedrich Engels와 함께 쓴 《독일 이데올로기 Die Deutsche Ideologie》(1846)
에 그의 역사유물론이 체계적으로 정리되어 있고, 《공산당 선언 Manifest der
Kommunistischen Partei》(1848)에 공산주의자동맹의 강령이 담겨 있다. 마르크
스 인생의 최대 역작이자 걸작은 《자본론 Das Kapital》(1868)이다. 마르크스는
살아 있는 동안 1권만 출판했으며 나머지 2, 3권은 그의 친구였던 엥겔스
의 손을 거쳐 출판되었다. 이 책은 애덤 스미스와 리카도 David Ricardo의 고전
경제학을 넘어 자본주의 생산양식의 구조와 작동 원리를 해명하고 있다.

칼 마르크스, 김수행 옮김, 《자본론》,
비봉출판사, 1989.

부의 기본 형태로서 상품

자본주의적 생산양식이 지배하는 사회의 부는 '상품의 방대한 집적'으로
나타나며 개개의 상품은 이런 부의 기본 형태로 나타난다. (…) 상품은 우
선 우리 밖에 존재하는 하나의 대상이며, 인간이 가진 어떤 종류의 욕망
들을 그 속성들에 의해 충족시켜주는 물건이다. (…) 한 물건의 유용성은
그 물건으로 하여금 사용가치가 되게 한다. (…) 사용가치는 오직 사용 또
는 소비의 과정을 통해서만 실현된다. 각종 사용가치는 부의 사회적 형태
가 어떠하든 간에 모든 부의 실체적인 내용을 형성한다. (…) 사용가치로
서 상품은 무엇보다 질적으로 구별되지만 교환가치로서의 상품은 오직 양
적 차이만을 가질 수 있고, 따라서 거기에는 사용가치가 조금도 포함되어
있지 않다. (…) 거기에 남아 있는 것은 형태가 없는 동일한 실체, 동질적인
인간 노동의 단순한 응고물, 지출 형태와 관계없이 지출된 인간 노동력의
단순한 응고물뿐이다.

상품 물신성

상품 형태의 신비성은 상품 형태가 인간 노동의 사회적 성격을 오로지 노
동생산물 자체의 물적 성격으로 보이게 한다는 데 있다. 따라서 총노동에
대한 생산자들의 사회적 관계를 그들의 외부에 존재하는 물건들의 사회적
관계인 것처럼 보도록 한다.

화폐 물신성

상품들은 어떤 것도 하지 않으면서 자기 자신의 가치를 자신들의 외부에,

자신들과 나란히 존재하는 하나의 상품체에서 발견한다. 이 물건들, 즉 금과 은은 지하에서 나온 그대로 모든 인간 노동의 직접적 화신이 된다. 여기에 화폐의 마술이 있다. 우리가 지금 연구하는 사회제도에서 사회적 생산과정 안에 있는 사람들 사이의 관계는 오로지 원자들 사이의 관계일 뿐이다. 따라서 그들의 생산관계는 그들의 통제와 의식적인 개인적 활동으로부터 독립된 물적 성격을 가진다. 그것은 우선 그들의 노동생산물이 일반적으로 상품 형태를 취한다는 점에서 나타난다. 그러므로 화폐의 물신숭배성의 수수께끼는 상품의 물신숭배성의 수수께끼일 뿐이다. 그것은 화폐에 의해 더욱 강화되어 사람들의 눈을 현혹시킬 따름이다.

해설

마르크스는 처음에 자본주의의 사적 소유가 인간성을 파괴하고 인간을 기계에 종속시킨다는 소외론의 관점에서 논의를 전개했다. 그러나 나중에는 이런 소외가 자본주의 경제 시스템의 내재적인 구조 속에 있다는 것을 밝혔다. 그가 밝힌 공헌은 크게 세 가지이다.

첫째, 노동가치론이 자본주의 경제에서 일관되게 적용될 수 없으며, 노동가치론은 오히려 잉여가치론에 의해 규정될 수밖에 없다는 점을 보였다. 노동가치론은 노동에 의한 가치 생산과 소유권의 정당화 논리였다. 그러나 자본주의에서 소유권은 노동에 의해 이루어지지 않는다. 그것은 이미 자본과 임노동이라는 두 개의 계급으로 나누어진, 생산수단을 소유한 쪽에 의한 노동력 상품의 구매라는 시장 시스템에 의해 작동하는 체계이다. 따라서 자본가의 부는 이미 구매된 임금노동자의 노동에 의존하고 있다는 것이다. 이것을 마르크스는 잉여가치론으로 발전시켰다.

둘째, 바로 그렇기 때문에 자본주의 사회에서 인간은 모두 다 상품으로 존재한다는 것이다. 인간의 소외가 발생하는 것은 생산활동을 하기 위해 반드시 필요한 생산수단을 특정한 집단이 독점하고 있기 때문이다. 따라서 대부분의 사람들은 자신의 노동력을 판매해야만 한다. 이런 점에서 마르크스는 사람들이 상품-화폐-자본을 숭상하고 오히려 그것의 노예가 되어 자기 자신을 상품화하고 인간의 삶을 지배하게 된다고 말한다.

셋째, 마르크스는 자본주의가 특정한 역사적 형태이자 인간의 삶을 지배하는 가장 강력한 힘이 됨으로써 인간을 파괴한다고 생각했다. 따라서 그는 자본주의를 초역사적 형태가 아니라 인간이 만들어온 역사의 일부로 보고 자본주의와 다른 인간적 사회, 인간과 인간이 서로 대립하지 않고 사회적 협력을 하나의 공동체적 양식으로 바꾼 사회를 만들고자 했다. 그가 보기에 인간이 이기적인 것은 자본주의 사회의 시스템이 그러하기 때문이다. 따라서 그는 인간이 보다 인간적인 삶을 살기 위해서는 이 사회 시스템을 총체적으로 바꾸어야 한다고 생각했다.

삼성 특검, 장발장을 만드는 사회, 레츠

삼성 비자금 특검과 불법 증여, 자본의 일그러진 자화상

■

사례 1 | 2007년 말 한국의 최대 그룹인 삼성은 불법 비자금 조성 및 불법 증여로 홍역을 치렀다. 삼성 법무팀의 팀장이었던 김용철 변호사는 천주교정의구현사제단과 함께 삼성이 정계, 검찰, 언론 등 사회 전반에 걸쳐 대대적인 로비를 했다는 내용의 기자회견을 했다. 이후 논란과 함께 특검이 꾸려져 대대적인 수사가 이루어졌다. 삼성의 로비는 90년대 중반 당시 삼성 총수였던 이건희 회장이 아들 이재용 씨에게 불법 증여한 것을 무마하기 위한 것이었다.

불법 증여로 의심받은 이유는 세 가지 때문이었다. 첫째, 1996년 11월 27일 서울통신기술 전환사채 발행권으로, 당시에 주당 1만 5,000원으로 평가되던 주식을 이재용 씨가 주당 5,000원에 사들였다. 둘째, 같은 해 12월 3일 당시 주당 12만 7,000원으로 평가되던 삼성 에버랜드 전환사채를 이재용 씨에게 주당 7,700원이라는 헐값에 매각했다. 셋째, 1999년 2월 26일 주당 5만 5,000원이던 삼성 SDS 신주 인수권부 전환사채를 7,150원이라는 헐값에 이재용 씨에게 매각했다.

이로써 이재용 씨는 이건희 당시 회장으로부터 공식적으로 증여받은 종잣돈 45억을 가지고 1조 원의 차익을 챙기면서 사실상 수십조로 평가되는 삼성의 실질적 지배권을 획득할 수 있었다. 삼성은 주식 지분을 통해 삼성전자가 삼성생명을 지배하고, 삼성생명이 삼성 에버랜드를 지배하는 식의 순환 출자 구조를 가지고 있다. 따라서 이재용 씨는 증여세로 단지 16억 6,000만 원만을 납부하고 삼성그룹의 지배권을 넘겨받을 수 있었다.

■

이 사례는 오늘날 한국 사회에서 부와 권력의 세습이 어떻게 이루어지는지를 보여준다. 삼성은 한 개인의 전유물이 될 수 없다. 그것은 삼성이 사회적 협력을 통해서 성장한 기업이기 때문이다. 그럼에도 삼성그룹의 총수는 전체 그룹의 5%도 안 되는 주식으로 계열사 전체를 지배하고 아들에게 경영권을 세습시킨다. 특검을 통해 밝혀진 비자금 총액만 해도 4조 5,000억 원이었다. 이건희 회장은 아버지 이병철 전 회장으로부터 물려받은 재산이라고 했지만 국민들은 그것을 믿지 않고 있다. 이건희 회장은 증여세를 물지 않기 위해 편법적이고 불법적인 증여를 시도했으며, 사회 각계 지도층에게 로비해서 이를 무마하려 했다. 이처럼 오늘날 자본주의 체제에서 부는 '노동에 의한 소유의 권리'에 기초해 있는 것이 아니다.

명품 열풍과 소비에 포획된 욕망

■

극심한 불황의 여파 속에서도 명품 소비에 대한 열기는 수그러들지 않고 있다.

━━━━━ 소유양식은 나를 내가 소유하고 있는 것들로, 소비의 욕망으로 만들 뿐만 아니라 타인과 나 자신을 사물로 만들어버린다. 이처럼 명품 열풍은 오늘날 상품 소비 욕망에 의해 대체되고 있는 자아 정체성과 존재 의미의 상실을 보여준다.

할인점은 내수 부진에 시달리지만 명품만은 연 10% 이상의 성장률을 보이며 나 홀로 호황을 누리고 있다. 루이비통코리아의 매출은 전년 대비 35.8%, 순이익은 92.7%나 급증했으며 페라가모, 한국로렉스, 구찌, 에르메네질도냐 등 명품 브랜드의 매출액도 급증하고 있다. 이처럼 명품 소비가 증가하는 것은 명품을 쓰지 않으면 뭔가 뒤떨어진 것 같고 고가품을 쓰면 자신의 정체성이 보다 우월해진 것 같은, 자기만족적 환상에 빠지기 때문이다.

N세대Net-Generation에 이어 최근 주목받고 있는 세대가 바로 L세대Luxury-Generation라 불리는 명품족이다. 명품족이란 고가의 의류나 가방, 구두뿐만 아니라 캐릭터 제품들과 액세서리에 이르기까지 명품 소비를 통해서 정체성을 찾는 젊은이들을 일컫는 말이다. 최근에 명품에 대한 수요는 기저귀 한 세트에 41만 원, 35만 원 하는 유모차 등 '베이비 명품'에서부터 고가의 패션용품에 이르기까지 그 폭이 확대되고 있다. 또한 일부 젊은이들은 명품을 구매하기 위해 일본이

나 이탈리아, 프랑스 등 외국 여행을 다녀오기도 한다. 최근에 인천국제공항 면세
점의 외국 유명 화장품 매장들은 각 매장당 100만 달러를 넘는 매출을 기록하면
서 세계 최고 기록을 경신했다고 한다.

■

에리히 프롬은 자본주의 사회에서 삶은 소유양식으로서의 삶이라고 비판
했다. 소유양식은 자신이 소유하고 있는 것들을 통해서 자신의 정체성을
형성하는 삶의 방식이다. 대중소비사회를 만들어온 서구의 소비자본주의
는 다양한 소비 욕망을 창출함으로써 이윤을 극대화해왔다. 여기서 나를
형성하는 것은 '나'가 아니다. 나는 나의 내적 가치, 나의 인격 그 자체로부
터 나의 존재 의미를 찾는 것이 아니라, 내가 소유하고 있는 것에서 나의
존재 의미와 가치를 찾는다. 따라서 소유양식은 나를 내가 소유하고 있는
것들로, 소비의 욕망으로 만들 뿐만 아니라 타인과 나 자신을 사물로 만
들어버린다. 이처럼 명품 열풍은 오늘날 상품 소비 욕망에 의해 대체되고
있는 자아 정체성과 존재 의미의 상실을 보여주고 있다.

늘어나는 생계형 범죄, 장발장을 만드는 사회

■

생계형 범죄라는 말이 등장한 것은 1998년 IMF 이후이다. 실업과 배고픔, 가족의
생계때문에 범죄를 저지르는 현대판 장발장이 급속도로 증가하고 있다. 경찰청에
따르면 생활비를 이유로 한 생계형 범죄는 2002년 4만 852건, 2003년 4만 2100
건, 2004년 5만 4856건, 2005년 4만 9708건으로 증가 추세를 보이고 있다.

두부 배달원인 황모 씨(29)는 임신 중인 아내와 세 살배기 아들을 위해 두부를 훔치다가 덜미가 잡혔으며, 자녀들에게 부대찌개를 끓여주기 위해 자전거를 훔친 40대도 있었다. 절도 혐의로 입건된 황 씨는 "나쁜 짓인 줄 알았지만 어쩔 수 없었고, 가급적 유통기한이 얼마 안 남은 것만 훔쳤다"고 말했다. 또 강모 씨는 "아이들은 먹고 싶은 게 많은데 단돈 1000원이 없어서 사주지 못해 가슴이 아프다"고 털어놓았다. 이외에도 아기 분윳값을 마련하기 위해 20대 부부가 빈집을 턴다든지 승용차 바퀴, 소방호스 노즐, 등산로 펜스까지 훔쳐가는 일들이 벌어지고 있다.

■

생계형 범죄의 급증은 사회적 부가 일부에 편중되어 있기 때문에 발생한다. 한국은 1인당 국민소득이 2만 달러를 넘어섰다. 그러나 사회 일각에서는 기아에 허덕이는 삶을 살고 있다. 특히 신자유주의 무한경쟁 체제가 도입되면서 빈부격차는 더욱 확대되고 있으며, 일자리와 소득원이 없는 사람들이 늘고 있다. 사회적 부는 특정한 개인의 산물이 아니라 사회적 협력의 산물이다. 그럼에도 사회적 부를 일부 계층이 독점함으로써 한편에서는 '명품'을 비롯한 '소비열풍'에 젖어 있는 반면, 다른 한편은 생존의 사각지대에 놓여 있다. 이것은 '더불어 사는 사회'의 공동체를 와해시키고 소유 이외의 윤리적·정서적 가치를 추구하는 인간성을 파괴하는 것이다.

레츠, 대안 사회의 가능성

■

1983년 캐나다 출신의 실업자였던 아이클 린턴은 자기 동네에 사는 사람들이 각자 서로에게 유용한 기술과 가치들을 가지고 있음에도 돈이 없어서 어렵게 산다는 점을 발견했다. 그리하여 린턴은 돈을 사용하지 않고 기술과 자원을 서로 교환하는 비영리적 교환체계를 만들었다. 이것이 레츠LETS이다. 맨 처음 출발한 사람은 고작 6명이었다. 그러나 4년 뒤 500명이 참여하여 린턴이 고안한 '녹색달러'로 거래를 하기 시작했다. 녹색달러는 종이나 컴퓨터 디스크에 기록된 거래 기록으로만 존재할 뿐 화폐가 아니다. 내가 제공한 것은 녹색달러로 기록되어 있으며, 그에 상응하여 내가 필요로 하는 것을 구매할 수 있다. 이후 레츠 시스템은 영국, 호주, 뉴질랜드, 미국 등지로 퍼져나갔다. 1992년 호주 정부는 린턴을 초청하여 전국 각지에 레츠 시스템을 세우도록 했다.

■

레츠 시스템은 부의 축적이나 이윤추구를 목적으로 하지 않는다는 점에서 자본주의적 교환과 전혀 다른 원리에 기초해 있다. 레츠는 호혜적 교환 관계를 지역 공동체에 구현하는 실험적 모델이다. 여기서 교환의 방식은 화폐를 매개하지 않으며, 각자가 제공할 수 있는 것과 필요로 하는 것이 호혜적으로 교환된다. 그것은 내가 더 많은 이윤을 얻기 위해 어떤 것을 파는 것이 아니라 타인에게서 내가 필요로 하는 것을 얻기 위해 나의 능력과 가치를 제공하는 것이다. 이처럼 특정한 능력이나 가치를 제공하는 것은 돈을 벌기 위한 수단이 아니라 서로의 삶을 나누는 방식이다. 여기서 교환은 '소유'가 아니라 '더불어 사는 삶'에 목적이 있다. 가라타니 고진은 이런 레츠 시스템을 자본주의적 착취를 벗어난 '어소시에이션'의 구체적인 한 형태로 제기하고 있다.

경제 발전의 힘, 자본인가 노동인가?

오늘날 신자유주의는 많은 문제를 낳고 있다. 경제적 빈부격차뿐만 아니라 생활환경에서의 격차와 문화적 빈곤 또한 문제가 되고 있다. 게다가 전통적인 노동 가치에 근거한 소유권도 더 이상 작동하기 어렵게 되었다. 심지어 데이비드 하비David Harvey는 오늘날 자본주의는 경제 외적인 강제로서 '수탈'에 의존한다고 말하고 있다. 가상 토론에서는 이런 소유권의 문제부터 시작하여 상품화와 비인간화에 이르기까지 자본주의 전반에 대한 문제들을 이야기할 것이다. 토론자로 존 로크, 애덤 스미스, 칼 마르크스, 에리히 프롬이 참여했다.

분업과 협업이 생산력을 발전시킨다

사회자　오늘날 세계는 신자유주의 지구화 속에서 자본주의를 삶의 유일한 방식으로 만들고 있습니다. 더 이상 다른 세계는 불가능해 보입니다. 자본주의는 사적 소유권을 기반으로 하고 있는 경제 체제입니다. 사람들은 더 많은 돈을 벌기 위해, 생존의 사각지대로 밀려나지 않기 위해 열심히 경쟁하고 있습니다. 우리는 물질적으로 풍요로워졌지만 삶은 더욱 각박해지고 사람들은 야수가 되어가고 있습니다. 왜 이렇게 되었을까요? 오늘은 이 문제에 대해 논의해보고자 합니다.

로크   오늘날 사회가 무한경쟁 사회가 되어버린 것은 '소유'의 한계를 설정하지 않고 있기 때문입니다. 저는 자신의 노동을 투하함으로써 그 대상에 대한 소유의 권리가 성립한다고 주장했습니다. 그러나 저는 여기에 한계를 설정했지요. 그것은 다른 사람들이 여전히 자신의 노동을 투하할 수 있는 대상이 충분히 남아 있어야 하며, 그것이 썩어서 버려지지 않아야 한다는 것입니다. 그러나 지금은 소수가 너무 많은 것을 독점함으로써 더 이상 다른 사람들이 자신의 노동을 투하할 수 있는 대상을 가지고 있지 못합니다. 이것을 시정할 필요가 있습니다.

스미스   맞습니다. 현재의 경제 체제는 충분한 자유 시장 경쟁 질서를 따르고 있지 못합니다. 자유로운 경쟁이 가능해야 개인들은 자신의 소질을 충분히 발휘할 수 있습니다. 그런데 독점이 이것을 방해하고 있습니다.

마르크스   당신들의 견해에 저도 동의할 수 있습니다. 그러나 그것은 피상적인 진단일 뿐입니다. 당신들은 문제를 본질적으로 보고 있지 않습니다. 문제는 소유권 자체에 있습니다. 당신들은 노동을 통해서 소유가 성립한다고 주장했습니다. 공감합니다. 그러나 문제는 자본주의 경제 체제 자체가 이런 노동에 의한 소유의 권리를 파괴한다는 점입니다. 자본주의는 사적 소유에 근거한 경제 체제입니다. 자본은 자신이 소유한 기계, 공장 등의 생산수단을 가지고 노동자를 고용하여 가치를 증식합니다. 이때 자본은 노동자들의 노동을 통해서 이윤을 남깁니다. 여기서 이미 노동자들의 노동 중 일부는 자본에게 귀속됩니다. 그것을 저는 잉여가치라고 말합니다.

이 잉여가치는 이미 노동에 의한 소유의 권리를 파괴하는 것입니다.

스미스　아닙니다. 자본도 노동을 합니다. 자본은 축적된 화폐로서 생산을 급속히 성장시켰습니다. 자본이 그렇게 할 수 있었던 것은 그것이 여러 사람들을 하나의 공장으로 불러들여 분업과 협업을 거대하게 확장했기 때문입니다. 협업화된 생산은 그 자체로 사람들을 조직함으로써 생산력을 발전시키고 자본가는 이렇게 모인 사람들을 지휘하고 통제함으로써 생산능력을 배가합니다. 따라서 자본가가 일을 하지 않고 있다는 설정 하에서 잉여가치를 노동자의 노동에서만 나오는 것으로 보는 것은 잘못입니다.

마르크스　맞습니다. 당신은 분업과 협업을 통해서 노동을 사회적으로 조직하는 것이 생산력의 비약적 발전과 오늘날의 부를 생산했다고 올바르게 지적하고 있습니다. 그러나 당신은 그것이 자본의 공헌이라고 주장한다는 점에서 잘못되었습니다. 분업과 협업은 자본가의 노력으로 만들어진 것이 아닙니다. 매뉴팩처 시기에 사람들이 협업을 만들어낸 것은 분명 생산력의 비약적 발전을 가져왔으며, 작업장 내의 분업이 정교한 기술의 발전과 기계의 발명에 기본적인 토양을 제공한 것은 사실입니다. 그러나 그것은 자본의 힘으로 만들어진 것이 아니라 사람들의 협력 노동이 만들어낸 것입니다. 게다가 오늘날 자본가는 지휘, 감독의 기능마저 노동자들을 고용하여 처리하고 있습니다.

스미스　물론 자본가가 지휘, 감독의 기능을 노동자에게 맡기기도 합니다. 그러나 자본의 진정한 기능은 위험을 무릅쓰고 생산에 투자한다는 것입니다. 자본이 없다면 어떻게 사람들이 생산활동을 할 수 있겠습니까? 물론 자본은 자신의 이기심과 이윤에 따라 행동합니다. 그러나 그렇기 때문에 그들은 투자의 실패라는 큰 위험을 무릅쓰고 생산에 투자하고 사회적 부를 창출합니다. 그런 역사적 공헌을 무시하면 안 되죠.

로크   맞습니다. 모든 인간은 이성적인 존재입니다. 이성은 합리적이며 이런 합리적 사고는 자기 이익에서 나옵니다. 그것은 모든 인간에게 부여된 천부인권입니다.

사회적 부는 개인의 산물이 아니다

마르크스   바로 거기에 저는 문제가 있다고 생각합니다. 당신들의 그 생각이 오늘날 사회를 전쟁터로 바꿔놓았습니다. 사회적 부는 개인의 산물이 아닙니다. 그것은 인류가 역사를 통해서 발전시킨 모든 지적이고 문화적인 자산, 그리고 기계와 같은 물질적 재화의 산물 전체가 어우러진 것입니다. 그런데 당신들은 그 자산을 오직 한 개인, 자본가의 소유로 만들어버리고 있습니다. 생산이 사회화되어 있다면 그것에 대한 권리도 사회적으로 주어져야 합니다. 오늘날 사회적 생산물은 대한 소유는 개인의 것이 될 수 없으며 사회 전체의 소유가 되어야 합니다. 그렇지 않고서는 개인의 자유로운 발전도, 인간의 존엄한 권리도 보장받을 수 없습니다.

스미스·로크   아니, 개인의 소유 권리를 모두 박탈하자는 것입니까?

로크   그것은 개인의 자유로운 노동과 창의적 활동을 전체주의적 권력의 지배로 바꾸는 것입니다.

스미스   마르크스 선생, 당신의 생각은 너무 한쪽으로 치우쳐 있습니다. 인간은 이기적인 존재입니다. 그런 이기심이 협력을 만들고 분업 체계를 만들었습니다. 인간의 이성은 이런 이기심을 통해서 작동하지요. 사람들은 그것이 사회적 부를 만든다고 생각함으로써 그렇게 하는 것이 아니라, 오히려 자신의 이익을 위해서 그렇게 하지요. 제가 말한 '보이지 않는 손'은 바로 이런 이기심의 이성적 작동이 시장을 통해서 구현되는 것을 말하는 것입니다. 그런데 그런 개인들의 이기심과 이성을 배제하고 사회 전체를 통제하려 한다면 전체주의 사회가 되어버릴 것입니다.

프롬　정말 못 듣겠네요. 스미스 선생과 로크 선생, 당신들은 오늘날 사회를 천박한 이기주의 사회로 만들고 사람들의 비인간화를 부추기고 있습니다. 인간은 이기적인 존재가 아닙니다. 인간의 진정한 이성은 이기심이 아니라 가치 그 자체를 만드는 능력에 있습니다. 그런데 당신들은 인간을 이기적이라고 전제한 후에, 인간을 경제적·물질적 욕망에 사로잡힌 천박한 존재로 만들고 있습니다. 독일의 파시즘을 만든 것은 바로 이런 물질적 풍요에 사로잡힌 이기심이었습니다. 사람들은 자신의 이익을 따라 이성적으로 계산하는 도구적 이성의 포로가 되었습니다. 그것을 부추긴 것

▬▬▬▬▬ 산업자본주의를 통렬히 풍자한 채플린의 코미디 영화 〈모던 타임스〉의 한 장면. 마르크스는 인간의 소외가 발생하는 것은 생산활동을 하기 위해 반드시 필요한 생산수단을 특정한 집단이 독점하고 있기 때문이라고 말한다.

은 자본주의입니다. 사람들은 더 이상 다른 가치를 꿈꾸지 않습니다. 오늘날 사람들은 자신의 존재 의미와 가치를 묻기보다는 소유를 통해서, 자신이 소유한 상품을 가지고 자신의 존재 의미를 대체하고 있습니다. 제가 말한 '소유양식으로서의 존재'는 오늘날 현대인들의 병입니다. 그것이 사람들을 획일적이고 천박한, 마르쿠제Herbert Marcuse가 말하는 '일차원적 인간'으로 만들고 있습니다.

마르크스 모든 개인의 소유권을 박탈하자는 얘기가 아닙니다. 오히려 저는 개인의 정당한 노동 권리를 되찾아주는 사회 시스템을 만들어야 한다고 주장하는 것입니다. 개인들은 여전히 자신의 생활에 필요한 것들을 소유해야 합니다. 이것을 저는 '개인적 소유'라고 합니다. 제가 사회화해야 한다는 것은 이것이 아니라 '사적 소유'입니다. '사적 소유'는 사회적 협력을 통해서 만들어진 생산 부문, 거대 공장과 사회적 부의 축적 단위들을 특정 개인이 소유하는 것입니다. 저는 이것을 사회화해야 한다고 주장합니다. 그런데 당신들은 이 부분조차 개인적 자유의 영역이며 개인적 소유의 영역이라고 주장하고 있습니다. 그러나 그렇게 되면 인류 공동의 부는 모든 인류의 발전과 공영을 위해 사용되는 것이 아니라 특정한 개인들의 향락과 소비를 위해 소모될 뿐입니다. 이것이 오늘날의 진정한 문제입니다. 개인들의 자유와 발전을 위해서라도 생산의 사회화가 필요합니다.

사회자 이제 쟁점은 분명해졌습니다. 로크 선생과 스미스 선생은 인간의 이기심과 사적 노동에 대한 소유의 권리를 주장하는 반면, 마르크스 선생과 프롬 선생은 인간의 존재 가치와 사회적 부의 공동체적 소유 권리를 주장하고 있습니다. 아마도 이런 쟁점은 자본주의 사회가 유지되는 한 불가피하겠죠. 그러나 적어도 오늘날 우리가 사적 소유의 권리에 대해서 다시 생각해보아야 한다는 것은 분명해 보입니다. 모두 수고하셨습니다.

책

■ 엘마 알트파터, 염정용 옮김, 《자본주의의 종말》, 동녘, 2007.

마르크스주의와 생태주의를 결합하여 현대 자본주의를 비판하고 있는
독일 사회학자 엘마 알트파터의 역작. 그는 여기서 자본주의 사회의 원
동력으로 '자본주의적 형태, 화석 에너지원, 유럽 합리주의'라는 삼위일
체를 제시하면서 새로운 사회적 대안으로서 연대적 경제 체제와 지속
가능한 태양 에너지 체제가 결합된 사회를 제안하고 있다.

■ 에리히 프롬, 차경아 옮김, 《소유냐 존재냐》, 까치, 2002.

프롬의 사상에 입문하기 좋은 책. 여기서 프롬은 '소유양식'과 '존재양
식'을 나누고 소유하는 삶과 존재하는 삶이 어떻게 다른지를 다루고 있
다. 특히 프롬은 프로이트와 마르크스의 이론을 연결하면서 휴머니즘
적 전망과 희망을 제시하고 있다.

■ 가라타니 고진, 조영일 옮김, 《세계공화국으로》, 도서출판 b, 2007.

고진의 정치철학을 엿볼 수 있는 책. 여기서 고진은 역사적으로 존재해
왔던 다양한 교환의 형태를 다루면서 현재의 교환 원리인 '자본=네이션
=스테이트'를 벗어날 수 있는 길을 모색한다. 그가 제시하는 길은 칸트
의 규제적 이념으로서 세계공화국과 어소시에이션의 어소시에이션이다.

영화

■ 찰리 채플린, 〈모던 타임스〉, 1936.

산업자본주의를 통렬히 풍자함으로써 인간의 소외를 보여주고 있는 채
플린의 장편 코미디. 컨베이어벨트의 자동화가 유발하는 기계에 의한
인간 지배, 말살되어가는 인간성, 그리고 자본주의가 초래하는 필연적
인 인간 소외의 문제를 빠른 템포의 팬터마임과 몽타주 수법들을 동원
하여 생생한 블랙 코미디로 보여주고 있다.

■ 라스 폰 트리에, 〈어둠 속의 댄서〉, 2000.

제53회 칸영화제 황금종려상과 여우주연상을 수상한 작품. 아메리칸
드림을 안고 미국으로 건너간 여성의 삶 속에서 드러나는 비극과 희망
을 잔잔하게 그려내고 있다. 여기서 뮤지컬은 삶의 희망과 진실을, 눈이
멀어가는 셀마와 그의 아들은 자본주의 사회에서 철저하게 버려지는
인간 존재를 보여주고 있다.

■ 마이클 무어, 〈자본주의 - 러브 스토리〉, 2009.

다양한 사회고발성 다큐멘터리를 제작한 마이클 무어의 작품. 이 영화
에서 무어는 1%를 위해 95%가 희생되는 자본주의, 특히 미국 자본주
의의 현실을 고발하고 있다. 특히 미국의 금융위기를 불러온 월가와 정
치인들 사이의 추문을 고발하면서 자본주의의 탐욕을 적나라하게 보여
준다.

3

기 업

기업사회를 넘어서

김범수 (숭실대학교 강사)

 **생각 속으로**

권리는 있지만 의무가 없다고?

대통령도 CEO처럼

CEO 대통령이란 말이 화두가 된 적이 있다. 우리나라의 경우 정치권에서 '제왕적 대통령' 혹은 '제왕적 총재'가 관행처럼 유지되고 있다. 제왕적 대통령, 제왕적 총재라는 말은 한 사람이 모든 것을 처리하는 관습에서 비롯된 말이다. 예를 들어보자. 조선시대만 하더라도 백성들은 매일같이 임금에게 자신의 고충을 토로하고, 임금이 모든 일을 해결해주길 바랐다. 그리고 이야기책을 보더라도 임금이 나서면 모든 일이 해결되었다. 이런 인상이 강해서인지 공화국이 된 세상에서도 우리 국민들 정서에는 대통령에게 모든 것을 바라는 마음이 있다. 그리고 이런 역사적 배경 탓에 제왕적 지배자의 모습은 너무도 익숙하다. 물론 이는 독재의 잔재라고 말할 수도 있다. 독재 시절에는 정치뿐 아니라 경제를 포함한 모든 활동을 대통령이 직접 해결하려고 했다. 그러나 지금은 시대가 바뀌어 이런 독재적 요소 혹은 제왕적 대통령은 오히려 비판의 대상이 되고 있다.

그래서 탄생한 말이 'CEO 대통령'이다. 그리고 우리나라도 대기업 CEO

출신이 대통령이 되었다. CEO라는 말은 'chief executive officer'의 약자로서 최고경영자를 뜻한다. 국민들 위에 군림하는 것이 아니라 CEO처럼 국가를 경영해야 한다는 뜻에서 CEO 대통령이라는 말이 나온 것이다. 그런데 한편에서는 CEO 대통령에 대해 비판하는 의견도 있다.

기업은 효율성을 강조하는 집단이다. 최소 투자로 최대 이윤을 얻는 것이 기업의 목적이다. 그렇지만 국가는 기업과는 다르다. 국가는 이윤이 최대 목적이 아니라는 말이다. 병이 나서 당장 일을 할 수 없는 사람은 기업의 입장에서 도태시킬 수밖에 없다. 그러나 국가라면 다르다. 이들이 인간적으로 살아갈 수 있는 최소한의 조건을 만들어주는 것이 국가의 책무다.

한편으로 CEO는 종업원을 지배한다. CEO 대통령이 우두머리 역할을 하고 국민들이 종업원이 된다면 어떻게 될까? 그러면 CEO 대통령은 경영이 아니라 독재를 하는 것이 된다. 이런 비판이 끊임없이 제기되었지만 많은 사람들은 CEO 대통령을 추종했다. 도대체 왜 이런 현상이 발생하는 것일까?

기업사회로의 진입

지금 한국 사회에서는 경제가 모든 것을 해결해주는 것 같다. 이 사실을 방증하는 것이 '경제 살리기' 운동이다. 그런데 이것은 참으로 오래전부터 나왔던 말이다. 특히 IMF 이후 우리는 경제만 살리면 모든 것이 다 해결될 것처럼 착각하며 살아왔다. IMF 시절 혹독한 시련을 당했으니 그럴 만도 하다. 경제 살리기의 구실로 우리 사회도 기업에 대한 규제를 대폭 완화했다. 그리고 감세정책을 통해서 투자를 활성화하려고 노력했다.

기업이 잘 되면 고용을 창출하게 된다. 안정된 고용창출은 기업이 사회적으로 공헌할 수 있는 중요한 장치라고 사람들은 생각한다. 그런데 이를 너무 강조해서인지 지금은 기업이 사회를 지배하는 시대가 되었다. 기업은 자본주의가 발전하면서 함께 성장했지만, 이제는 단순히 이윤추구만을 목적으로 하지 않는 듯하다. 기업은 이제 사회 전체에 많은 영향을 주고받는 하나의 공적 기관이 되었다. 이런 사회를 가리켜 기업사회라고 말할 수 있을 것이다.

기업사회는 시장이 사회를 지배하는 상태를 말한다. 말하자면 기업이 시장에서 이윤을 추구하는 것으로 끝나는 것이 아니라 사회 전체에 막대한 영향력을 행사하면서 사회의 중심에 서게 되는 것을 말한다. 우리나라도 예외는 아니다. CEO 대통령이라는 말도 이런 배경에서 탄생한 것이라고 할 수 있다.

기업사회는 어느 나라에서든 나타나고 있다. 물론 시초는 미국이다. 그 이론적 모델을 제공한 사람은 프리드먼과 같은 시장예찬론자다. 프리드먼에 따르면, 기업의 목적은 주주들의 이익을 챙기는 것이다. 기업은 주주들이 임원을 선출한다. 그들은 자신의 이윤을 극대화할 수 있는 사람을 임원으로 선출한다. 그리고 그 임원이 하는 일은 주주들의 이윤을 극대화하는 것이다. 이를 위해서는 기업이 많은 역할을 수행해야 한다. 이렇게 되면서 기업은 이윤을 극대화하기 위해 자연스럽게 사회적 기관의 역할을 하게 된다. 즉 시장의 질서 안에서만 활동하는 것이 아니라 시장 밖에서 사회를 이끄는 기관처럼 작동하게 되는 것이다.

드러커Peter F. Drucker는 기업이 경제적 기관뿐 아니라 사회적·정치적 기관으로 발전하고 있다는 점을 지적한다. 그는 바람직한 기업의 역할을 말하기 위해서는 기업에 고용된 개인에게 일정한 기능을 부여할 수 있어야 한다고 말한다. 여기서 기능이란 개인적 차원의 기능과 사회적 차원의 기능으로 구분된다.

삶을 영위하기 위해서 개인은 자신의 욕구를 해소할 수 있어야 한다. 당장 먹고 사는 문제를 해결해야만 한 인간으로서 삶을 살아간다고 할 수 있다. 그런데 이를 해소하기 위해서는 일을 해야 한다. 결국 개인은 기업에서 일을 함으로써 개인적 삶을 영위할 수 있는 조건을 만든다. 그리고 기업은 사회의 일원으로서 개인에게 안정된 신분과 역할을 제공한다. 말하자면 기업은 개인에게 개인적 기능과 사회적 기능을 실현할 수 있는 수단이 되는 것이다.

그런데 이러한 기능 수행은 기업의 입장에서 보자면 더 광범위하게 발전할 수밖에 없다. 기업이 없다면 개인은 사회적 역할을 수행하기가 힘들어지게 된다. 기업은 자연스럽게 사회 기관으로서의 기능을 담당한다. 기업이 효과적으로 이윤을 얻으려면 끊임없는 혁신이 요구된다. 이렇게 하려면 다원성을 충분히 확보해야 한다. 그래서 기업가는 원만한 의사소통 구조를 만들어 평등한 기회를 제공할 수 있어야 한다.

드러커는 이러한 입장을 설명하면서 기업이 사회적·정치적 기관으로 성장하게 된다고 말한다. 드러커가 의도하지 않았지만 이 부분은 기업사회를 의미한다고 볼 수 있다. 중요한 것은 지금 경제를 움직이는 사람들이 암묵적으로 드러커와 프리드먼 같은 학자를 인용한다는 사실이다. 말하자면 기업사회가 성립, 발전하는 데에 드러커와 프리드먼 같은 학자들이 근거가 되고 있다는 것이다.

기업사회의 성립

한국 사회는 이제 기업사회로 완벽하게 탈바꿈했다. 생각해보면 지금의 정치인 중 가장 많은 비중을 차지하고 더 큰 영향력을 행사하는 사람은 기업 경영자 출신이다. 이들은 친기업적 마인드로 경제를 활성화하겠다고 말한다. 실제로 기업의 생산에 문제가 될 만한 요소는 모두 제거하려는 모습을 보이고 있다.

기업들은 이윤추구를 위해 사회적으로 영향력을 행사하면서 여러 가지 사회 문제를 일으키기도 한다. 예를 들어 한국을 대표하는 기업 삼성을 보자. 삼성은 사회적 영향력뿐만 아니라 신뢰도 면에서도 1위를 달리고 있다. 이것이 가능한 이유는 삼성이 세계시장에서 충분히 성공했기 때문이

▬▬▬ 미국 애플사의 CEO 스티브 잡스. 지금 한국 사회는 마치 스티브 잡스가 애플사를 경영하듯, 국가도 회사처럼 '경영' 해야 한다고 말하고 있다.

다. 세계적으로 성장한 기업이기에 삼성에 납품했다는 이력만으로도 외국에 상품을 수출하는 데 도움이 된다는 중소기업 사장들의 얘기를 가볍게 넘길 수 없다.

그렇지만 다른 이유도 분명 있다. 삼성은 여러 정부 부처를 비롯해 사법부 등 핵심 기관 출신의 임원들을 보유하고 있다. 이들의 활동은 정부에 대한 사실상의 압력으로 나타나게 마련이다. 일례로 삼성의 경영권 편법 승계에 대해서 사법 당국은 오랫동안 제대로 수사조차 하지 않았었다. 왜냐하면 삼성에는 과거 법관 출신 임원들이 포진해 있을 뿐 아니라 로비를 통해 삼성에 호의적인 검사들이 현직에 있기 때문이다.

정부만 그런 것이 아니다. 삼성은 언론에 막대한 광고비를 지출한다. 언론사 입장에서 삼성의 광고 중단은 큰 손실이 될 수밖에 없다. 이렇게 되면서 언론은 자연스럽게 삼성이라는 기업을 홍보하는 수단으로 전락하게 되었다. 정부를 비롯해서 법조계, 언론계, 학계에 이르기까지 삼성의 사회 지배력이 확대되고 있다. 가히 삼성공화국이라고 할 만하다.

특정 기업을 폄하하려는 의도가 아니라 삼성이라는 기업이 기업사회를 설명하는 데 좋은 예가 되기에 제시해본 것이다. 그런데 이런 현상이 과연 어떤 문제를 낳는다는 것일까?

기업의 사회적 책임

기업사회의 가장 큰 문제는 기업에게 권리는 있지만 의무는 없다는 것이다. 기업의 활동을 경제적인 것으로 한정시켜 이윤추구와 관련된 모든 행위를 정당화한다. 심지어는 편법적으로 경영권을 승계하거나 이윤추구라는 미명 아래 온갖 비도덕적 행위를 서슴지 않기도 한다. 이때 그 피해는 고스란히 국민들 몫이다.

과연 기업에게는 그 어떤 사회적 책임도 없다는 것인가? 생각해보면 프리드먼이나 드러커 같은 학자들도 이에 대해서 분명 할 말이 있을 것이다. 기업사회를 철저히 옹호할 것 같은 프리드먼도 시장에서 이윤을 추구하는 과정에서 속임수나 기만적인 행위 없이 공개적으로 자유경쟁을 해야 한다는 전제를 깔고 있다. 그런데 우리 사회에서 진정한 자유경쟁이 이루어지고 있는지는 생각해볼 필요가 있다.

기업은 이윤의 극대화, 다시 말해서 최적 수익률을 추구한다. 여기서 최적 수익률이란 무엇일까? 드러커는 그것이 단순히 경제적 의미로만 한정되지 않는다는 것을 잘 설명하고 있다. 기업의 경영자는 고용인들을 지배하려고 해서는 안 된다고 본다. 이는 정치인과 유권자의 관계와도 같은 것이다. 정치인이 유권자의 요구에 귀를 기울여야 하는 것처럼, 기업의 경영자는 종업원의 말에 귀를 기울여야 한다. 이를 통해 그들의 만족을 보장할 수 있어야 성과를 낼 수 있다. 이러한 입장을 받아들인다면 기업사회에서 효율성 극대화를 위해 비정규직을 고용하는 행위는 충분히 비판받을 만한 일이다.

문제는 우리나라 기업사회가 천민자본주의 성격을 띤다는 데 있다. 기업사회를 설명할 수 있는 학자들의 의견마저도 충분히 반영되지 못하고 있다는 것이 현실이다. 그렇다면 과연 기업은 아무런 책임도 없는 것인가? 효율성을 위해서 기업사회를 그대로 인정해야 할 것인가?

시장의 요구 변화

오늘날 사회는 더 이상 가족노동이나 소규모 수공업에 의존하지 않는다. 과거에는 이윤을 추구하기 위해서 개개인의 근력과 지력을 사용해야 했다. 그 외의 방법은 사실상 없었다. 오늘날의 기업은 효율성을 극대화하면서 성장했고, 근로자의 노동을 이용해 이윤을 획득하고 있다. 생각해보면 한 기업주의 재산은 공장 근로자들과 그 물건을 사는 소비자들, 자금을 빌려주는 은행, 거기에 돈을 맡긴 예금주, 각종 사회간접자본과 정부의 경제 정책 등 무수한 사람 및 사회 조직과 긴밀하게 얽혀 있다는 것을 알 수 있다. 아무리 능력이 탁월한 사람도 혼자 힘만으로 많은 재산을 모을 수는 없다. 말하자면 오늘날 부의 원천은 단순히 개인의 노력이 아니라 사회적 관계 속에서 획득된다는 것이다.

사회적 관계 속에서 획득되는 부는 하나의 권리임이 틀림없다. 마찬가지로, 사회적으로 획득된 권리에는 반드시 사회적 의무가 따르기 마련이다. 오늘날 재산권을 행사하려면 사회적 의무의 준수라는 조건이 따라붙는다. 그래서 기업에게도 마땅히 사회적 책임이 따른다고 본다. 하지만 기업사회에서는 사회적 책임을 다해야 한다고 주장해봐야 소용없을 수도 있다. 기업의 입장에서는 사회 구성원들에게 일자리를 보장하고 사회복지에 참여하는 것만으로도 책임을 다한다고 주장할 수 있기 때문이다.

그렇다면 기업사회를 건전하게 변화시킬 수 있는 방법은 무엇일까? 사실 그 방법이란 어렵지 않을 수도 있다. 드러커는 사회적 문제를 해결하기 위해서 비영리 조직의 활성화를 주장한다. 비영리 조직은 시민정신을 만들어 낼 수 있다. 시민으로서 책임감을 가지고 사회에 참여하는 것이 사회 구조를 바꾸는 원동력이 될 수 있다는 것이다.

기업사회의 문제점을 기업이 스스로 해결하리라고 기대하기는 어렵다. 결국 시민들과 소비자들이 경제 주체로서 나서는 방법이 바람직하다. 시장에서 상품이 거래되기 위해서는 기업의 생산활동이 선행되어야 하지만 소비자의 경제활동도 필수적이다. 말하자면 경제활동은 기업만이 아니라 소비자, 근로자, 정부 등 여러 요소가 참여해야 가능하다. 이러한 측면에서 시장을 주도하는 것은 기업만이 아니다. 시장의 요구는 전적으로 소비자의 몫이다. 기업에게 사회적 책임을 요구하는 시민들의 목소리가 기업사회의 문제점을 해결할 수 있는 하나의 열쇠가 될 것이다.

피터 드러커와 밀턴 프리드먼

피터 F. 드러커 Peter F. Drucker (1909~2005)

오스트리아 빈 태생의 미국 경영자문가. '현대 경영학의 아버지'로 불린
다. 독일 프랑크푸르트 대학에서 법학 박사 학위를 받은 뒤 기자로 생활
하다가 나치 정권이 집권하자 영국을 거쳐 미국으로 건너갔다. 이후 미
국 시민으로 귀화하여 20여 년간 뉴욕대에서 경영학 교수로 재직하며 경
영학 발전에 크게 기여했다. 대표적인 저서로 《넥스트 소사이어티Next
Society》(1950), 《경영의 실제The Practice of Management》(1954), 《단절의 시대
The Age of Discontimuity》(1969), 《21세기 지식경영Management Challenges for the 21st
Century》(2001), 《피터 드러커의 미래경영The Essential Druker》(2001), 《경영의 지
배A Functioning Society》(2002), 《피터 드러커의 자기경영노트The Effective Executive》
(2006) 등이 있다.

드러커가 세계적인 경영학자이자 미래학자로 존경받을 수 있었던 것은
전체주의와 공산주의의 몰락을 정확하게 예측했기 때문이다. 그는 왕성한
저술활동을 통해 세계의 많은 경영자들에게 영감을 주고 새로운 아이디어
를 제공했다.

피터 드러커, 이재규 옮김, 《이노베이터의 조건》,
청림출판, 2001.

　대기업은 미국의 대표적 사회 기관이 되었으므로 미국 사회의 기본적인
신념을 실현해야만 한다. 적어도 최저 요구는 충족시켜야 할 것이다. 대기
업은 개인에게 신분과 역할을 제공해야 한다. 또한 기회 균등이라는 정의
를 부여해야 한다. 이것은 효율적 생산이라는 기업의 경제적 목적이 기업
의 사회적 기능에 종속되어야 한다는 것을 의미하지 않는다. 또한 사회의
기본적 신념이 개인의 역할 제공과 기회균등이 개별 기업의 이익과 생존
목적에 종속되어야 한다는 것을 의미하는 것도 아니다.

　기업은 효율적인 생산자의 역할을 강화하는 방향으로 자신의 사회적 기
능을 충족할 수 있어야 한다. 그래야만 미국의 대표적 사회 기관으로서의
기능을 수행할 수 있다. 또한 국가의 대표적 사회 기관으로서 기능할 수
있어야만 기업은 효율적인 생산자의 역할을 수행할 수 있다. 그러나 미국
사회의 대표적인 사회 기관으로서 기업은 경제적 도구라는 점 외에 정치
적·사회적 조직이기도 하다. 공동체로서 기업의 사회적 기능은 효율적 생
산자로서의 경제적 기능만큼 중요하다는 것이다.

　개인으로서 지위와 역할이 필요하다는 것은 현대 산업사회에서 시민은
자신이 속해 있는 사회에서의 신분과 개인적 만족 둘 모두를 공장의 구성
원 자격을 통해, 다시 말해서 종업원이 됨으로써 획득하지 않으면 안 된다
는 것을 뜻한다. 이것은 '산업민주주의'가 모든 사람들이 신분상의 서열,
소득 혹은 역할에 있어 동등한 산업 구조를 의미한다면, 그런 의미의 산업
민주주의를 요청하는 것은 아니다. 오히려 그 반대로 산업민주주의는 기
본적으로 어떤 사람을 다른 사람 밑에 종속시키기 때문에 상당히 다양한
신분상의 서열과 권한 소득에 기초한 지위들 하나하나가 조직 전체의 성

공에 동등하게 중요한 것으로 인식되는 계층적 개념이다.

누가 사회적 과제들을 풀어갈 것인가? 200여 년 전에는 모든 사회적 과제가 공동체, 특히 가족 안에서 해결되었다. 하지만 오늘날 공동체는 더 이상 사회적 과제를 수행하지 않고 있으며, 그럴 만한 능력도 없다.

오늘날 사람들은 지리적으로도, 사회적 지위나 신분의 측면에서도 더 이상 한곳에 머물러 있지 않는다. 그럴 필요가 없어졌다. 정의를 내리자면, 지식사회는 이동성의 사회이다. 그런데 과거의 공동체가 수행해온 모든 사회적 기능들은 개인들과 가족들이 한곳에 뿌리를 내리고 머물러 있다는 가정 아래에서만 가능했다. 즉 공동체 사회에서는 비이동성이 전제되어 있었다. 공동체를 떠난다는 것은 곧 추방당한다는 것을 의미했으며, 심지어는 범법자가 되는 것을 의미하기도 했다.

그러나 지식사회의 본질은 이동성이다. 지식사회에서 모든 개인은 어디에서 무엇을 하며 누구와 함께 살든지 이동을 당연한 것으로 받아들인다. 이것이 의미하는 바는, 지식사회에서는 사회적 도전과 과제가 크게 증가한다는 것이다. 이제 더 이상 사람들에게 '뿌리'라는 것은 존재하지 않는다. 그리고 이제 더 이상 사람들은 '이웃'이라는 존재를 갖고 있지도 않다.

지식사회는 그 본질상 경쟁사회이다. 지식사회에서는 모든 사람이 지식에 접근하는 것이 가능하다. 지식사회에서는 모든 사람이 자신의 지위를 스스로 획득할 수 있고, 모든 사람이 자신을 스스로 향상시킬 수 있으며, 모든 사람이 자신의 욕망을 스스로 실현할 수 있을 것으로 기대된다. 지식사회는 이전의 어떤 사회보다도 훨씬 더 많은 사람들이 성공할 수 있는 사회이다. 그러나 한편으로는 이전의 어떤 사회보다 훨씬 더 많은 사람들이 실패하거나 이류로 전락할 수 있는 사회이기도 하다.

그렇다면 지식사회에서는 누가 사회적 과제를 해결하는가? 이에 대한 두 가지 대답이 제시되었다.

첫 번째 의견은 복지국가 모델이다. 말하자면 정부가 사회적 과제들을 해결할 수 있다는 견해이다. 그러나 이는 틀린 답이라는 것이 분명해졌다. 현대 정부, 특히 제2차 세계대전 이후의 정부는 어느 국가에서나 거대한 복지 관료 기구가 되었다. 오늘날 모든 선진국에서 거액의 국가 예산이 사회 부문에 지출되고 있다. 그럼에도 모든 선진국 사회가 점점 병들어가고 있으며, 각종 사회 문제들도 크게 증가하고 있다.

두 번째 의견은 내가 처음 제안한 것이다. 나는 새로운 조직, 말하자면 대기업이 개인에게 사회적 지위와 역할을 부여하는 공동체로서의 역할을 수행해야 한다고 주장했다. 그러나 대기업의 사회적 역할은 크게 성공하지는 못했다.

이에 대한 해답은 정부도 고용 기관도 아니다. 그것은 새롭게 등장한 사회 부문, 즉 비영리 조직이다. 비영리 조직들의 첫 번째 목표는 '사람을 변화시키는 것'이다. 두 번째 목표는 '시민정신'을 창조하는 것이다.

해설

드러커는 경영학뿐만 아니라 역사, 철학, 인류학, 법학 등 인문학에 두루 관심을 가졌다. 이 때문에 그는 여느 경영학자들과는 다르게 인문학적 소양을 기업 조직에게 요구하고 있다. 인간에 대한 이해를 기반으로 하는 그의 이론은 오늘날 기업사회가 맡아야 할 역할을 분명하게 제기하고 있다.

과거 한국은 노동집약형 산업에 충실했다. 값싼 인력을 투입해서 단순노동을 중심으로 상품을 생산했고, 이 상품은 저가를 무기로 여러 나라에 팔려나갔다. 그렇지만 오늘날에는 사정이 다르다. 주요 수출품만 보더라도 반도체, 자동차, 선박, 휴대전화 등 첨단 기술집약형 상품이 주류를 이루고 있다. 이는 우리 사회도 지식사회로 접어들었다는 것을 의미한다. 우리나라뿐만 아니라 모든 선진국들이 초기 자본주의부터 일정한 흐름으로 지금의 지식사회로 성장했다.

드러커는 바로 여기에 주목했다. 과거에는 노동자에게 일정한 역할을 부여해서 지시에 따라 생산하는 것이 중요했지만, 지금은 그런 시대가 아니라고 본다. 이제 육체노동자의 뒤를 잇는 '지식노동자들knowledge workers'이 출현했고, 이들이 사회에서 새로운 역할을 하게 된 것이다. 그런데 지식노동자들도 어쩔 수 없이 기업에 고용되어야 한다.

기업의 입장에서 보자면 과거에는 물적 재화와 생산수단이 중요했다. 그러나 지식사회에서는 지식노동자들의 관리가 중요하다. 이들이 갖고 있는 지식이 기업의 성패를 좌우할 수 있기 때문이다. 이런 맥락에서 드러커는 지식사회에서 사회적 과제는 기업이 수행해야 한다고 생각했다. 그는 대기업이 개인에게 사회적 지위와 역할을 부여하는 공동체적 성격을 형성할 수 있어야 한다고 보았다. 그렇지만 이러한 그의 제안은 제대로 실현되지 않고 있다.

드러커는 미래 사회에서는 새로운 집단이 사회적 과제를 수행해야 한다고 보았다. 그 집단으로 제안한 것은 기업을 통한 공동체가 아니라 비영리 단체이다. 그렇다고 이 단체가 모든 것을 통합하는 것은 아니다. 그는 국가, 기업, 개인이 서로 협력해서 사회적 과제를 수행할 수 있어야 한다고 주장했다.

밀턴 프리드먼 Milton Friedman (1912~2006)

프리드먼은 흔히 시장예찬론자라고 불린다. 20세기 경제학에서 가장 영향력 있는 사람으로 케인스와 함께 프리드먼을 꼽고 있다. 프리드먼은 1976년에 소비분석, 통화의 이론과 역사 그리고 안정화 정책의 복잡성에 관한 논증 등의 업적으로 노벨 경제학상을 수상하였다. 케인스가 복지에 대한 이론을 제공한 데 반해 프리드먼은 통화정책의 중요성과 함께 시장의 자율을 적극적으로 지지했다. 이런 그의 이론은 신자유주의의 모델이 되기도 했다.

> 밀턴 프리드먼, 심준보·변동열 옮김,
> 《자본주의와 자유》, 청어람미디어, 2007.

기업 경영자들과 노동조합 지도자들은 주주와 노동조합원들의 이익에 봉사하는 것을 넘어서는 '사회적 책임'을 치고 있다는 견해가 폭넓게 받아들여지고 있다. 이러한 견해는 자유경제의 성격과 본질을 근본적으로 오해하고 있는 것이다. 자유경제에서 기업의 사회적 책임은 오로지 하나밖에 없다. 이는 게임의 규칙을 준수하는 한에서 기업의 이익 극대화를 위하여 자원을 활용하고, 이를 위한 활동에 매진하는 것이다. 즉 속임수나 기망행위 없이 공개적이고 자유로운 경쟁에 전념하는 것이 기업의 사회적 책임이다.

마찬가지로, 노동조합 지도자들의 '사회적 책임'은 조합원의 이익에 봉사하는 것이다. 나머지 사람들의 책임은 법의 틀을 확립하는 것인데, 이러한 법은 다시 한 번 애덤 스미스를 인용하자면 다음과 같은 법이 되어야 한다. "자기 이익을 추구하는 개인은 보이지 않는 손에 이끌려 원래 의도하지 않았던 목표를 고양하는 데에 이르게 된다. 의도하지 않았다고 해서 항상 사회에 나쁜 것은 아니다. 그는 종종 자기 이익을 추구함으로써 실제로 공익 추구의 의도를 가졌던 때보다 더 효과적으로 공익을 위하게 된다. 나는 공익을 위한다는 사람들치고 실제로 공익에 많은 도움이 된 예를 알지 못한다."

기업의 임직원들이 주주들을 위해 되도록 돈을 많이 버는 것 말고 다른 사회적 책임을 받아들이는 현상보다 자유사회의 근간을 근본적으로 허무는 경향은 없을 것이다. 이것은 근본적으로 체제 전복적인 교리다. 만일 기업인들이 주주들을 위해 최대 이익을 실현하는 것 말고 달리 사회적 책임을 진다면, 그것이 무엇인지 어떻게 그들이 알 수 있는가? 기업인들 스스로 공익이 어떤 것인지 결정할 수 있을까? 그들 스스로 공익을 위하여 자신들과 주주들에게 얼마만큼의 부담을 지워야 할지 결정할 수 있을까? 특정한 사람들이 조세, 지출 및 통제라는 공적인 기능을 수행한다면 누가 참을 수 있을까? 기업은 주주들이 선택한 사람들에 의해서 운영된다. 그런데 이러한 기업이 공적인 기능을 수행한다는 것이 가능한 것인가? 만약 기업인들이 주주의 피고용인이 아니라 공무원이 되어버린다면, 민주주의 사회에서 그들은 조만간 선거와 같은 공적인 방법을 통해서 선택될 것이다.

그리고 이런 일까지 일어나기 훨씬 전에, 그들은 의사결정권을 뺏기고 말 것이다. 이를 잘 보여주는 예로 1962년 4월 U.S. 스틸의 철강가격 인상 취소를 들 수 있다. 이는 케네디^{John F. Kennedy} 대통령의 공개적인 분노 표시와 반복적 소송에서 경영진에 대한 세무조사에 이르는 일련의 보복 위협 때문에 일어난 일이었다. 이것은 워싱턴에 집중되어 있는 방대한 권력이 공개적으로 과시되었다는 점에서 충격을 준 사건이었다. 우리는 모두 경찰국가에 필요한 정도의 권력을 이미 정부가 가지고 있음을 알게 되었다. 이 사례는 또한 현재 다루고 있는 문제의 본질을 잘 보여주는 것이기도 하다. 만약 사회적 책임이론이 선언하듯이 철강가격이 공적으로 결정되어야 한다면, 민간인들이 사적으로 이를 결정하도록 허용할 수 없게 되는 것이다.

이 사례가 보여주는, 또 최근 눈에 띄는 사회적 책임이론의 특정 측면은 가격 인플레이션을 막기 위하여 기업과 노동자들은 소위 가격과 임금을 낮추어야 할 사회적 책임이 있다는 것이다. 물가 상승 압력이 있을 때 모든 기업인과 노동조합 지도자들이 이러한 사회적 책임을 받아들이고 성공적으로 가격 상승을 방지할 수 있다고 가정해보자. 과연 그 결과는 어떤 것일까? 분명히 상품 부족, 노동 부족, 암시장이 그 결과로 나타날 것이다. 가격이 상품과 노동자들을 배분하는 역할을 하지 못하면, 무언가 그 역할을 하는 다른 수단이 있어야 한다. 대안이 되는 배분 방법이 사적인 것일 수 있을까? 아마 소규모의 그리 중요하지 않은 분야에서 일시적으로 그럴 수는 있을 것이다. 그러나 재화의 수가 많고 중요하면, 정부에 의한 재화 배분, 정부의 임금정책, 노동을 배치하고 배분하기 위한 정부의 조치를 요구하는 저항할 수 없는 압력이 필연적으로 야기될 것이다. 법적으로든 자발적으로든 가격 통제가 효과적으로 시행되면, 결국에는 자유기업 체제가 무너지고, 중앙통제 체제가 이를 대체하게 될 것이다. 그리고 이는 심지어 인플레이션 방지에도 아무런 효과가 없을 것이다. 경제에서 가격의 평균 수준을 결정하는 것은 통화량이지, 기업인이나 노동자들의 탐욕이 아니라는 점을 보여주는 역사적 증거는 얼마든지 있다.

프리드먼은 시장예찬론자답게 기업의 사회적 책임에 대해서도 시장의 정신을 제시한다. 흔히 기업은 사회적 책임이 있다고 말한다. 이 말에는 사회적 문제를 기업이 책임져야 한다는 의미가 담겨 있다. 즉 기업은 단순히 이윤만을 추구하는 집단이 아니라 공공의 성격을 띠고 있다는 것이다. 그렇지만 프리드먼은 이런 생각을 엄격하게 비판한다.

그는 기업의 사회적 책임이란 시장을 교란시키지 않고 최대한 열심히 경쟁하는 것이라고 보았다. 시장은 노동, 상품, 자본, 자원 등 거의 모든 것을 통제하고 유지시키는 능력을 지니고 있다. 그러므로 시장의 원리에 따라 이윤을 추구하면 자연스럽게 공익을 추구할 수 있게 된다. 예를 들어보자. 휴대전화를 만드는 회사는 최대한 많은 이윤을 얻기 위해서 값싸고 질 좋은 상품을 생산한다. 소비자들은 합리적 가격에 품질이 뛰어난 휴대전화를 살 수 있어서 좋다. 또한 그 회사의 노동자들은 이윤을 나누어 갖게 되면서 자신의 필요에 따라 다른 여러 상품을 구매할 수 있다. 이렇게 되면 사회 전체에 이익이 발생하게 된다.

프리드먼은 결국 기업의 사회적 책임이란 기업의 주인, 즉 주주들에게 최대한 혜택이 돌아가게 하는 것이라고 말한다. 기업이 사회에서 요구하는 공적인 기능을 수행하려고 할 때 오히려 또 다른 사회 문제를 발생시킬 뿐이며 기업인들은 공무원이 아니라고 단언한다.

심지어 복지를 위해 국가가 기업에 간섭하는 것도 부당하다고 말한다. 정부의 조치는 합리적인 가격 통제를 차단하기 때문에 상품

부족, 노동 부족, 암시장과 같은 부정적 결과를 낳게 된다. 그러므로 프리드먼은 기업이 시장에 열심히 참여하는 것으로 자신의 공적 기능을 수행한다고 주장하는 것이다.

재벌 총수의 특별사면과 기업사회의 이면

재벌 총수들은 어떻게 광복절 특사가 되었나

■

이번 사면은 경제인과 정치인, 공직자, 선거사범, 노동사범, 징계 공무원, 모범수형자, 일반사범 등 거의 모든 분야에서 이뤄졌다. 전체 규모 또한 34만 1864명에 이른다. 이번 특별사면·복권 대상자 가운데 가장 눈에 띄는 부분은 경제계 인사들이다. 특별사면 대상에는 횡령 혐의로 지난 6월 형이 확정된 정몽구 현대기아차그룹 회장과 보복폭행 사건의 김승연 한화그룹 회장, 1조 5000억 원대의 분식회계와 부당 내부거래 등으로 구속 기소된 최태원 SK그룹 회장 등 이른바 '빅3' 인사가 들어 있다. 이 외에도 손길승 전 SK그룹 회장과 나승렬 전 거평그룹 회장, 이재관 전 새한그룹 부회장, 최원석 전 동아그룹 회장, 최순영 전 신동아그룹 회장 등 모두 74명의 경제인이 포함돼 있다.

참여정부 당시 최대 경제인 사면이었던 2005년 석가탄신일 특별사면 당시 강금원 창신 섬유 회장, 이학수 삼성 구조조정본부장 등 경제인 31명을 사면·복권한 전례의 두 배가 넘는 규모다. 특히 사회봉사명령의 봉사 시간을 다 채우지 못한 정몽구 회장과 초유의 '보복폭행'사건으로 이목을 끌었던 김승연 회장의 사면으로 친재벌 사면이라는 비판에서 자유롭지 못하게 됐다. 지난 6월 파기환송심에서 징역 3년에 집행유예 5년, 사회봉사명령 300시간을 선고받은 정몽구 회장은 확정판결이 난 지 2개월이 채 지나지 않았고, 사회봉사명령 시간조차 다 채우지 않아 특별사면은 시기상조라는 지적이다. 꽃동네에서 사회봉사명령 200시간을 마친 김승연 회장은 '죄질'이 문제다. 김 회장의 '보복폭행'은 기업활동과 무관한 범법행위였지만, 경제인으로 분류돼 경영자의 족쇄를 풀어준다는 명분으로 사면됐다. 차동민 법무부 검찰국장은 김 회장에 대해 "범행으로 볼 때에는 폭력사범이지만 본인의 지위를 감안해 경제인으로 분류했다"고 설명했다.

SK글로벌의 2001 회계연도 채무를 줄여 1조 5587억 원의 이익을 낸 것으로 분식회계한 혐의로 기소된 최태원 SK그룹 회장과 손길승 전 회장도 사면됐다. 최 회장은 1심에서 징역 3년을 선고받았지만 2심에서 징역 3년에 집행유예 5년을 선고받고 지난 5월 풀려났다. 이번에 사면되면 형이 확정된 지 3개월도 채 안 돼 면죄부를 받는 셈이다.

— 《이데일리》, 2008. 8. 12.

■

　2008년 광복절 특별사면 명단에는 재벌 총수들의 이름이 대대적으로 올라 있었다. 물론 이 해에만 그랬던 것은 아니다. 그런 탓에 '무전유죄, 유전무죄'라는 말이 한때 유행한 적이 있다. 실제로 재벌 기업의 총수는 돈이 아주 많아서인지 범죄를 저지르고도 법정에 잘 서지도 않는다. 설사 법정에 섰다고 하더라도 무죄를 받기 일쑤다. 또는 집행유예를 선고받는 경우도 허다하다. 심지어 수천억 원에서 수조 원을 횡령했음에도 사면으로 풀려나곤 한다. 단순히 돈이 많아서 그런 것은 아니다.

제주도 영리병원을 반대하는 시위대의 구호. 이명박 정부가 추진하는 공기업을 선진화한다는 명목으로 추진하는 공기업 선진화 정책은 사실상 공기업 민영화로서 의료 부문에도 이어졌다. 영리병원 역시 의료 민영화의 상징이다.

집행유예를 비롯해서 낮은 형량을 내리는 법정에서는 그렇게 선고한 이유를 밝히게 되어 있다. 마찬가지로 정부도 재벌에 대한 사면을 실시하면 그 이유를 밝히게 되어 있다. 그러한 이유들의 공통점은 재벌 총수들이 사회에 많은 기여를 했다는 것이다. 그리고 앞으로도 많은 기여를 할 것이기 때문에 교도소에 오래 수감할 수 없다는 논리이다. 자세히 들여다보면 그 논리는 재벌들이 사적 이익만을 챙기는 것이 아니라, 많은 사람들을 고용하고 경제적 관계를 맺으면서 영향력을 행사하고 있다는 것을 전제로 하고 있다. 물론 맞는 말일 수 있다. 그렇지만 사회적 관계를 주도하는 사람은 재벌 총수 혹은 기업만이 아니다. 그들과 마찬가지로 정부와 국민도 사회적 관계를 형성한다. 사회에서 많은 돈을 축적할 수 있었다면, 그만큼 사회적 의무를 다해야 한다. 그렇지만 우리 사회에서는 재벌에게 온갖 특혜를 주면서도 그에 해당하는 의무는 제대로 부과하지 않고 있다. 오로지 파이의 크기만 키우면 된다고 생각할 뿐이다.

파이를 키울 때에는 전제조건이 따른다. 반드시 공정한 경쟁이 이루어져야 한다는 것이다. 이러한 입장은 기업사회를 옹호하는 프리드먼의 주장이다. 그런데 그 주장마저도 무력화시키고 있는 것이 한국 기업사회의 특성이기도 하다. 분명한 것은 시장의 공정성마저 위협받게 된다면 경제에 부정적 영향을 미친다는 점이다. 말하자면 아무리 시장예찬론자라 할지라도 공정한 경쟁이 원칙이라는 말이다. 그렇지만 한국 사회에서는 공정한 경쟁보다 기업가가 더 중요하게 인식되고 있는 분위기이다.

누가 기업사회를 감시할 것인가

이른바 '삼성특검'이 사회적 이슈가 된 적이 있다. 삼성그룹에서 법무팀장을 지낸 김용철 변호사가 삼성그룹에 거액의 비자금이 있다는 사실을 폭로하면서 사건이 불거지기 시작했다. 이 사건은 그간 의혹으로만 제기되던 한 기업의 온갖 비리가 세상에 알려지는 데 결정적 계기가 되었다. 결국 이 사건은 특별검사를 통해서 법정에 올려졌다. 다음은 이 사건의 수사발표문 중 일부이다.

■

에버랜드 사건은 삼성그룹 회장 이건희가 에버랜드의 전환사채를 현저하게 싼 가격에 발행하여 이재용 등 자녀들이 인수하게 함으로써 삼성그룹의 지배권을 이전했다는 내용으로 8년 전인 2000년 6월 30일 서울중앙지검에 고발장이 접수된 것이 발단이 되어 수사가 시작되었습니다. 이에 검찰은 약 3년간에 걸친 수사를 통해 에버랜드의 대표이사인 허태학 등 2명을 기소하여 1심, 2심 유죄가 선고되었음에도 이건희 회장 등 피고발인들에 대한 조사가 제대로 이루어지지 않고 방치하고 있다는 의혹을 받아왔던 사건으로 이번 삼성특검의 주요한 수사 대상이 된 사건입니다. 삼성특검은 그룹 회장의 승인과 그룹 비서실 재무팀의 조직적인 개입 없이는 이와 같은 일이 이루어질 수 없었다고 철저하게 기록을 검토하고 관련 자료를 분석하며 회장 이건희를 비롯한 관련자 전원을 소환 조사한 끝에, 회장 비서실의 조직적인 개입에 의한 전환사채 발행, 전환사채의 실권 및 이재용 남매의 사채 인수 절차가 진행되었고, 전환사채의 발행은 불법적인 제3자 배정 방식을 사용함과 동시에 현저하게 낮은 가격으로 전환사채를 발행하였다는 사실을 확인하였습니다.

위와 같은 불법적인 전환사채 발행 과정은 당시 그룹 비서실 재무팀 소속의 이사 김인주와 재무팀장 유석렬 등이 주도하여 차장 이학수, 비서실장 현명관에게 보고를 하고, 그 내용이 회장 이건희에게 전달되었습니다. 이에 특검은 이건희, 현명관, 이학수, 유석렬, 김인주를 이미 기소된 에버랜드 대표이사 허태학 등 2명과의 공모관계를 인정하여 특정경제범죄가중처벌 등에 관한 법률상의 배임죄로 기소하였습니다. 특히 이학수, 김인주는 피고발인에 포함되지 않아 특검은 이들을 직접 인지하여 기소를 한 것입니다. 중앙일보 대표이사 홍석현, 삼성문화재단 이사장 홍라희 등 에버랜드 법인 주주의 대표이사들에 대하여는 이들이 전환사채 발행 경위를 몰랐고, 전환사채의 발행 가격의 적정 여부도 모르는 상황에서 실권한 것으로 배임의 고의를 인정하기 어려울 뿐만 아니라, 공소시효 10년이 2006년 12월 2일자로 완성되어 불기소 처분하였습니다.

1999년부터 2002년 사이 삼성화재 재무 책임자가 부하들을 시켜 미지급 보험금을 지점에 내려준 것처럼 회계장부를 조작하고, 실제로는 차명계좌를 이용하여 9억 8000만 원의 비자금을 조성하고 이를 마음대로 사용한 사실을 적발하였습니다. 또한 특검이 법원의 영장을 받아 삼성화재 사무실에 대한 압수수색을 진행 중일 때, 전산 책임자인 전무가 압수의 대상이 된 회계자료를 전산에서 삭제한 사실을 밝혀내었습니다. 특검은 비자금 조성의 책임을 물어 당시 재무 책임자였던 황태선 현 삼성화재 대표이사를 특정경제범죄가중처벌 등에 관한 법률상의 횡령죄로 기소하였고, 경영혁신실장인 김승언 전무를 증거 인멸과 특검법상의 직무수행방해죄로 기소하였습니다.

— 〈삼성특검 수사결과 발표문〉 중에서

■

　삼성은 한국의 간판 기업이다. 게다가 국가권력조차 함부로 하지 못할 정도의 권력을 갖고 있기도 하다. 오죽하면 '삼성공화국'이라는 표현이 등장했겠는가. 삼성특검은 기업사회의 비리를 드러낸 전형적인 사건이라고 할 수 있다. 기업은 이윤만을 추구하는 경제 조직이 아니라 사회적으로나 정치적으로 일종의 권력기관이다. 그런데 문제는 기업의 힘이 너무 막강해서 어떤 방식으로든 그 권력을 견제할 장치가 없다는 점이다. 그러면 기업은 당연히 부패하기 마련이다.

　중요한 문제는 이러한 부패를 은폐하기 위하여 기업이 엄청난 영향력을 행사한다는 점이다. 언론을 장악하고 정부 각 기관에 영향력을 행사하는 것이 그것이다. 그래서 언론에서든 정부에서든 특정 기업의 눈 밖에 나는 짓은 하지 않는 것이 좋다는 인식이 퍼져 있다. 관료들도 기회가 된다면 더 많은 연봉을 보장하는 특정 기업에 임원으로 취업하길 희망한다. 사정이 이러하니 기업을 견제할 필요성을 느끼지 못한다. 자신의 안위를 위해서는 기업의 비리마저 김쌀 수 있다는 말이나.

　그래서 누구도 감히 기업의 비리를 파헤치려고 하지 않는다. 그렇지만 2007년 삼성특검의 경우는 사정이 달랐다. 왜 그랬을까? 이유는 간단하다. 이 사건은 김용철 변호사의 양심선언이 계기가 되었지만 그 자체만으로 사회적 파장이 컸던 것은 아니다. 많은 사람들이 관심을 갖고 지켜보며 문제를 제기했기 때문에 가능했던 일이다. 이것은 기업사회에 대한 견제 장치는 결국 시민정신에서 찾을 수밖에 없다는 점을 보여준 사례이기도 하다.

삼성이 지닌 막강한 힘은 이미 경제뿐 아니라 사회, 정치, 언론 등의 분야에서 영향을 미치고 있기 때문에 그들에 대한 처벌은 미미할 수밖에 없다. 그렇지만 시민들이 끊임없이 문제를 제기하고 처벌을 요구하는 여론을 형성한다면, 더 이상 그들의 비리를 눈감아주기 힘들 것이다. 삼성이라는 거대한 기업을 법정에 세울 수 있는 힘은 이러한 시민정신에서 비롯된다는 것을 확인하게 될 것이다.

공기업 민영화가 답일까?

■

3차 공기업 개혁안이 오는 10일 공식 발표된다. 정부 고위 관계자는 1일 연합뉴스와의 전화통화에서 "3차 공기업 개혁안을 거의 마무리해가고 있다" 면서 "발표 부처 간 협의 및 당정 협의 등을 거쳐 10일 발표하는 것으로 정리됐다" 고 말했다. 정부는 애초 3차 개혁안을 지난달 25일 발표할 예정이었으나 통합 대상 기관을 둘러싼 쟁점이 완전히 정리되지 않은 데다 다른 주요 정책과제 발표시점과 맞물리자 시기를 다소 조정한 것으로 전해졌다. 20여 개 공공기관을 대상으로 하는 이번 3차 개혁안은 신용보증기금과 기술보증기금의 통합 여부가 최대 쟁점으로, 정부는 이미 통합 쪽으로 가닥을 잡은 것으로 알려졌다. 여권 관계자는 "통합 필요성에는 이미 공감대가 형성돼 있다"며 통합 방침을 시사했다.

3차 개혁안의 또 다른 쟁점인 가스산업 선진화 방안과 관련해선 한국가스공사를 공기업으로 유지하되 천연가스 도입, 도매시장을 2015년부터 경쟁 체제로 바꾸는 방안이 추진되고 있고, 지역난방공사의 경우 상장을 통해 지분의 49%를 민간에 넘기고 자회사를 매각하는 방안 등이 검토되고 있는 것으로 알려졌다.

─《연합뉴스》, 2008. 10. 1.

■

공기업을 선진화한다는 정부 발표는 사실상 공기업을 민영화한다는 의미로 받아들일 수 있다. 공기업 민영화는 드러커나 프리드먼 모두가 지지할 수 있는 입장이기도 하다. 그렇지만 두 학자의 의견은 서로 다른 의미에서 지지를 보여준다.

먼저 프리드먼은 공적 규제나 독점에 대해서 매우 비판적인 시각을 보이고 있다. 시장에서 독점이 발생하는 조건은 세 가지로 요약할 수 있다. 첫째는 사적 독점, 둘째는 공적 독점, 셋째는 공적 규제다. 그런데 이 세 가지 중 프리드먼은 그나마 사적 독점에 대해서는 지지한다. 프리드먼에 따르면, 미국에서 이루어지는 공적 규제를 살펴보면 그 효과가 너무 형편없다는 사실을 발견할 수 있다. 마찬가지로 독일 철도산업에서의 공적 독점을 살펴본 후 그 결과가 너무 형편없다는 사실을 발견했다. 따라서 사적 독점이 그나마 나을 수도 있다는 것이다.

여기서 한 가지 주목할 사실은 엄밀한 의미에서 사적 독점이 없다는 것이다. 오늘날 모든 기업은 다른 기업과 일정한 관계를 맺고 있다. 예를 들어 종이컵을 만드는 기업이 있다고 해보자. 그 기업에서는 종이를 원료로 사용한다. 그러므로 종이 만드는 기업과 협력하게 된다. 마찬가지로 종이

외에 다른 재료를 공급해주는 기업들과도 협력하게 된다. 독점이란 엄밀한 의미에서 보자면 경쟁이 없다는 것인데, 현대 자본주의 사회에서 모든 기업은 어떤 방식으로든 다른 기업과 경쟁할 수밖에 없다. 이런 의미에서 프리드먼은 사적 독점이란 존재할 수 없다고 말한다.

또 프리드먼은 공기업이 시장에 관여하는 것에 대해서 부정적이다. 시장의 혼란을 야기할 수 있기 때문이다. 그의 논리로 보자면 모든 기업은 공기업이 아니라 사기업이 되어야 한다. 그것이 생활의 근간이 될 수 있는 산업도 마찬가지다. 최근 이명박 정부가 추진하고 있는 공기업 선진화 논리는 프리드먼의 그것과 닮았다고 할 수 있다.

한편 드러커의 경우는 마거릿 대처 전 영국 수상의 정책과 비교해볼 수 있다. 실제로 대처는 드러커의 주장에 따라 공기업을 민영화했다. 드러커는 정부가 어떤 목적을 달성하기 위해서 '행동'하기를 중단해야 한다고 주장했다. 대신에 건전한 정책을 수립하고 의사결정에 도움을 줄 수 있는 역할을 수행해야 한다고 보았다. 말하자면 정부가 나서서 기업의 역할을 수행해서는 안 된다는 입장이다. 왜냐하면 이제는 국가의 위상이 변화해야 한다고 생각했기 때문이다.

이러한 입장들은 모두 기업사회가 성장할 수 있는 동력이다. 그렇지만 이런 입장을 그대로 수용하는 것은 곤란하다. 국가의 역할은 기업의 역할과는 다르다. 기업의 목적은 이윤추구이지만 공기업의 목적은 단순한 이윤추구만이 아니다. 공적인 목적, 정확하게 말해서 복지의 실현에 목적을 두고 있다. 예를 들어보자. 우리나라의 경우 전기를 비롯해 국민생활의 근간이 되는 여러 산업을 국가가 독점하고 있다. 그런데 오로지 이윤의 극대화를 목적으로 한다면 두메산골에 전기를 공급하는 일은 없어질 것이다. 단지 몇 가구를 위해서 전기를 공급하면 적자가 발생할 수 있기 때문이다.

오히려 그런 곳에는 자가발전을 유도하는 것이 이윤을 극대화하는 데 도움이 된다. 그렇지만 한전은 그런 오지에도 전기를 공급하고 있다. 이윤추구만을 목적으로 하지 않는다는 것이다. 전기뿐만 아니다. 수도, 가스, 주택 등 국민생활에 꼭 필요한 여러 부문을 공기업이 담당하고 있다. 이런 복지마저 없으면 소외층은 삶의 기본적인 조건마저 박탈당할 수밖에 없기 때문이다.

기업이 성장하려면 국가는
어떤 역할을 수행해야 할까?

사회자　　우리나라는 단기간에 가장 빠른 성장을 이룩한 국가로 분류되고 있습니다. 한국이 대략 30년 동안 이룩한 경제 성장은 유럽의 많은 국가들이 200여 년에 걸쳐 이룩한 성장과 비슷합니다. 세계의 여러 경제학자들이 한국을 주목하는 이유이기도 합니다. 그렇지만 우리나라도 요즘 문제가 있는 것 같습니다. 어떤 사람들은 우리나라가 선진국 문턱에 도달했다고, 혹은 이미 선진국이 됐다고 말합니다. 그러나 최근 몇 년간 우리나라가 위기를 맞고 있다는 의견도 있습니다. 그들은 한국 기업의 성장동력이 떨어진 것은 아닌지 의심합니다.

　그렇다면 기업이 지속적으로 성장하려면 국가는 무엇을 해야 할까요? 이 얘기가 새삼스럽게 중요하게 느껴지는 이유는 우리의 경제 성장 과정 때문입니다. 우리나라의 경우 국가가 주도해서 경제를 성장시켜 왔습니다. 말하자면 기업의 성장 조건을 국가가 간섭해온 것입니다. 기업의 성장동력을 위해서 과거와 같은 방식을 유지하는 것이 좋을까요? 이 문제에 대해서 세계적인 석학 드러커 교수님과 프리드먼 교수님을 모시고 의견을 들어보도록 하겠습니다. 먼저 드러커 교수님부터 말씀해주시지요.

　　　　　　　　국가의 역할은 오케스트라의 지휘자에 비유할 수 있다. 악기들이
서로 협력해서 아름다운 교향곡을 완성하려면 반드시 지휘자가 있어야 한다. 지
휘자는 곡의 특성을 이해하고 전체적으로 어떤 음악이 흘러가야 하는지 연주자
들에게 제시해야 한다.

국가는 오케스트라 지휘자

드러커　　개인적으로 한국에 대해서 관심을 갖고는 있지만 정확하게 한국
적 상황에서 단언하기는 어렵군요. 그렇지만 원론적인 얘기를 간략하게
말씀드리겠습니다. 나는 과거와 같이 국가가 시장에 개입하는 것은 좋지
않다고 봅니다. 국가의 역할은 통치로서 그것만 충실히 수행하면 됩니다.

사회자　　통치란 구체적으로 무엇을 말하는 것입니까?

드러커　　거기에 대해선 천천히 말씀드리겠습니다. 프리드먼 교수의 의견을
듣고 싶군요.

사회자　　예, 알겠습니다. 그렇다면 같은 질문을 프리드먼 교수님께도 드리

겠습니다.

프리드먼 사회자가 말이 너무 많은 것 같군요.

사회자 아, 그런가요?

프리드먼 하하! 농담입니다. 이 토론에서 사회자의 역할이 시장주의에서 국가의 역할과 같다고 보면 될 것입니다.

사회자 그렇게 심오한 뜻이……

프리드먼 국가의 역할은 게임에서 심판의 역할과 같다는 뜻입니다. 시장이 모든 것을 조절할 것입니다. 국가가 적극적으로 개입하는 것은 옳지 않다고 봅니다.

사회자 그렇다면 두 분의 의견이 서로 비슷한 것도 같습니다. 구체적으로 드러커 교수님의 의견을 듣고 싶군요.

드러커 아까 국가의 역할을 통치라고 했지요. 거기에 대해서 말하려면 조금 길어질 것 같군요. 프리드먼 교수가 말했듯이 국가의 역할은 오케스트라의 지휘자에 비유할 수 있습니다. 예를 들어 교향곡을 연주하려면 많은 악기들이 필요합니다. 바이올린, 비올라, 첼로, 트럼펫, 호른, 오보에 등등. 이런 악기들은 고유한 음색이 있습니다. 이 악기들이 서로 협력해서 아름다운 교향곡을 완성하려면 반드시 지휘자가 있어야 합니다. 지휘자는 단지 앞에서 손짓만 하는 사람이 아닙니다. 지휘자는 곡의 특성을 이해하고 전체적으로 어떤 음악이 만들어질지를 연주자들에게 제시해야 합니다. 그리고 거기에 맞춰 지휘를 해야 하고요.

사회자 그렇다면 국가는 왜 통치가 필요하다고 보는 거죠?

드러커 먼저 지금의 국가 위상에 대해서 생각해봅시다. 오늘날 국가, 정확하게 말해서 정부는 모든 곳에 스며들어 있습니다. 1930년대 시장의 조절은 실패를 맛보았습니다. 아시다시피 대공황이 도래했죠. 이를 돌파하기 위해서 정부의 역할이 비약적으로 커졌습니다.

프리드먼 잠깐만요. 거기에 대해서는 조금 공론의 여지가 있군요. 드러커 교수님도 저와 비슷한 결론을 내릴 것이라고 보지만, 어쨌든 시장 조절의 실패라고 말하는 것은 곤란합니다. 대공황은 시장의 실패가 아닙니다. 정부의 무능 때문에 발생한 것이죠.

사회자 정부의 무능이요?

국가는 심판인가

프리드먼 경제 안정과 관련해서 정부의 중요한 역할은 통화정책과 재정 관리입니다. 말하자면 예산정책을 수립하고 집행하는 것이 중요하다는 것입니다. 그런데 그 당시의 상황을 보자면, 급격한 경기 하락이 발생할 만한 이유가 없었습니다. 유일하게 찾자면 연방준비은행의 통화량 조절 실패 때문이라고 봐야 할 것입니다.

통화량 조절 실패에 대해서 좀더 쉽게 설명해보죠. 은행은 개인들의 예금을 기업에 빌려줍니다. 그런데 갑자기 개인들이 예금을 모두 인출해버리면 어떻게 될까요? 당연히 은행이 파산하겠죠. 개인들은 은행이 파산하면 다시 저축할 수도 없고 현금을 계속 보유하고 있어야 합니다. 이렇게 되면 통화량이 급격하게 줄겠죠. 이런 사태를 막기 위해서 연방준비은행이 있는 것입니다. 한국에서는 한국은행이 그 역할을 하지요? 그런데 당시 연방준비은행이 걱정했던 것은 통화량의 감소가 아니었습니다. 그들은 화폐 가치를 매개하는 금의 국외 유출을 걱정했습니다. 금의 유출을 막기 위해 통화량을 감소시킨 조치는 은행들의 파산을 불러왔습니다. 그리고 이는 결국 급격한 통화량 수축으로 이어졌지요.

사회자 금의 국외 유출을 걱정했다는 얘기는 무슨 말이죠?

프리드먼 이렇게 생각하면 좋을 것 같군요. 예를 들어 한국은행이 지폐를 무한정 찍어서 유통시키면 어떻게 될까요? 당연히 화폐의 가치가 떨어지겠죠. 그러면 사람들은 화폐보다 물건을 더 선호하게 됩니다. 그렇기 때문에 예전에는 반드시 은행에 화폐의 가치만큼 금이 있어야 화폐를 찍어낼 수 있었습니다. 그것이 바로 금본위제입니다. 알다시피 지금은 금본위제가 아닙니다. 그런데 제가 계속 말해도 되는 겁니까?

사회자 예. 계속 말씀하시지요.

프리드먼 공황은 통화량이 수축되었을 때 나타납니다. 미국의 대공황은 민간경제가 본래 불안하다는 것을 보여주는 예가 아닙니다. 오히려 특정인들이 통화제도에 막대한 권한을 행사할 때 일어날 수 있는 엄청난 문제점을 보여준 사례입니다.

드러커 알겠습니다. 그렇지만 나의 의도는 그것이 아닙니다. 국가의 위상 변화를 설명하려는 것이니 그렇게 따질 필요는 없을 것 같군요. 간단하게 말하자면 국가는 국민국가에서 거대국가로, 경제국가 모델로 변모했다는 것을 말하려던 것입니다. 어쨌든 1929년까지 정부가 경제를 관리할 수 있다고 생각하는 사람이 없었지만, 대공황 이후에는 달라졌다는 것입니다. 대다수 사람들이 시장의 조절을 위해서 국가가 필요하다는 의견으로 바뀌었지요.

사회자 그런 국가 모델을 무엇이라고 해야 하나요? 복지국가라고 할 수 있나요?

드러커 그렇게 볼 수 있겠죠. 그렇지만 나는 이런 국가 모델을 경제국가라고 부르고 싶군요. 복지국가란 국가가 사회적 기관의 역할을 관리한다고 볼 수 있습니다. 그에 반해 경제국가는 국가가 경제에 직접적으로 개입하는 것입니다. 그렇지만 나는 이런 모델이 좋다고는 생각하지 않습니다.

프리드먼 지금 얘기는 저와 반대편에 있는 케인스 선생을 모델로 삼는 것 같군요. 그런데 드러커 교수님이 이런 식으로 말씀하시다니 좀 실망스럽네요.

드러커 내 말을 오해하시는군요. 나는 경제국가 모델을 옹호하는 것이 아닙니다. 오히려 실패한 모델이라고 봅니다.

프리드먼 그러면 저와 같은 생각이신가요?

드러커 그렇지는 않습니다. 오늘 이 자리는 기업이 발전하려면 정부 혹은 국가가 어떤 역할을 수행해야 하는지 따지는 자리입니다. 나는 기업가 정신을 말하고 싶었습니다. 기업가 정신이란 간단히 말해 혁신할 수 있는 정신을 말합니다. 구체적으로 보자면, 기업가는 다원성을 최대한 존중하고, 그것을 합리적인 의사소통 체계 안에 편입시킬 수 있어야 합니다. 그런데 생각해보면 국가의 역할도 이와 다를 바 없습니다. 무엇을 집행하거나 관리하는 것이 과거 기업의 문화였습니다. 마찬가지로 국가의 역할도 집행과 관리였습니다. 그렇지만 다원화된 사회에서는 사회적 다양성을 통합하는 지휘자의 역할이 필요합니다. 왜냐하면 지금까지의 정부가 무능했기 때문입니다. 그렇지만 미래에 기업이 성장하기 위해서 국가가 무엇을 해야 할지 구체적으로 말하기는 쉽지 않군요. 다만, 국가가 시장의 다원성을 존중하고 다양성을 통합하는 방식으로 작동해야 한다는 것만큼은 확실합니다.

프리드먼 제가 성급했네요. 드러커 교수님도 저와 입장이 같을 것이라고 생각했는데 그렇지 않군요. 국가를 보는 시각도 그렇고, 기업을 보는 시각도 그렇습니다. 저는 이렇게 말하고 싶군요. 국가가 시장에 개입할수록 기업은 생존이 힘들어집니다. 그러므로 운동경기에서 심판이 하는 것처럼, 시장이 안정될 수 있는 조건만 만들어주면 된다는 것입니다. 이미 규칙은 정해져 있습니다. 시장이라는 규칙. 그렇다면 그 규칙이 잘 적용되고 있는지만 확인하면 되겠죠.

사회자　두 분의 토론에 깊이 개입하지 않았던 탓에 토론이 더 활발하게 이루어진 것 같습니다. 하하! 바쁜 가운데 토론에 참여해주신 두 분께 감사드립니다.

책

■ 데이비드 보겔, 김민주·김선희 옮김, 《기업은 왜 사회적 책임에 주목하는가》,
거름, 2006.

경영을 잘못하면 기업이 망한다. 그것은 단지 하나의 기업이 망하는 것
만을 의미하지 않는다. 여러 사람들이 일자리를 잃게 되고, 사회 구성
원들의 자리마저 위태로워지기 때문이다. 기업은 자발적인 규제를 통해
서 기업과 국가 경제에 도움을 주어야 한다. 이 책은 기업이 자발적인
규제를 만들어 실천하는 것이 얼마나 중요한지 설명해주고 있다.

■ 로버트 B. 라이시, 형선호 옮김, 《슈퍼자본주의》, 김영사, 2008.

1970년대 이후 대기업은 이전보다 훨씬 경쟁적이면서 혁신적으로 변모
하고 있다. 저자는 이를 슈퍼자본주의로 설명하며 그에 대해 비판적 입
장을 취하고 있다. 대기업이 변모하는 과정에서 공공의 이익은 오히려
축소되고 있는데, 이를 해결하기 위해서 사라진 시민의 정체성을 회복
해야 한다고 말한다.

■ 김동춘, 《1997년 이후 한국사회의 성찰》, 길, 2006.

저자는 우리 사회에서 양극화와 불평등이 심화되는 과정을 1990년대
후반 이후 기업사회로 변화하는 과정 및 그 결과와 연결시켜 설명하고

있다. 기업사회의 문제뿐 아니라 우리 사회의 문제를 여러 사회이론을
접목시켜 설명하며 양극화 문제와 실질적 민주화의 정체에 대해 우려를
나타낸다.

■ 지승호, 《아! 대한민국, 저들의 공화국》, 시대의창, 2008.

전문 인터뷰어인 저자가 삼성의 비리를 고발한 김용철 변호사를 비롯
해 6명의 인터뷰이들을 만나 인터뷰한 내용을 묶은 책이다. 대한민국
을 틀어쥔 소수의 전횡을 견제하지 못하면 대다수 국민들의 삶은 물론
이고 나라의 미래도 없다고 얘기한다. 삼성공화국이라 불리기도 하는
우리 사회의 현실을 비판적 관점에서 파헤치며 통찰력 있는 답변들을
이끌어낸다.

■ 어빈 케쉬너 , 〈로보캅 2〉, 1990.

이 영화는 대기업이 국가를 장악했을 때 발생할 수 있는 문제점을 지적
한다. 미국의 디트로이트 시. 이 도시는 자동차 산업으로 유명하다. 그
런데 자동차 산업이 쇠퇴하자 이 시는 재정 적자에 허덕인다. 이를 만회
하기 위해 시 당국에서는 재벌 기업 '오씨피OCP'에 치안을 맡긴다. 시에서
경찰국 운영비를 체불하자 회사 측에서는 곧바로 경찰의 임금과 연금을
삭감한다. 여기서 발생한 혼란은 곧바로 재벌 기업 OCP가 시를 장악하
는 음모로 발전한다. 이 영화에서 기업은 복지보다는 효율성만을 따지
면서 악의 화신으로 돌변하게 된다는 것을 볼 수 있다. 이를 통해 국가
의 운영과 기업의 운영에는 많은 차이가 있음을 알 수 있다.

4

분배

각자에게 각자의 몫을!

유현상 (한국방송통신대학교 강사)

평등하면서 자유로운 사회는 가능할까?

왜 정의가 중요한가?

정의의 문제가 철학의 오랜 논제로 다루어지는 이유를 이해하기 위해서는 먼저 인간 존재에 대한 이해가 선행되어야 할 듯하다. 인간은 사회적 존재라고 하는, 이제는 너무나 진부하게 느껴지기까지 하는 인간 존재에 대한 규정은 정의라는 주제를 다룰 때에도 여지없이 불려나온다. 사회를 형성하는 인간은 사회관계의 조직 원리가 모든 구성원들에게 만족과 행복을 주는 것을 추구한다. 사회관계의 조직 원리 혹은 그것을 유지하는 원리가 각자의 인간적 삶을 유지하게 하는 최선의 수단이 아니라면, 그 원리가 교체되지 않는 한 구성원들의 이탈 혹은 저항에 직면할 수밖에 없다. 그런데 무제한적인 인간의 욕구는 본질상 어떠한 사회 체제와도 공존하기 어려운 특성이 있다. 그래서 자발적이든 강제적이든 각 개인의 욕구는 제한될 수밖에 없다. 사회의 각종 제도나 규범 등은 바로 그러한 욕구의 제한을 주요 레퍼토리로 삼고 있다. 정의의 문제는 그러한 사회적 제도나 규범의 제약을 받아들일 만한 것으로 여길 수 있게 하는 문제이다. 이런 점에서 볼 때 정의는 개인에게도 중요한 덕목인 동시에 사회나 국가라고 하는 공동체가 성립, 유지될 수 있게 하는 근원적인 요소라고 할 수 있다.

플라톤의 대화편 《국가》에서 맨 처음 논쟁거리가 되는 주제는 '정의'에 관한 문제다. 케팔로스라는 노인과 소크라테스의 대화로부터 시작된 정의에 관한 논의는 트라시마코스라는 젊은이와의 대화에서 절정에 이르게 된다. 소크라테스와 다른 사람들과의 대화를 지켜보던 트라시마코스는 이윽고 대화에 참여할 기회를 얻어, '정의는 강자의 이익'이라는 견해를 피력한다. 트라시마코스가 주장하는 바의 근거는 각 나라의 정치 체제가 어떠하든 간에 법과 제도는 정의롭게 만들어지는 것이라고 공표되고 있다는 것이다. 그런데 그런 법이나 제도는 모두 각국의 권력자들에 의해 만들어지는 것이 아니겠냐는 것이다. 그러자 소크라테스는 '정의는 덕이요 지혜이자 행복을 가져다주는 것'이라는 입장에서 트라시마코스의 주장을 반박한다.

여기서 내용 못지않게 주목할 것은 플라톤이 자신이 생각하는 이상국가를 다룬 책에서 정의의 문제를 국가의 문제, 즉 공동체의 문제로 다루고 있다는 점이다. 공교롭게도 정의에 대한 현대의 담론에서 한 축을 담당하는 로버트 노직Robert Nozick도 《무정부, 국가 그리고 이상향Anarchy, State and Utopia》의 마지막 3부에서 이상국가의 모델을 제시하고 있다. 이는 정의의 기준이나 내용이 모두 인간의 이상을 반영하는 문제임을 보여주는 단서라고 할 수 있다. 즉 인간의 이상이 반영된 국가는 무엇보다도 정의로워야 한다는 것이다.

하지만 정의의 문제는 그 어떤 문제보다도 현실과 밀접하게 닿아 있다. 이상이란 현실에 대한 반추에서 비롯되는 것이기도 하다는 점에서 이상과 현실은 쌍생아적 운명으로 얽혀 있는 셈이다. 하지만 현실은 늘 변화하는 것이어서 각 시대마다 요구되는 정의의 핵심이 달라지는 것은 어쩔 수 없다. 그럼에도 '각자에게 응분의 몫을 주는 것'이라고 정의를 규정한 아리스토텔레스의 분배적 정의 개념은 정의에 대한 가장 포괄적인 규정으로 평가된다. 하지만 그 응분의 몫을 정하는 기준이 무엇인가 하는 지점에서 다시 논쟁이 시작된다고 할 수 있다. 또 무엇을 분배할 것인가의 문제 역시 해결 과제로 남는다.

자유와 평등은 이러한 논쟁을 다루는 과정에서, 그리고 오늘날 정의의 기준을 정하는 데 가장 핵심적으로 고려되는 가치라고 할 수 있다. 특히 자본주의 경제 체제를 채택하고 있는 현대 자유민주주의 국가에서는 시장에서의 자유와 평등을 어느 정도로 보장할 것인가가 민감한 문제가 아닐 수 없다. 모든 사회 구성원이 최소한의 인간적 삶을 유지하기 위해서는 경제적 가치, 즉 재화의 공정한 분배가 가장 기본적으로 해결되어야 하기 때문이다. 그래서 오늘날 분배의 문제는 사회 정의를 다루는 가장 핵심적인 개념이라고 할 수 있다. 자본주의 경제 체제를 근간으로 하고 있는 상황에서 자유경쟁이라고 하는 시장경제의 원리가 그대로 분배의 원리로 주창되고 있는 것이 보편적 흐름이기 때문이다.

자유론은 소유가 보장될 때 정의롭다

자유주의는 부르주아 계급의 개인주의적 의식의 성장과 함께 성립되기 시작했다고 할 수 있다. 정치적으로는 시민혁명의 성공, 경제적으로는 자본주의 경제의 출현이 이들 부르주아 계급의 시민의식을 확고히 하는 계기가 되었다. 이제 새로이 문을 연 근대 사회는 개인의 욕구 실현을 충분히 보장하기만 하면 개인의 이익 실현만이 아니라 사회의 공공선도 자연스럽게 달성될 수 있다는 낙관적인 전망을 하게 되었다. 시장은 바로 그러한 개인의 욕구 실현이 이루어지는 영역이다.

로크John Locke와 같은 초기 자유주의 사상가들은 이러한 신념을 바탕으로 개인의 자유와 권리의 신장을 국가의 가장 기본적인 역할이라고 주장했다. 즉 국가는 개인의 자유 실현 행위가 타인의 자유를 침해하지 않는 한, 각 개인의 삶에 간섭해서는 안 된다는 것이 이들의 입장이다. 특히 로크는 사적 소유권이 생명권, 자유권과 더불어 가장 기본적으로 보장해야 하는 자연권적 권리에 속한다고 보았다. 따라서 개인들의 욕구가 실현되고 개인들이 자유롭게 사적 소유권을 행사할 수 있는 시장 영역에 대한 국가의 개입을 자유주의는 인정할 수 없는 것이다. 시장은 그 속에서의 생산 활동이 사회 구성원들의 자발적이고 민주적인 참여로 이루어진다는 특성을 갖는다. 또한 자유로운 시장은 외적인 강제가 아니라 시장의 자율적 조정 원리에 따라서 가치나 재화 등의 흐름을 합리적으로 조절하고 분배하는 기능을 한다는 것이 자유주의자들의 생각이다. 그러므로 사회적 재화의 분배 원칙을 정하는 별도의 정형적인 분배의 정의를 고려할 필요는 없다고 생각한다.

로버트 노직의 기본 입장 역시 전통적인 자유주의 사상의 입장과 다르지 않다. 노직은 국가 내지는 특정 집단이 주도하여 인위적으로 경제적 가치를 분배하는 고정적 방식이나 원리라 할 수 있는 정형적 분배 방식을 반대한다. 그는 정형적 분배 방식이 아무리 공익을 위한 것이라고 할지라도 그것이 개인의 자유를 침해 한다면 그 자체로 부당한 것이기 때문에 정의로울 수 없다는 것이다. 개인의 자유를 침해하는 것을 그 자체로 부당하다고 보는 이유는 자유에 대한 개인의 권리는 자연권적 권리이기 때문이며, 따라서 아무도 개인의 자유를 침해할 수 없다고 보기 때문이다. 로버트 노직이 주장하는 '소유권적 정의론'의 핵심 역시 로크로부터 비롯된 자유권적 기본권으로서의 소유권에 주목하여 국가가 개인의 소유권을 부당하게 침해하지 않는 것이 정의라고 보는 입장이다.

자유시장이 불평등을 낳다

시장에 대한 자유주의자들의 낙관적 전망은 개인의 이익이 극대화될 수 있으면 된다는 일면적 목적만을 염두에 둔 것은 아니었다. 그들은 개인의 이익 실현이 곧 공공선의 실현이라고 보았다. 애덤 스미스가 자유방임주의적 시장경제 이론을 주창한 자신의 저서 제목을 《국부론The Wealth of Nations》이라고 붙인 이유도 산업 부르주아들의 경제활동에 국가가 전혀 간섭하지 않고 시장에 맡겨두는 것이 곧 국부의 원천이라고 보았기 때문이다.

JUSTICE

▬▬▬▬▬ 정의의 문제는 그 어떤 문제보다도 현실과 밀접하게 닿아 있다. 이상이란 현실에 대한 반추에서 비롯되는 것이기도 하다는 점에서 이상과 현실은 쌍생아적 운명으로 얽혀 있는 셈이다.

하지만 이후의 역사적 과정에서 시장은 낙관적 기대와 달리 많은 문제점을 노출하고 말았다. 사회적 부 혹은 재화가 합리적으로 분배될 것이라는 기대와 달리, 지나친 경쟁으로 인한 생산의 과잉과 그로 말미암은 불황에 주기적으로 시달리게 되었다. 그러나 그러한 과정에서도 사회적 자산이나 재화는 소수에게만 집중되어 빈익빈 부익부 현상이 더욱 심화되는 등 사회적 문제점들을 양산하기에 이르렀다.

또 시장에만 분배의 역할을 맡기면 공공의 목적을 달성하는 데 필요한 재원을 확보하기 어렵다는 문제점도 있다. 왜냐하면 시장은 개인들의 이익 실현을 위한 장일 뿐이기 때문이다. 시장에서의 분배만으로도 공공의 이익이 실현되려면, 시장에 참여하는 개인들이 자신의 이익 말고도 공공의 가치를 실현하는 데 관심을 가져야 한다. 그런데 이는 본질적으로 시장의 사익 추구 속성과 모순된다. 아울러 계층적 불평등을 심화시켜 기득권층의 이익 보전을 합리화하면서 노동자의 노동 소외를 심화시켰다는 비판을 받기도 한다.

자유주의를 가장 강력하게 비판한 사람은 마르크스다. 그는 시장이 자발적인 등가교환 체제에 의해 움직인다는 주장을 받아들이지 않고, 노동자의 잉여 노동을 착취함으로써 이윤을 발생시키는 불평등한 교환관계 체제라고 비판한다. 결국 자유주의가 전폭적으로 신뢰해온 시장에서의 자유는 소수의 자유만을 극대화할 뿐, 사회의 불평등 구조를 고착화한다는 한계를 지적받게 되었다.

평등이 실현되면 정의로울까?

자유주의와 자본주의 시장경제가 보여준 한계는 그 대안으로서 사회주의를 모색하는 흐름을 형성하게 했다. 시장은 자연적 가치가 합리적으로 분배되는 영역이라는 자유주의의 주장은 사실상 시장에서 거래되는 가치 혹은 재화가 이미 사회적이고 역사적인 토대 위에서 구축되었다는 것을 무시하는 것이다. 비록 시장이 모든 사람들을 동등한 입장에서 대우한다고는 하지만, 시장에 참여하는 각 개인의 처지와 조건이 이미 다르기 때문에 공정한 게임이라고만 볼 수 없다는 것이다.

사회주의의 관점에서 볼 때 시장 기능의 자율성에 맡기는 자유주의의 비정형적 분배 원리는 이기적인 개인적 소유권을 정당화하는 것에 불과하다. 그래서 사회주의는 국가 주도의 정형적 방식에 의해서만 분배의 정의가 실현될 수 있다고 보았다. "능력에 따라 일하고 필요에 따라 분배받는다"는 원칙은 사회주의적인 그러한 정형적 분배의 대표적인 입장이라고 할 수 있다.

하지만 사회주의가 주장하는 정형적 분배 방식 역시 정의로운 분배라고 보기에는 어려운 점이 있다. 누구나 능력에 따라 최선을 다해 일하고 누구든지 필요한 만큼 분배받을 수 있다면 더 이상 바랄 게 없을 것이다. 하지만 능력이나 필요의 적절한 기준이 무엇인가 하는 문제를 해결하지 않으면 현실화하기 어려운 원칙임이 분명하다. 능력껏 일한 사람의 욕구가 필요한 정도에 머무를 것이라는 예상은 인간의 이기적 본성을 배제하지 않는 한 설득력을 갖기 어렵다는 문제점도 있다. 또 한 가지 중요한 관건은 필요에 따른 분배가 실현되기 위한 물적 조건이 현실화될 수 있느냐 하는 것이다. 개인의 필요량은 물론이고 사회 전체의 필요량은 욕망의 크기와 연관되어 있다. 그런데 인간의 욕망은 본질적으로 무한하다고 할 수 있는 데 반해 물질적 재화의 생산은 한계가 있을 수밖에 없다.

결국 사회주의적 평등주의는 여러 현실적 제약과 함께 자유와 평등의 균형 차원에서도 평등을 지나치게 강조함으로써 오히려 개인의 자유를 과도하게 간섭하는 한계를 드러내고 말았다.

공정한 정의는 어떻게 실현되는가?

그렇다면 또 하나 생각해볼 수 있는 물음은 자유주의의 기본 틀을 유지하면서 평등의 조건이나 수준을 향상시킬 수 있는 길은 없는가 하는 것이다. 마르크스가 지적한 자본주의의 모순이 드러난 이후 사회주의의 길을 선택한 국가도 있으나, 대다수 산업화된 국가들은 자본주의의 틀을 유지하는 방식의 대안을 모색하게 된다. 평등주의적 자유주의는 바로 이러한 자유주의 진영의 새로운 입장이다. 존 롤스로 대표되는 이 입장은 개인의 자유로운 자기실현을 보장하면서도 모든 사회 구성원들의 최소한의 기본적 삶을 보다 적극적으로 보장해주는 새로운 분배 원리를 요청한다.

롤스가 생각하는 정의의 기본적인 조건은 '정당화될 수 없는 자의적 불평등이 없는 상태'이다. 이를 역으로 생각하면 정당화될 수 있는 불평등도 있음을 현실적으로 인정하는 것이라 할 수 있다. 자본주의 시장경제 체제를 부정하지 않는 한 개인의 능력, 노력, 선택, 사회적 역할 등에 따라 재화의 분배량에서 차이가 나는 것은 어쩔 수 없다고 보는 것이다. 그러므로 롤스가 생각하는 사회정의의 핵심은 정당화될 수 있는 불평등 혹은 차등과 정당화될 수 없는 불평등을 가려내는 것이라 할 수 있다. 그런데 정의 문제가 발생하는 상황이 어떠하냐가 중요한 요인이 된다. 시장주의적 자유주의 입장에서는 불법적이거나 부당하지 않으면 국가가 시장에 개입할 필요가 없다고 주장한다. 그런데 실제로 사회정의 문제가 반드시 불법적인 행위 때문에 불거지는 것은 아니다. 각자가 정당하게 이익을 추구하더라도 사회정의와 갈등을 둘러싼 논란은 현실적으로 불가피하다.

그래서 롤스는 사회 구성원들이 각자 정당하다고 생각하는 이익 추구 행위가 타인의 이익 추구 행위와 충돌할 경우에 발생하는 갈등을 조절할 절차적 원리를 제시하는 것에 관심을 가졌다. 기존의 정형적 분배 원리에 따라 분배의 결과에서 평등의 수준을 높이려는 것이 아니라 공정한 절차의 원리 수립에 관심을 가졌던 것이다. 사회 구성원들이 모두 수용할 수 있는 공정한 절차가 마련되면, 분배의 결과가 비록 차등을 낳는다 하더라도 문제될 것은 없을 것이라 여긴 것이다.

이와 같은 조건에 맞는 절차를 구성하기 위해 롤스는 사회를 이루는 계약 당사자들을 특정한 가상 상황에 있는 것으로 설정한다. 이는 계약 당사자들이 사회 내에서 자신의 위치를 모르는 무지의 베일the veil of ignorance을 쓴 원초적 상황original position이다. 롤스는 이런 상황에서 계약 당사자들은 이익을 극대화하는 데 관심을 가지기보다는 손해를 최소화하는 데 관심을 가지는 안전한 선택을 할 것이라고 생각했다. 이러한 상황에서 성립되는 정의의 원리는 다음과 같다. 첫째, 모든 사람은 다른 사람의 유사한 자유와 충돌하지 않는 한도 내에서 가장 광범위한 자유의 권리를 동등하게 갖는다. 둘째, 사회적·경제적 불평등은 다음 두 가지 조건, 즉 최소 수혜자의 최대 이익을 보장하는 것, 불평등의 근원이 되는 직위와 직무의 기회는 모든 이들에게 균등하게 열려 있어야 한다는 것을 충족시켜야 한다.

이러한 원칙을 실현하기 위해서 롤스가 제안하는 것은 국가의 적극적인 역할이다. 국가는 개인의 정당한 자유 행사를 모든 사람에게 동등하게 보장하면서도 부자들로부터 징수한 세금 등을 통해 최소 수혜자인 사회적 약자들에게 사회복지를 제공할 수 있어야 한다고 주장한다. 이러한 롤스의 이론은 시장적 자유주의에 평등성을 보완한, 이른바 수정자본주의 혹은 복지국가 이론으로 평가된다.

고전 속으로

존 롤스와 로버트 노직

존 롤스 John Rawls (1921~2002)

현대 사회철학과 도덕철학의 영역에서 사회정의라는 주제를 부각시킨 공로
는 단연 미국의 철학자 존 롤스에게 돌아가야 마땅할 것이다. 1950년 프린
스턴 대학에서 철학 박사 학위를 받은 롤스는 1958년 그 유명한 〈공정으
로서의 정의Justice as Fairness〉라는 논문을 발표했다. 이후 그의 연구는 사회
정의 문제에 집중되었다고 해도 과언이 아니다.

　그의 대표 저서인 《사회정의론A Theory of Justice》(1971)에 나타난 사회정의
에 관한 이론은 복지국가 이론, 수정자본주의 이론으로 분류된다. 이는
자유주의의 토대 위에 평등주의적 요구를 접목시키려 한 사회이론으로 평
가할 수 있다. 특히 이 책에서 롤스는 루소 이래 사회계약론의 틀을 보다
정교하게 다듬어 정의에 관한 체계적 해명을 시도한다. 이와 같은 롤스의
기획은 근대 자유주의 사상과 맥을 같이해온 공리주의적 정의관과 대립함
으로써 이후 신자유주의 사상가인 로버트 노직과 분명한 대척점을 형성하
게 된다.

존 롤스 지음, 황경식 옮김,
《사회정의론》, 서광사, 1977.

분배적 정의의 배경적 제도

사회 체제는 그 사회 체제로부터 귀결되는 분배가 그 내용과 상관없이 정의로운 것이 되도록 구성된다. 이러한 목적을 달성하기 위해서 사회적이고 경제적인 과정이 적절한 정치적·법적 제도를 배경으로 설정될 필요가 있다. 이러한 적절한 체계의 배경적 제도들 없이는 분배 과정의 결과가 정의로울 수 없다. (…)

우선 내가 가정하는 것은 기본 구조가 평등한 시민의 자유를 보장하는 정의로운 헌법에 의해 규제되는 것이다. 그리고 양심과 사상의 자유가 인정되고, 정치적 자유의 공정한 가치가 유지되고 있다. 상황이 허락하는 한 정치적 과정은 정부를 선택하고 정의로운 입법을 위한 정의로운 절차로 이루어지고 있다. 또 내가 가정하는 것은 법으로 명문화되거나 형식적으로만 보장된 기회균등이 아니라 실질적으로 공정한 기회의 균등이 보장되어야 한다는 점이다. 이것은 정부가 일반적인 종류의 사회적 공통 자본을 보존하며, 사립학교를 보조하고 공립학교 체제를 확립함으로써 비슷한 재능과 의욕을 가진 이들에게 동등한 교육과 교양의 기회를 보장하고자 노력해야 한다는 것을 의미한다. 또 정부는 경제활동과 자유로운 직업 선택의 기회를 균등하게 보장해야 한다는 것을 의미한다. 정부의 이러한 역할은 기업이나 이익단체 등과 같은 민간단체의 행동지침들을 정함으로써 독점적인 제약이나 방해물을 제거해야 수행될 수 있다. 마지막으로 정부는 가족수당이나 질병, 그리고 고용에 대한 특별급여 등을 통해서 또는 좀더 조직적인 등급별 지원책과 같은 수단들을 통해서 사회적 최소치를 보장하게 되는 것이다.

시장 체제와 자율성

어떤 사회주의자들은 모든 자본주의적 시장제도를 타락한 것으로 보고 시장제도에 반대해 사회적이고 이타적인 관심을 가진 사람들에 의해 작동되는 경제 체제를 이룩하고자 했다. 물론 시장이 이상적인 경제 체제라고 할 수는 없다. 그렇지만 필요한 배경적 제도만 잘 갖추어서 보완한다면 이른바 임금노예라고 하는 최악의 문제점은 틀림없이 해결할 수 있을 것이다. 그래서 가능한 대안들을 비교하는 것이 중요하다. 사회적인 통제 체제로 발전하기 마련인 관료제를 통해서 경제활동을 통제하는 것은 가격 체제를 통한 통제와 비교할 때 더 정의로울 것으로 보이지는 않는다. 물론 경쟁 체제가 비인격적이기는 하지만 (…) 시장 체제를 이용한다고 해서 합당한 인간의 자율성을 결여한다는 뜻은 아니다.

> **해설**
>
> 위에 소개한 두 가지 발췌문 중에서 앞의 내용은 정의로운 사회를 만들기 위해서는 경제적 분배에 관한 정치적·법적 제도들을 마련해야 한다는 것이다. 롤스는 기본적으로 자유와 평등이라고 하는 자유민주주의의 핵심 가치를 모두 옹호하지만, 경제적 분배 문제를 시장에만 맡겨둘 경우에 자유주의의 평등의 의미인 기회균등으로서의 평등 조건이 유지될 수 없다고 보았다. 왜냐하면 시장은 경제적 이익을 실현하는 효율성을 극대화하는 장점은 있지만 사회적 갈등이나 불평등을 해결하는 영역은 아니기 때문이다. 자본주의 시장은 사회 구성원 모두의 자유로운 경쟁을 보장하기 때문에 시장의 원리 자체가 정의롭다고 하는 주장도 있다. 이른바 신자유주의자들의 입장이

그것이다. 하지만 시장은 경쟁에서 패배한 자들이나 그의 가족들 혹은 후손들에게 재기의 기회를 제공하지 않는다. 그래서 롤스는 국가 혹은 정부가 기업과 같은 이익집단들이 시장을 통해 분배의 전권을 행사하는 것을 견제할 수 있는 장치를 마련해야 한다고 역설한다.

두 번째 발췌문에서 롤스는 자신의 입장이 사회주의자들의 주장과는 다름을 보여주고 있다. 시장에 대한 정부의 일정한 간섭을 허용한다고 해도 롤스는 사회주의적 관료제를 통해 경제정책을 통제하는 데에는 반대한다. 시장이 비인간적이기는 하지만 그 대안이 사회주의일 수는 없다는 것이다. 롤스는 시장경제의 한계를 인정하면서도 관료제에 의한 통제보다는 시장이 정의의 조건에 더 잘 부합한다고 보았다. 이러한 주장은 그의 사상적 토대가 자유주의임을 알 수 있게 해준다. 하지만 사회주의의 문제 의식을 어느 정도 인정하고 있다는 점에서 그의 입장을 수정자유주의라고 하는 것이다.

로버트 노직 Robert Nozick (1938~2002)

뉴욕 태생으로 컬럼비아 대학에서 철학을 공부하고 프린스턴 대학에서 박사 학위를 받았다. 30세 젊은 나이에 하버드 대학의 정교수가 된 노직은 1974년에 자신의 대표작이자 유일한 정치철학적 저술인 《무정부, 국가 그리고 이상향Anarchy, State and Utopia》을 출간한다. 그는 이 책에서 무정부주의적 입장을 비판하면서도 국가가 개인적인 삶의 영역을 부당하게 침해하지 않도록 국가가 수행해야 할 역할의 한계를 분명히 하고자 한다. 이는 이른바 고전적 자유주의 전통으로부터 이어온 최소국가이론을 공고히 하는 기획이라고 할 수 있다. 즉 전통적인 자유주의의 이상, 특히 로크적 소유권의 개념을 정의에 관한 논의로 끌어들여 자유방임적 분배를 정당화하고자한다. 노직의 《무정부, 국가 그리고 이상향》을 접하는 독자는 우선 그의 서문을 읽고 다소 당혹감에 빠질 수도 있다. 그 이유는 서문에서 이미 자신에게 가해질 이런저런 비판의 내용을 예견하고 있기 때문이다. 그럼에도 그는 개의치 않겠다는 입장을 밝힌다.

  학창 시절 사회주의를 지지하기도 했던 노직은 자유주의 사상가로 전향한 이후, 분석철학적인 정밀한 방법을 동원하여 사회에 대한 깊이 있고 창의적인 통찰을 수행한 철학자로 인정받고 있다.

로버트 노직, 《아나키에서 유토피아로》,
문학과지성사, 1974.

재분배와 재산권

분배적 정의에 관한 정형적 원리들의 주창자들은 누가 소유물을 받아야 할 것인가를 결정하기 위한 기준 마련에 초점을 둔다. 그들은 누가 무엇을 받아야 하는가에만 관심을 가지며 주는 행위에 대해서는 안중에도 없고, 무엇을 받아야만 하는 이유와 소유물이 전체적으로 어떻게 분배되는가에만 주목할 뿐이다. 그들의 이론은 수취자 정의의 이론일 뿐이다. 그들은 가진 자가 혹은 수여자의 위치에 있는 사람이 자신의 소유물을 누구에게 줄 것인가 선택할 권리를 갖는가의 문제에 대해서는 관심을 보이지 않는다. 분배적 정의의 일반적인 이론들이 왜 분배받을 사람에 대해서민 관심을 갖는지는 설명할 수 없다. 수여자와 양도자 그리고 그들의 권리를 무시하는 것은 생산자와 그들의 소유 권리를 무시하는 것과 같다. 그러나 이 모든 것들이 왜 무시되는 것인가?

분배적 정의에 관한 정형적 원리들은 필연적으로 재분배를 이끌어낸다. (…) 소유권리론의 입장에서 볼 때 재분배는 실제 개인들의 권리 침해를 포함하기 때문에 정말로 심각한 문제다. 근로소득에 대한 과세는 강제노동과 동등한 것이다. 어떤 사람들은 이 주장이 명백한 진리라고 생각한다. n시간만큼의 소득을 세금으로 징수하는 것은 그 노동자로 하여금 n시간을 강제로 일하게 하는 것과 같다.

유토피아와 최소국가

(이 책의) 1부에서 우리는 최소국가는 도덕적으로 정당하다고 논했으며, 2부에서는 포괄적인 국가는 더 이상 도덕적으로 정당화될 수 없음을 논했다. 포괄적인 국가가 도덕적으로 정당화될 수 없는 이유는 개인의 권리를 침해하기 때문이다. 이에 도덕적으로 선호되는 유일한 국가, 도덕적으로 합법적인 유일한 국가는 그간의 몽상가들과 공상가들이 열망해 마지않던 이상들을 가장 잘 실현하는 국가이다. (…) 우리는 이 국가 안에서 도구나 수단이나 자원으로 타인에게 어떤 방법으로도 이용될 수 없다. 최소국가는 우리를 존엄성을 가진 개인적 권리들의 소유자인 인격으로 취급한다.

해설

노직이 앞의 글에서 말하는 "분배적 정의에 관한 정형적 원리들의 주창자들"은 사회주의자들이나 롤스와 같은 입장을 가진 사람들을 일컫는다. 노직은 시장에서의 자유로운 경제활동의 결과로 각자에게 경제적 가치가 귀속되는 방식만이 자연스럽고 정의로운 경로라고 생각하기 때문에 국가나 정부가 정한 규칙에 따라 부의 재분배가 이루어지는 것을 반대한다. 여기서 노직이 말하는 분배받을 사람들은 사회적 약자들이라 할 수 있고, 수여자나 양도자들은 시장의 경쟁에서 승리한 사람들이다. 노직은 분배받을 사람들이 받게 될 몫은 결국 수여자 혹은 양도자들의 소득이나 재산에서 나오는데, 분배적 정의를 주장하는 사람들은 그들의 권리를 무시하고 있다고 비판한다. 이러한 노직의 입장은 소유권을 가장 기본적인 권리라고 생각하는 자유주의적 전통에 입각한 것이다.

자유주의 혹은 신자유주의의 입장에서는 사회주의든 수정자유주의든 간에 정부의 역할이나 권한을 지나치게 확대하고 있다고 생각한다. 노직 역시 국가의 역할은 작을수록 좋다고 생각한다. 이러한 주장들을 일반적으로 최소국가론이라 한다. 두 번째 글에서 서술한 '포괄적인 국가'는 최소국가에 대비되는 개념으로서 권한이나 역할이 막강한 국가를 의미한다. 노직이 염두에 둔 포괄적인 국가는 사회주의 국가를 포함해서 복지국가까지를 의미하는 것으로 볼 수 있다. 그가 포괄적인 국가에 대해서 비판적인 이유는 그의 표현대로 개인의 권리를 침해하기 때문이다. 복지국가의 경우 사회적 약자들을 위한 복지 예산을 확보하려면 본질적으로 상대적으로 부유한 사람들의 소유권을 침해할 수밖에 없다고 보는 것이다.

부유세, 교육 양극화 그리고 영화 〈식코〉

부유세 도입 공약

2005년 총선을 앞둔 독일 정가에서는 녹색당이 내건 공약인 부유세 도입과 관련하여 뜨거운 논란이 벌어졌다. 6월 21일 열린 녹색당 최고회의에서는 고소득자와 기업에 대한 특별과세 문제를 다루었다. 녹색당의 입장은 기민련이나 자민당과 같은 보수정당의 조세안은 부자들을 더욱 배부르게 하고, 중산층과 저소득층의 소득을 떨어뜨려 빈부격차를 심화시키는 정의롭지 못한 정책이라는 것이었다. 이에 녹색당과 연립정부를 이루었던 사민당 역시 공공복리를 위해 부자들로부터 더 많은 세금을 걷어야 한다는 녹색당의 의견에 동의하면서 부유세 도입을 총선 공약으로 내걸었다. 당시 슈뢰더Gerhard Schröder 총리 역시 고소득자에게 더 많은 세금을 부과해야 한다는 입장이었다.

하지만 기민련이나 자민당 등에서는 경제적으로 볼 때 부유세는 말도 안 되는 정책이며, 대중 영합적인 선거 전략에 지나지 않는다고 공격했다. 그들이 세율 인하의 이유로 내세운 것은 독일 기업이 경쟁력을 가지게 하려면 조세 부담을 낮추어야 한다는 것이었다.

우리나라에서도 독일보다 먼저 모 정당이 부유세 도입을 대선과 총선 공약으로 내세워 사회적 관심을 끈 바 있었다. 부유세는 기본적으로 고소득 혹은 일정 기준 이상의 재산을 가진 부자들에게 세금을 비례적 혹은 누진적으로 징수하는 조세제도이다. 부유세 도입을 주장하는 입장의 기본 취지는 세금의 차등 적용을 통해 양극화를 줄이고, 사회복지 재원을 더 많이 확보하자는 것이다. 반면에 부유세 도입을 반대하는 입장에서는 기존의 조세제도 하에서도 부자들은 이미 많은 조세 부담을 안고 있기 때문에 부유세는 이중과세적 성격을 가지게 된다고 주장한다. 또 추가적인 세금 징수로 인해 그만큼의 소득을 올리기 위한 노동은 강제노동이 되는 셈이라고 반박한다.

영화 〈식코〉와 민간 의료보험 논란

〈식코Sicko〉는 미국의 다큐멘터리 영화감독 마이클 무어Michael Moore가 1999년 자신이 연출했던 TV 쇼 〈끔찍한 진실The Awful Truth〉에서 다뤘던 이야기에서 출발했다. 그 내용은 한 환자가 그동안 보험료를 냈음에도 목숨이 걸린 수술비용 보험 청구 처리가 거부된 사연이다. 이를 계기로 마이클 무어는 세계에서 가장 잘사는 나라라고 하는 미국의 국민들이 받고 있는 의료 서비스의 실상을 폭로하는 영화를 제작하게 된다.

마이클 무어 감독은 너무나 가난해서 민간 의료보험에 가입조차 할 수 없는 사람들보다는, 민간 보험에 가입하고도 정작 병에 걸리거나 사고를 당해 치료를 받아야 하는 사람들이 보험회사들의 횡포와 교묘한 술책, 책

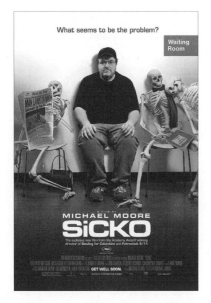

미국의 의료보험 제도를 비판한 마이클 무어 감독의 영화 〈식코〉. 이 영화는 의료 복지에 대한 책임이 어디에 있는가 하는 근본적인 물음을 던진다.

임 회피 등으로 인해 혜택을 받지 못하는 사례들을 집중 조사했다. 무어는 이 영화를 통해 보험회사들의 부도덕과 치부를 건드리는 한편, 돈이 없으면 아파도 죽을 수밖에 없도록 국민들을 내몰고 있는 미국의 의료 현실을 여과 없이 보여준다.

최근 한국 사회에서 이명박 정부가 건강보험을 민영화할 것인가 하는 문제가 민감한 사회적 이슈로 부각된 바 있다. 정부의 공식적인 부정으로 논란은 일단 수면 아래로 가라앉았지만, 많은 국민들이 우리나라의 건강보험 제도가 미국식 민간 보험 형태로 전환되는 것은 아닌가 하는 불안감을 지우지 못하고 있다. 의료 서비스가 민간 보험 형태로 전환되면 그야말로 철저하게 수익자 부담의 원칙만 고수될 것이라는 걱정 때문이다. 사실 시장의 논리에만 충실한 민간 보험회사의 가장 일차적이면서도 궁극적인 목표는 이윤 창출일 수밖에 없다는 점에서 건강보험의 민영화 우려는 지나친 것이 아니다. 영화 〈식코〉는 의료복지에 대한 책임이 어디에 있는가 하는 근본적인 물음을 던지고 있다.

교육 양극화 실태

돈 많고 번듯한 학벌과 직업을 가진 부모의 자녀일수록 좋은 대학에 들어가는 '학력 대물림' 현상이 심각한 것으로 나타났다. 교육이 계층 재생산의 통로가 되면서, 능력과 무관하게 인생의 첫발부터 약점을 안고 경쟁해야 하는 사회적 불평등 현상이 심화될 것으로 우려되고 있다.

2006년 한국개발연구원KDI의 '양극화 해소를 위한 교육 부문의 과제와 대책' 보고서에 따르면, 19~26세의 대학 진학 유형을 조사한 결과, 서울 소재 4년제 대학에 진학한 자녀 부모의 월평균 소득은 247만 원이었다. 반면 대학에 진학하지 않은 자녀 부모의 월평균 소득은 절반 수준에 불과한 131만 원이었다. 또 지방 소재 4년제 대학 진학자 부모의 소득은 189만 원, 전문대학 진학자 부모의 소득은 146만 원이었다.

KDI는 또 고소득층 가정의 자녀가 서울대에 입학하는 비율은 일반 가정의 자녀에 비해 1985년에는 1.3배에 불과했지만, 15년 새 무려 16.8배로 확대됐다고 밝혔다. 특히 자립형 사립고의 경우 부모의 소득에 따른 교육 격차가 더욱 컸다. 대표적인 자립형 사립고인 민족사관고에 자녀를 입학시킨 학부모의 월평균 소득은 684만 원이었으며, 이들 학부모 전체의 35.4%는 한 달에 700만 원 이상의 소득을 올리는 것으로 나타났다.

가계 소득이 많을수록 자녀의 수능 성적도 높아지는 것으로 분석됐다. 월평균 소득 500만 원 이상 가구 자녀의 평균 수능 점수는 317.58이었다.

반면, 월 소득 200만 원 이하 가구의 자녀는 평균 287.63에 그쳤다.

교육 양극화는 경제적 양극화가 불러온 또 하나의 부작용이다. 그것은 다음 세대에 나타날 빈부격차의 원인이 된다는 점에서 악순환의 연결고리가 되고 있다. 존 롤스가 말하는 "불평등의 근원이 되는 직위와 직무의 기회는 모든 이들에게 균등하게 열려 있어야 한다"는 조건을 충족시키기 위해서 가장 중요한 역할을 해야 하는 것이 바로 교육 분야다. 이런 점에서 보면 교육 양극화 문제는 국민건강 문제와 함께 복지정책의 핵심이라고 할 수 있다.

신자유주의적 입장에서는 교육 분야 역시 세계화 시대에 걸맞은 경쟁력을 갖추기 위해서는 차별성을 강화하고 시장의 원리에 맞게 변화되어야 한다고 주장한다. 그들은 또 고교 평준화 정책을 폐지하고 학교의 경쟁 시스템을 강화해야 한다고 목소리를 높인다. 그러기 위해서는 일선 학교의 자율성과 학생들의 학교 선택권을 보장해야 한다는 것이 그들의 주장이다. 하지만 전 세계 최고 수준의 사교육 의존도를 자랑하는 지금 상황에서도 교육의 양극화가 심각한데, 경쟁적 요소가 강화될 경우 교육 양극화 문제를 결코 해결할 수 없다는 비판의 목소리도 적지 않다.

자유주의 사회에서 왜 역차별이 필요할까?

사회자   사회정의의 문제는 철학의 관심이 인간에게로 향한 이후 가장 오랫동안 주요 관심사가 되어온 주제 중 하나입니다. 소크라테스가 트리시마코스와 격론을 벌였던 주제 역시 정의에 관한 것이었습니다. 아리스토텔레스는 이러한 정의에 대해서 '각자에게 응분의 몫을 주는 것'이라고 규정한 바 있습니다. 그런데 아리스토텔레스의 규정에도 불구하고 정의에 관한 논란은 아직도 마무리되지 않고 있는 것이 사실입니다. 그래서 오늘은 정의에 관한 문제가 어떤 쟁점을 안고 있으며, 우리 시대에 정의를 어떻게 해석해야 하는가를 놓고 토론을 하고자 합니다. 이 시간 함께 토론을 나눌 분들은 존 롤스 교수님과 로버트 노직 교수님입니다. 두 분 교수님, 안녕하세요?

롤스   안녕하세요.

노직   예, 반갑습니다.

사회자   두 분은 따로 소개를 드리지 않아도 서로 잘 아는 사이시죠?

롤스   물론입니다. 우리는 둘 다 같은 학교에서 교수로 근무했으니까요.

노직   제가 하버드 대학교에서 롤스 교수님과 같이 근무할 수 있었던 것은 큰 행운이었습니다.

롤스   아닙니다. 저야말로 노직 교수의 날카로운 지적과 비판으로 인해
지적인 긴장을 놓지 않을 수 있었습니다.

정의는 분배의 문제다

사회자   하지만 오늘 다룰 정의의 문제에 대해서 두 분은 아주 다른 견해
를 가지신 것으로 알고 있습니다. 일단 이야기의 실마리를 풀기 위해서 두
분께 간단한 질문을 먼저 드리겠습니다. 두 분은 "정의는 각자에게 응분
의 몫을 주는 것"이라고 한 아리스토텔레스의 규정을 어떻게 생각하시는
지요?

롤스   정의를 분배의 문제로 규정한 아리스토텔레스의 견해는 탁월하다
고 봅니다. 정의의 본질을 잘 표현했다고 생각해요.

노직   아리스토텔레스를 존경하기는 하지만 저는 정의를 분배의 문제로
만 보고 싶지는 않습니다.

사회자   아! 노직 교수님께서는 약간 다른 견해를 가지신 듯하군요. 그럼
다시 롤스 교수님께 여쭤보겠습니다. 정의의 문제가 왜 분배의 정의 차원
에서 다뤄지게 되는 것이죠?

롤스   정의는 이를테면 사회제도가 갖추어야 할 제1의 덕목이라고 할
수 있습니다. 그런데 사회제도나 법 등은 사회계약의 산물이라 할 수 있으
므로 계약에 참여한 구성원 모두에게 정당하고 공정하게 적용되어야 하지
않겠습니까? 그런데 사회제도나 법 등은 결국 사회 구성원들이 그 사회의
가치를 어떻게 나눌 것인가에 대한 지침이라고 할 수 있기 때문에 정의의

문제는 분배의 문제와 연관되어 있다고 할 수 있을 것입니다.

사회자   그렇군요. 이 점에 대해서 노직 교수님은 어떻게 생각하십니까?

노직   한 사회가 협동적 공동체의 성격을 지닌다고 해도 사람들은 협동에 의해 생산된 이익의 분배 문제에 관심을 가지게 마련입니다. 이런 점에서 사회적 제도가 지녀야 할 정의의 원리는 분배 문제에 집중된다고 볼 수 있습니다.

사회자   아니, 그렇다면 오늘 제가 토론자를 잘못 섭외한 것은 아닌가 하는 생각이 드는데요. 두 분의 견해에서 아직은 차이가 드러나지 않는군요.

노직   그렇지 않습니다. 정의에 관한 롤스 교수님의 견해와 제 견해는 분명히 다릅니다. 정의를 분배 문제만으로 생각한다면 시장에 맡겨야 하겠지만, 제가 생각하는 정의의 기준은 좀더 근원적인 차원에서 소유권을 보장하는 것이라고 할 수 있습니다.

롤스   견해 차이가 분명하다고 볼 수도 있고, 그 근원이 같다고 볼 수도 있을 것입니다.

사회자   그렇다면 두 분의 생각에서 같다고 말씀하신 근원은 무엇이며, 가장 중요한 차이라고 할 수 있는 것은 무엇인가요? 먼저 근원에 대해서 말씀 부탁드립니다.

롤스   근원이 같다는 것은 우리 두 사람이 모두 자유주의에 뿌리를 두고 있다는 점입니다. 즉 민주주의를 유지하기 위해서는 무엇보다도 자유라고 하는 가치를 가장 중요하게 다뤄야 한다는 입장에서는 서로 같다고 할 수 있습니다.

사회자   이 점에 대해 노직 교수님도 동의하십니까?

노직   롤스 교수님은 말씀은 그렇게 하셔도 제가 보기에는 자유라고 하는 가치를 그다지 비중 있게 여기는 않는 듯합니다.

롤스   아니 자네, 지금 무슨 소리를 하고 있는 게야?

노직   솔직히 롤스 교수님께서는 부자들의 자유를 침해하는 주장을 하고 계시지 않습니까?

롤스   아니, 시장에서의 자유로운 경쟁이라고 하는 것이 패배자에게는 지나치게 가혹한 결과를 안겨준다는 사실을 모르는가?

노직   그야 알죠.

롤스   그걸 아는 사람이 그런 말을 하는가?

노직   시장에서 빈부격차가 나는 것과 정의의 문제는 사실상 별개의 문제입니다. 개인의 소유와 자유에 대한 권리는 자연권적 권리로서 그 누구도 함부로 침해해서는 안 되는 것이기 때문입니다.

국가인가, 시장인가?

사회자   잠깐만요. 조금 전에 분배의 영역을 말씀하시면서 시장을 거론하셨는데요. 시장이 거론되는 이유는 무엇이며, 롤스 교수님과 노직 교수님의 생각은 무엇인지 말씀해주시죠.

롤스   정의를 분배의 문제로 다루면서 시장이 거론되는 이유는 오늘날 분배의 정의에서 가장 핵심이 되고 일반화될 수 있는 가치가 경제적 가치라고 할 수 있기 때문입니다.

사회자   그렇군요.

노직   저는 국가가 경제 분야에 개입할 이유는 전혀 없다고 생각합니다. 국가가 개입하면 개인의 자유 혹은 자율성이 과도하게 제한될 뿐이기 때문입니다.

사회 정의의 문제는 철학의 관심이 인간에게로 향한 이후 가장 오랫동안 주요 관심사로 다루어진 주제 중 하나이다. 아리스토텔레스는 일찍이 정의에 대해서 "각자에게 응분의 몫을 주는 것"이라고 규정한 바 있다.

사회자 하지만 시장의 흐름을 보면 시장이 모든 개인의 이익을 실현시켜주는 것은 아니지 않는가, 라는 생각이 들 때도 많은데요. 이를테면 업체끼리 담합해서 시장 가격을 왜곡한다든가, 우월적 지위에 있는 기업이 횡포를 부리는 경우도 생각해볼 수 있고요.

노직 물론 각종 불공정 거래나 담합 행위 등과 같은 불법적인 경제활동은 법에 따라 처리하면 됩니다. 국가가 그런 행위마저 방조해야 한다는 것은 아닙니다. 그러나 국가의 개입이 허용되는 경우도 철저하게 시장의 근본 질서를 교란하지 않는 정도에 그쳐야 합니다.

사회자 그야말로 자유방임 그 자체를 정의의 조건으로 주장하시는 듯하군요. 롤스 교수님께서는 여기에 대해 달리 하실 말씀은 없으신가요?

롤스 저 역시 개인의 자유를 소중히 여기지 않는 것은 아닙니다. 하지만 한 사회를 구성하는 모든 사람들이 기본적으로 인간다운 삶을 영위하기 위한 최소한의 평등을 실현할 수 있는 조건 혹은 절차가 필요하다는 것입니다. 시장은 원리상 그러한 고려를 할 수 없지 않습니까?

노직 그렇습니다. 시장은 모든 사람을 평등하게 잘살게 할 수 있는 능력을 가지고 있지는 않습니다. 또 그럴 필요도 없습니다. 왜냐하면 시장은 그 자체로 자율적 등가 교환의 메커니즘을 구성하고 있기 때문에 시장에서의 분배적 정의는 자연스럽게 이루어질 수 있는 것입니다.

사회자 자율적 등가 교환의 메커니즘은 무엇을 말하는 것이지요?

노직 말 그대로 시장에서의 경제활동 참여는 강제적이지 않으며, 시장에서의 교환은 거래 당사자 간에 거래되는 품목을 같은 가치로 합의하여 교환한다는 것입니다.

사회자 아하! 시장의 운영 원리는 처음부터 사회 구성원들이 공정한 것으로 받아들일 만한 것이므로 정의 실현을 위한 별도의 절차나 보완적인 제도를 마련할 필요가 없다는 것이군요.

노직 그렇지요. 사회자께서 이제야 머리가 돌아가는 것 같습니다.

롤스 머리가 돌아가는 것도 중요하지만 어디로 도는가 하는 방향도 중요하지요.

노직 방향도 옳은 것 같은데요?

사회자 두 분 진정하세요. 제가 노직 교수님의 말씀을 이해한다는 것과 그 의견에 동의한다는 것은 별개의 문제 아니겠습니까? 이제 롤스 교수님께 다시 묻겠습니다. 국가가 재분배의 역할을 한다는 것은 무엇을 의미합니까?

롤스 국가가 재분배를 담당해야 한다는 것은 국가를 구성하는 모든 사회적 구성원들이 인간적 삶을 유지할 수 있도록 복지정책을 펴야 한다는 것입니다. 즉 시장에서 자신에게 필요한 몫을 분배받지 못한 사람들을 지원할 필요가 있다는 것입니다.

노직 잠깐만요! 문제는 바로 거기에 있습니다. 그런 사람들을 지원할 재분배의 몫은 어떻게 조달된다는 것입니까?

롤스　참 성급하시긴! 그야 국가가 시장 경쟁에서 성공한 사람들, 즉 부유한 사람들로부터 좀더 많은 세금을 거두어 예산을 확보하면 되는 것이지요.

노직　그렇다면 부자들이 반발하지 않겠습니까? 설령 부자들이 반발하지 않더라도 더 열심히 일하고 능력을 더 발휘한 사람들의 성과를 다시 거둬들이는 것이 과연 정의롭다고 할 수 있나요? 이것이 바로 개인의 소유를 함부로 침해하는 것입니다.

롤스　시장에서 이루어지는 경쟁의 결과로 어느 정도 불평등이 생기는 것은 어쩔 수 없는 일이라는 점은 나도 인정하네. 그런데 정의의 문제가 발생하는 것은 불법임이 명료한 상황이 아니라 정당한 주장들이 충돌할 경우가 아니겠는가? 누가 봐도 불법임이 명백한 상황은 사실 노직 교수 말대로 법에 따라 쉽게 해결할 수 있지요.

노직　그러니까 재분배를 위해서 국가가 개입할 필요가 없다는 것입니다.

롤스　아, 글쎄, 내 말 좀 들어보세요. 내가 말하고자 하는 것은 불법적이지 않은 이유로도 갈등과 충돌이 생기는 데 대해 국가가 어떻게 대응할 것인가 하는 것입니다.

정의와 공공성, 어느 것이 중요한가?

사회자　롤스 선생님. 예를 들어서 설명을 해주시겠습니까?

롤스　좋습니다. 이를테면 평생 열심히 일하지만 능력이 조금 부족하거나 혹은 운이 없어서 가난을 면치 못하는 사람들을 생각해볼 수 있습니다. 그런 사람들은 병에 걸리거나 다쳐도 돈이 없어서 치료를 신속하게 받지 못할 가능성이 크겠죠?

사회자　물론 그렇습니다.

롤스　그러면 이들의 노동능력은 더 떨어져 더더욱 가난한 상황에 내몰리게 될 것입니다. 이런 악순환이 반복되면 빈부격차는 더욱 벌어지고, 계층 간 갈등은 더욱 심화될 수밖에 없지요. 그런데 불법적인 계기가 아니더라도 이러한 일들은 시장에서 얼마든지 일어날 수 있습니다.

사회자　그렇군요. 간단하게 정리하자면, 국가에 의한 재분배라는 것은 가난한 사람들에게 직접 돈을 주는 것은 아니지만 의료나 교육 같은 공공서비스의 비중을 높여서 간접적으로 실질소득을 높이는 효과를 거두자는 것이로군요. 좀더 구체적인 방법론을 말씀해주시겠습니까?

롤스　쉽게 말하면 일종의 역차별을 시행하자는 것입니다. 공공서비스 영역 혹은 복지정책을 수립하고 집행하는 과정에서 사회적 약자들에게는 더 많은 혜택을 주자는 것이지요. 예를 들어 저소득층에게는 적은 보험료만 내고도 충분한 의료 지원을 받게 한다든가 하는 식으로 말입니다.

노직　아니, 그게 자유민주주의 국가의 역할에 맞는 방향이라고 생각하십니까? 아무리 공익을 위한다고 해도 개인의 정당한 자유나 소유권을 침해하는 것을 정의라고 할 수는 없을 것입니다. 부자에 대한 차별적인 세금 징수는 그 사람이 거둬들인 노동의 대가를 빼앗아가는 것에 불과하며, 이는 국가에 의한 강제노동이나 다름없습니다.

사회자　그렇다면 노직 교수님께서는 빈곤이나 사회적 양극화 문제를 어떻게 해결해야 한다고 보십니까?

노직　글쎄요. 사실 그 점에 대한 해결책 마련이 쉬운 것은 아닙니다. 그러나 누구나 동일한 조건에서 이루어지는 시장에서의 자유로운 경쟁의 결과, 어느 정도의 빈부격차가 발생하는 것과 낙오자가 생기는 것은 어쩔 수 없는 현상으로 보아야 하지 않을까 생각합니다.

롤스 그렇다면 노직 교수는 아무런 해결책도 제시하지 못하고 있는 것이 아닙니까?

노직 양극화나 빈곤 문제를 해결할 수 있는가와 그것이 정의로운가는 별개의 문제라고 몇 번을 말씀드려야 합니까?

사회자 노직 교수님은 다소 매정한 말씀을 하시는 듯합니다만.

노직 이봐요, 사회자 양반. 우리가 지금 정의로운 사회의 조건을 말하려는 것입니까, 아니면 훈훈한 정이 느껴지는 사회를 말하려는 것입니까?

사회자 그야 정의에 관해서……

노직 물론 부자들이 자발적으로 자선기금을 내고 공익 실현을 위해 기부금을 내는 등 사회적 환원에 적극적으로 참여하는 것이 바람직하지만, 그것을 제도나 절차 등으로 강제해서는 안 된다는 말입니다.

롤스 불평등한 현실을 인정하면서도 사람들이 수용할 정의로운 절차를 마련하지 않으면 과연 부자들이 양극화 해결을 위해 자발적으로 나설 것이라 보십니까? 그리고 기부금 등으로 문제를 해결한다 한들 얼마나 효과가 있겠습니까?

노직 그렇다고 해도 개인의 자유나 소유권을 침해해서는 안 된다고 봅니다. 부자들이 가난한 사람들의 소유물을 부당하게 빼앗은 것도 아닌데, 왜 그들이 누려야 할 권리를 포기하게 만든다는 말입니까?

사회자 두 분 일단 진정하시고요. 이래서는 토론이 끝도 없을 듯합니다. 두 분께서는 이 자리 말고도 여러 지면 등을 통해서 논쟁을 벌여온 것으로 알고 있습니다. 물론 두 분 교수님의 이론이나 견해를 완전히 이해하기 위해서는 더 많은 논의를 살펴야겠습니다만, 여건이 여의치 않은 것이 아쉽습니다. 하지만 오늘은 두 분의 주장과 그 차이를 좀더 쉬운 내용으로 이해할 수 있었던 데에 만족하면서 토론을 마칠까 합니다. 열띤 토론을 해주신 두 분께 감사드립니다.

- 존 롤스, 장동진 옮김, 《정치적 자유주의》, 동명사, 2003.

  《정의론》과 더불어 존 롤스의 대표적인 저작으로 꼽히는 책으로 1993년
  에 출간되었다. 《정의론》보다 22년 뒤에 출간된 이 책은 롤스 자신의 자
  유주의 정치철학을 집대성한 역작이라고 할 수 있다. 이 책에서 롤스는
  자유주의의 입장에서 정치에서의 당사자 간 합의를 합리적으로 도출할
  수 있는 합당한 다원주의의 현실을 모색하고 있다.

- 마이클 왈저, 정원섭 외 옮김, 《정의와 다원적 평등─정의의 영역들》, 철학과현
  실사, 1999.

  마이클 왈저는 이른바 공동체주의자로 알려진 정치철학자이다. 이 책에
  서 왈저는 사회 구성원들이 정의로운 사회에서 살아가기 위해서는 특정
  한 가치가 다른 가치들을 지배적으로 장악하지 않도록 해야 한다고 역
  설한다. 이는 시장의 원리를 강조하는 자유주의적 입장에 따른 현대 자
  본주의 사회가 부를 가진 사람이 모든 가치를 독점하는 사회라는 점을
  지적하는 것이다.

- 이근식, 《자유주의의 원류》, 철학과현실사, 2003.

  책 제목이 말해주듯 자유주의 사상의 흐름을 소개한 책이다. 총 10장
  으로 구성되어 있는 이 책은 1장에서 자유주의의 생성 배경에 대해 소

개하고, 나머지 장에서 근대 이후 자유주의 사상가 9명의 사상을 소개하고 있다.

■ 밀턴 프리드먼, 심준보·변동열 옮김, 《자본주의와 자유》, 청어람미디어, 2007.

밀턴 프리드먼은 하이에크와 더불어 가장 대표적인 신자유주의 경제학자로 평가받는다. 1962년 출간된 이 책은 그의 대표적인 주저로 꼽힌다. 1976년 노벨 경제학상 수상자이기도 한 프리드먼은 이 책에서 경제적 자유가 정치적 자유의 필수 불가결한 조건임을 역설한다. 또한 경제적 자유가 자유를 구성하는 하나의 요인이며 그 자체로 목적이 된다는 점을 주장하고 있다.

■ 밀턴 프리드먼, 민병균 외 옮김, 《선택할 자유》, 자유기업원, 2005.

역시 프리드먼의 대표적인 저서로 꼽힌다. 이 책은 대공황 무렵부터 자본주의 경제에 강력한 영향력을 행사한 케인스주의에 대한 비판과 정부의 간섭을 근간으로 하는 수정자본주의 정책의 맹점을 폭로하고 있다.

■ 황경식, 《개방사회의 사회윤리》, 철학과현실사, 1995.

저자는 현대 사회의 특성을 개방사회로 표현하고 있다. 또한 개방성은 변화와 정치적 입장의 다양성을 의미하는 것이라고 주장한다. 이러한 시대 진단에 입각해서 현대 사회의 다양한 사회윤리적 주제들을 다루고 있다. 특히 분배의 정의를 둘러싼 자유주의와 공동체주의 진영의 서로 다른 입장을 체계적으로 비교 소개하고 있다.

5
정보

나는 접속한다, 고로 존재한다

윤은주 (숭실대학교 강사)

생각 속으로

정보의 쓰나미,
살아남는 자가 정보를 소유한다

동전을 넣으세요 insert coin!

20세기에서 21세기로 넘어가는 역사적 전환기, 그 순간 날짜를 제대로 인식하지 못하는 오류로 인해 애써 저장해둔 전자정보들이 뒤죽박죽돼 버릴까 봐, 2000년 1월 1일 0시가 되도록 수많은 사람들이 전전긍긍했었다. 하지만 새해를 알리는 보신각종은 어김없이 서른세 번 타종되었고, 2000년 1월 1일 아침이 밝았다. 새로운 밀레니엄 시대의 장대한 서막이 시작되었지만 걱정했던 일들은 일어나지 않았고, 세상은 그 어느 새해의 첫날처럼 그렇게 시작되고 흘러갔다. 하지만 그 아무렇지도 않은 시간의 흐름 가운데 유독 그날은 정보화 사회에서 전자정보망의 중요성이 극대화되는 새로운 세기, 즉 21세기의 서막을 알리는 새로운 물결이 등장한 날이었다.

앨빈 토플러가 지적하는 것처럼, 정보화 사회는 농경사회와 산업사회를 거쳐 나타났다. 농업혁명을 통해 등장한 농경사회는 필요 이상의 생산물들로 인해 축적과 더불어 소유의 개념이 등장한 시대였으며, 산업혁명을 통해 등장한 산업사회는 소규모 생산에서 대량 생산으로, 가계 수공업에서 공장제 기계업으로 전환되면서 물건의 생산과 판매에 따른 경제적 이윤과 자본 축적이 등장한 시대였다. 두 시기를 거치면서 누적된 이윤의 소유는 사람들로 하여금 가진 자와 못 가진 자를 차별하게 함으로써 정치적·경제적 권력관계를 형성하는 중요한 요인으로 자리 잡았다. 이와 같은 물질적 소유의 시대로부터 정보혁명을 통한 정보화 사회로의 변화는 인간의 노동을 물질적 산물의 생산에 국한시키지 않고 정형화되지 않은 비물질적 산물로 확장시켰다.

이제 노동은 물질 노동에서 비물질 노동으로 전환되었다. 다시 말해 경제적 형태가 유형적 재산자본, 동산, 생산수단 등의 매매와 소유로부터 벗어나 무형적 재산아이디어, 상상력, 정보 등의 교환과 접속으로 바뀌었으며, 그로 인해 경제적·정치적 권력은 유형의 재산을 더 많이 소유한 사람들로부터 무형의 재산을 더 많이 소유한 사람들에게로 전이되었다. 유형의 재산에서 무형의 재산으로 권력이 이동하는 양상은 정치적 변화뿐만 아니라 사회적·경제적 변화를 가져왔다. 노동 형태의 전환, 매매 대상의 비물질화, 소유에 의한 계급적 차별로부터 접속에 의한 계급적 차별로의 전환, 국가 기업으로부터 초국가적 기업으로의 권력 이동 등 정보화 사회의 도래는 농업사회에서 산업사회로의 전환보다 더 큰 의미를 가져왔다.

그러나 정보화 사회는 이전 사회와는 다른 의미를 갖는다. 그 하나는 정보의 영역이 무한하다는 것이다. 최신 기계와 프로그램만 갖추면 그 무엇이든 소유할 수 있는 무한한 세계가 바로 정보의 영역에 펼쳐져 있다. 그 무한의 세계는 모든 것을 갖추고 있으나 없는 것이 하나 있다. 바로 문제가 발생했을 때, 혹은 정보의 사용에 자제력을 발휘해야 할 상황에서 제약을 가할 경계가 없다는 것이다. 경계 없음은 또 다른 문제인 그 혜택과 차별을 모든 사람들이 받게 된다는 것과 연결된다. 누구나 혜택을 받을 수 있지만 반면에 누구나 차별받는 곳, 그곳이 바로 정보의 영역이다.

오락실 기계는 동전을 넣어야만 작동한다. 그래서 첫 화면에는 항상 이 말이 떠 있다. Insert Coin. 동전이 없으면 아무것도 할 수 없다. 동전을 집 어넣으면 'Start' 메시지와 함께 게임이 시작된다. 게임을 하는 동안만큼은 그것이 내 것인 양 생각된다. 하지만 'Game Over' 메시지가 뜨면 그 기계 는 나와 아무 상관없는 것이 된다. 그저 내가 집어넣은 동전에 허용된 시 간만큼 잠시 빌려서 게임을 하는 것뿐이다. 이러한 상황은 단지 오락실에서 만 벌어지는 것은 아니다. 세상은 이제 사고파는 것이 아니라, 소유하고 소 유하지 못함이 아니라, 빌려 쓰고 돌려주는, 혹은 잠시 동안 접속하는 시대 로 변화해가고 있다. 내가 가진 아이폰이 아무리 최신형이라 하더라도 요 금을 지불하지 못하면 진열대에 놓인 장난감에 불과하다. 이제 세상은 물 건을 사고파는 것보다 접속하느냐 접속하지 못하느냐에 관심을 둔다.

자, 이제 당신 자신을 보라. 지금 접속 가능한가? 혹시 접속을 거절당하 고 있지는 않은가?

정보를 얻고 싶다면 로그온log on하라!

정보를 제공하는 미디어 매체라고 하면 우리는 신문, 라디오, TV 등을 떠 올린다. 하지만 이것들은 고전적 미디어 매체다. 처음 종이가 보급되고 구 텐베르크Johannes Gutenberg가 활판인쇄술을 발명한 이후 다량의 책을 찍어내 기 시작하면서 미디어 매체의 역사는 새로운 시대를 맞이하게 되었다. 문 자문화가 꽃을 피웠고, 소수의 전유물이었던 정보와 지식이 대중의 수중 에 들어가게 되었다. 이후 활동사진기가 만들어지고 무성영화로부터 영상

문화가 시작되면서 또 다른 문화적 향유가 가능해졌으며, 대중의 정보 수용은 더욱 쉬워졌다. 그러나 가장 큰 영향력을 끼친 것은 바로 전자매체의 등장이다.

어느 평범한 직장인의 하루를 살펴보자.

■

커피 전문점에서 커피와 베이글로 아침식사를 하고 출근한다. 마이크로소프트사의 프로그램을 이용해 사무를 보고 인터넷 포털사이트에서 이메일을 확인한다. 점심식사 후에는 스타벅스에 가서 커피를 마시고, 잠깐 시간을 내서 인터넷 쇼핑을 한 뒤 신용카드로 결제한다. 저녁에는 소니에서 나온 DVD로 영화를 한 편 보고, e-book으로 신간 소설을 몇 페이지 보다가 이메일을 확인한 뒤 잠자리에 든다.

■

고전적 미디어 매체만 생각해본다면, 직장인들이 마주치게 되는 것은 활자화된 신문과 복사기로 수십 장씩 찍어내는 문서들이 고작일 것이다. 물론 상사 몰래 라디오를 들을 수 있을 테고, 월드컵 기간에는 TV 앞에 앉아 함께 축구 응원을 할 수도 있을 것이다. 활자매체인 신문, 영상매체인 라디오와 TV가 미디어 매체의 전부였던 시대는 기억도 희미해지는 과거로 사라져가고 있다. 정보화 사회로 전환되면서 직장인들이 매일 마주치는 미디어 매체는 더 확장된다. 그들이 사무실에서 마주하는 컴퓨터 화면만이 아니라, 커피를 뽑아내는 에스프레소 머신이나 베이글이 담긴 포장지, 마이크로소프트사의 프로그램, 인터넷 포털사이트, 스타벅스, 소니 등 이 모든 것들이 바로 하나의 미디어 매체가 된다. 이것들은 정보를 제공하는 도구는 아니지만, 그 자체로 제품에 대한 설명이나 판매 전략을 드러내는 이미

세상은 이제 사고파는 것이 아니라, 소유하고 소유하지 못함이 아니라, 빌려 쓰고 돌려주는, 혹은 잠시 동안 접속하는 시대로 변화해가고 있다. 마치 오락기에 동전을 넣고 잠시 게임을 즐기는 것처럼.

지 매체가 된다. 이들이 제공하는 이미지는 미디어 매체가 전달하는 주요 정보들 가운데 하나이다. 문제는 이 정보들을 개인이 장시간 소유하는 것이 아니라 짧은 시간에 사용하고 버린다는 점이다. 물론 DVD 애호가라면 조금 다르겠지만 말이다.

제러미 리프킨은 《접속의 시대The Age of Access》에서 소유의 시대가 접속의 시대로 바뀌고 있음을 지적한다. 정보화 사회가 진행되면서 시장은 더 이상 어떤 재산을 소유하는 것이 아니라 재산을 가진 공급자가 자신의 물건을 빌려주거나 입장료, 가입비 혹은 회비를 받고 단기간 사용할 수 있는 권리를 사고파는 관계로 유지된다. 판매자와 구매자의 시장 매매가 산업 사회에서는 소유권의 완전한 이전 관계였다면, 정보화 사회에서는 네트워크상의 서버와 클라이언트의 접속 관계로 전환된 것이다.

정보화 사회의 대표적 미디어 매체인 영화를 생각해보자. 산업사회적 관점에서 영화관 혹은 영화를 상영하는 플레이어를 소유할 수는 있다. 하지만 매체만으로는 영화를 볼 수 없다. 대신 우리는 영화 제작자에게 일정 정도의 돈을 지불하고 영화를 볼 수 있는 기회를 제공받는다. 즉 돈을 주고 영화에 접속하는 것이다. 물론 DVD를 살 수도 있다. 하지만 이것은 내 집에서 자유롭게 그 영화를 볼 수 있는 기회를 사는 것이지, 영화 자체를 소유하는 것이 아니다. 마찬가지로 휴대전화를 생각해보자. 휴대전화기를 소유하기는 하지만 통신업체와 휴대전화 사용에 관한 계약을 맺지 않으면 사용할 수 없다. 그때 우리가 계약하는 것은 물적 재산이 아니라 통화를 할 수 있는 비물질적 재산, 즉 계약 기간 동안 프로그램에 접속할 기회를 얻는 것이다.

이러한 상황은 미디어 매체에만 국한되지 않는다. 최근의 산업은 프랜차이즈 기업 형태로 전환되고 있다. 이것은 자기 점포를 가지고 있어 자영업으로 분류되지만, 본사가 모든 것을(식업의 경우 레시피, 재료, 기계 등을) 통제하는 방식이라 자영업이라고 하기도 어렵다. 점포주는 독립적인 업체를 경영하는 것처럼 보이지만, 사실상 본사가 소유한 경영 정보와 제품에 대한 지식을 계약 기간 동안 임대하는 것뿐이다. 계약 기간이 끝나면 되돌려주어야 하는 것이다. 최근 대부분의 기업들이 스스로 제품을 생산하기보다는 정보의 대여를 통해 소규모 점포를 자신들의 통제 아래 둠으로써 이익을 창출하고 있다는 점에서 이전과는 다른 경영 방식을 보여주고 있다.

이와 같이 정보의 대여에 따른 새로운 경영 방식은 국가가 아닌 정보 소유자인 기업체나 개인에게 정치적 권력의 통제권을 귀속시키는 결과를 가져온다. 산업사회에서 재산의 소유관계에 따라 빈부격차가 발생하고 그것이 정치적 권력관계에 반영되는 것처럼, 정보화 사회에서는 접속 기회에 따라 차별이 발생하고 그것이 정치적 권력관계에 반영되는 것이다. 리프킨에 따르면, 세계 인구의 5분의 1은 사이버스페이스를 넘나들며 접속관계를 즐기는 반면, 나머지 인구는 물질적 빈곤 상태에 처해 있어 휴대전화나 컴퓨터 등 전자정보망과 분리된 삶을 살아간다고 한다. 세계 인구의 절반 이상이 단 한 번도 전화를 걸어본 경험이 없다는 사실을 납득할 수 있겠는가?

그렇다면 이제 정보화 사회의 소유 개념은 산업사회의 소유 개념과는 달라야 할 것이다. 캐나다 토론토 대학의 크로퍼드 맥퍼슨Crawford MacPherson에 따르면, 근대적 소유 개념은 타인을 배제하는 권리로 특징지어진다. 여기에는 타인으로부터 배제당하지 않을 권리도 포함되어 있다. 그러나 산업사회가 발전하면서 후자의 권리가 망각되어간다는 것이 그의 지적이다. 여기에 사회 전체의 누적된 생산자원을 이용하거나 그 혜택을 볼 수 있는 기회를 박탈당하지 않을 개인의 권리 또한 소유 개념의 특징에 더해진다. 그렇다면 21세기 전자정보화 사회에서 우리에게 요구되는 소유의 권리는 정보나 지식으로부터 배제당하지 않을 권리, 즉 전자정보망 내에서의 자유로운 접속의 권리가 아닐까. 이제 정보나 지식을 얻고 싶다면 미디어 매체를 통해, 혹은 전자정보망을 통해 로그온log on하면 된다. 하지만 누구나 자유롭게 정보에 접속할 수 있을까? 그리고 접속해서 얻은 정보나 지식은 진짜일까?

정보의 불평등, 나는 되지만 넌 안 돼!

다양한 미디어 매체들의 발전 속도가 빨라지는 만큼 정보의 생산 속도도 빨라지고 있다. 더구나 세계 도처에서 쏟아져 나오는 정보의 양은 가늠하기조차 어려울 만큼 어마어마하다. 눈만 뜨면 새로운 정보들이 쏟아지는 정보화 사회에 적응하기 위해서 사람들은 필사의 노력을 기울인다. 하지만 어느 누구도 그 많은 정보가 누구에 의해 어떠한 방식으로 생산되고 있는지, 그것이 이렇게 분배되고 소비되는지, 더욱이 그 정보가 정확한 것인지 아닌지에 별로 관심을 갖지 않는다. 자신에게 필요한 정보만을 자기 방식으로 선별하여 취하거나 버리면 그만이기 때문이다. 하지만 필요에 따라 선별하기 이전에 생산된 정보가 이미 선별적으로 전달된다면, 그리고 의도하지 않은 목적으로 소비된다면 어떨까? 혹은 내가 얻고 싶어도 이미 차단당하여 정보에 접근할 수 없거나, 이데올로기 또는 정치적 목적에 의해 조작되거나 왜곡된 정보라면, 그것을 어떻게 확인하고 수정하여 올바른 방식으로 사용할 수 있겠는가? 이러한 상황들로 인하여 이제 문제는 정보에 접근할 때 일어나는 불평등한 관계와 정보 내용의 빈곤함에 어떻게 대처할 것인가로 옮겨간다.

허버트 실러Herbert Schiller는 《정보 불평등Information Inequality》에서 새로운 형태의 검열이 정보화 사회에 퍼지고 있음을 지적한다. 정치적 권력이 국가의 통제 아래 있던 시기에 의사 표현에 관한 정부의 통제와 검열은 두려움의 대상이었다. 이 두려움 속에서도 전자정보형 미디어 매체는 정치적 권력으로부터 조금은 자유로웠다. 그러나 다양한 미디어 매체들이 초국적 기업에 종속되면서 이전과는 다른 방식으로, 구조적으로는 더 광범위하지만 개인에게 집중된 의사 표현의 통제가 나타났다. 정부를 대신해서 새로운 형태의 검열과 통제가 미디어 매체를 소유하고 있는 기업에 의해 일어나고 있다.

이러한 검열은 그 도구를 사용하고 있는 동안만큼은 개인적으로 인식하기 어렵다. 도구가 없으면—인터넷 접속이 되지 않거나 전화가 불통일 때를 떠올려보자—의사소통이 불가능한 정보화 사회에서, 도구 자체의 종속화를 통한 검열의 두려움은 몸으로 느끼기 어려운 인식 불가능 상태에 우리를 버려둔다. 이러한 정보의 검열 방식은 미디어 매체나 사립학교 등에 의한 보이지 않는 선별 과정을 통해 사회적 불평등과 긴장을 고조시키고 있으며, 초국적 기업의 영향 아래 전 세계 인구가 그 기업의 세계관을 일방적으로 받아들일 수밖에 없도록 만들고 있다. 미디어 매체 앞에서 인간은 점점 수동적 존재가 되어가고 있다.

한때 자동차업계에서 자동차의 연비를 측정하여 좀더 경제적으로 자동차를 운용할 수 있는 정보를 제시했던 일이 있었다. 유가의 가파른 상승세로 교통비에 대한 부담이 컸던 일반인들에게는 솔깃한 정보가 아닐 수 없었다. 더구나 기업의 입장에서는 유가 상승으로 인한 자동차 판매 부진이라는 난국을 헤쳐 나갈 방편이었다. 그러나 이 실험은 사람들이 많이 이용하는 오토 차량이 아닌 수동 차량을 대상으로 진행되었다. 대부분의 사람들이 오토 차량을 이용하고 있는 상황에서, 이 실험은 실생활에 필요한 정보라기보다는 오히려 자동차업계의 판매 부진을 해결하기 위해 구매심리를 자극하는 정도의 빈약하기 그지없는 정보였던 것이다. 이처럼 다수의 사회 구성원들이 필요로 하는 실질적인 정보는 부족한 반면, 소수의 부유한 고객들을 위한 선택적 정보의 규모는 엄청나게 늘어나고 있는 실정이다. 완벽한 수준의 사회경제적 즐거움을 누릴 수 있는 범위가 확장되고 있는 반면, 다른 곳에서는 그 범위가 축소됨과 동시에 질 나쁜 싸구려 정보만을 접하게 되는 것이다. 이러한 상황은 거대 기업이 정보를 독점하여 자신들의 이익에 따라 그것을 조작 또는 왜곡함으로써 다수의 사람들이 제대로 된 정보를 얻지 못하거나 아예 접근조차 어려운 정보 불평등을 초래하게 된다.

실러의 말에 따르면, 국가적·국제적 지배 담론은 기업으로부터 나온다. 이는 표현의 자유, 언론의 자유, 민주적 의사표현이라는 개념들을 검토하는 데 근거가 되는 맥락을 급속하게 변화시키고 있다. 개인들의 목소리는 아주 작고 제한된 공적 범위 내에서 들리는 반면, 기업의 목소리는 전 세계에 울려 퍼지고 있다. 결과적으로 표현의 자유에 대한 실질적 권리는 개인들로부터 엄청난 재산을 소유하거나 공적 커뮤니케이션을 독점하고 있는 거대 기업들로 이전되었다고 볼 수 있다. 이것은 현재 우리나라에서 일어나고 있는 유명 포털사이트의 정보 통제 및 자기 검열, 정부의 대변인 노릇을 하는 일부 언론사들의 경우를 살펴봐도 쉽게 확인할 수 있다.

자유롭게 보고 듣고 말할 수 있는 권리

2008년 서울시청 앞 광장에 엄청난 수의 촛불이 켜졌다. 광우병 위험에 노출된 미국산 쇠고기 수입에 반대하는 시민들의 마음이 촛불 하나하나에 담겨 어둠을 밝혔다. 당시 이 문제와 관련된 올바른 정보를 국민들에게 충분히 전달했더라면, 헌법이 규정한 표현 및 언론의 자유, 그리고 민주적 의사 표현의 자유를 물대포로 막지 않았더라면, 언론을 대표하는 미디어 매체들이 정보나 사실을 왜곡 또는 조작하지 않았더라면, 그래서 진실을 바탕으로 올바른 결정이 내려졌더라면, 그때 그곳에서 시민들은 촛불을 들지 않았을 것이다. 시민들이 든 촛불 하나하나가 자유롭게 보고 듣고 말할 수 있기를 바라는 시민들의 마음과 의지를 밝혔다. 시민들의 눈과 귀를 막아 진실을 볼 수 없게 한다면, 촛불은 더욱 거세게 타오를 것이다.

이제 우리에게 필요한 것은 정보의 자유로운 활용일 것이다. 다시 말해 미디어 매체를 소유하고 있는 대기업의 독점적 권력으로부터, 선별적으로 접속되는 사회적 차별로부터, 정보와 지식의 조작과 왜곡으로부터 자유롭게 보고 듣고 말할 수 있는 권리를 쟁취하는 것. 이것이 바로 21세기 정보화 사회에서 우리가 지향해야 할 주요 목표 가운데 하나일 것이다.

고전 속으로

앨빈 토플러와 마셜 맥루언

앨빈 토플러 Alvin Toffler (1928~)

미국 뉴욕 태생의 미래학자. 뉴욕 대학을 졸업하고 코넬 대학 객원교수, 뉴
스쿨 교수 등을 지냈으며, 《포춘Fortune》의 부편집장을 역임했다. 대학 졸
업 직후 5년간 공장 노동자로 일한 특이한 경력을 가진 토플러는 이후 신
문기자로, 대학교수로 다양한 영역에서 활동하며 21세기 인류의 변화에 주
목하여 그 미래상을 제시하고자 했다. 변화를 공통 주제로 삼고 있는 3부
작 《미래 쇼크Future Shock》(1984), 《제3의 물결The Third Wave》(1984), 《권력이동
Powershift》(1991), 그의 대표작이다.

앨빈 토플러, 이규행 옮김, 《권력이동》,
한국경제신문, 2002.

인간관계에서 권력은 떼려야 뗄 수 없는 측면이며, 남녀 문제로부터 직업,
교통수단, 미디어, 삶에 대한 희망에 이르기까지 삶의 모든 부분에 영향을
미치고 있다. 그런 점에서 우리는 생각했던 것보다 훨씬 더 권력의 산물이
다. 하지만 우리 생활의 모든 측면에서 권력만큼 중요하지만 여전히 이해

가 부족한 측면은 없다. 왜냐하면 지금이 바로 권력이동의 시대가 시작되는 시점이기 때문이다. 우리는 전 세계를 결집시켰던 권력 구조가 붕괴되는 시기에 살고 있다. 바로 지금 인간 사회의 모든 차원에서 근본적으로 이전과는 전혀 다른 새로운 권력 구조가 형성되고 있다.

오늘날 우리는 상반되는 이미지와 상징, 사실 등이 쏟아져 나오는 시대에 살고 있다. 그러나 우리가 정보화 사회로 나아가 정치에서 엄청난 양의 정보 및 지식을 사용하더라도 실제로 무슨 일이 일어나는지를 알기는 더욱 어려워질 것이다. 언론매체가 편견을 갖고 고의적으로 검열하고 실수를 범하여 실상을 얼마나 왜곡하는지에 관해서는 많은 글들이 있다. 사람들이 현명하다면 인쇄 및 전자매체 모두의 정치적 객관성에 의문을 갖게 될 것이다. 그러나 이와는 다른 보다 깊은 차원의 왜곡이 있다. 그것은 정보전술의 차원이다. 대부분의 국가는 정치적 위기에 직면하여 정보전술을 사용하게 될 것이다. 이는 정보 조작에 기초한 권력전술과 전략을 의미한다. 권력에 있어 모든 형태의 지식은 점점 중요해질 것이며, 축적된 정보나 지식이 컴퓨터를 통해 나오게 되면 정보전술은 정치에서 더 한층 중요한 것이 될 것이다.

인간은 지금까지 언어와 지식을 통해 현실에 관한 이미지를 교환해왔다. 그러나 사회마다 이미지 교환을 많이 필요로 하기도 하고 그렇지 않기도 하다. 지식 중심 경제로의 이행은 의사소통 수요의 급격한 증진으로 기존의 낡은 이미지를 무너뜨린다. 오늘날의 경제는 이미지에 관련된 고도의 세련된 노동력을 요구한다. 이런 노동력은 지금까지의 생산력과는 무관하다고 여겼던 모든 종류의 정보에 자유롭게 즉각적으로 접근할 수 있어야 한다.

첫째, 교육은 학부모나 교사 등 소수 교육개혁론자들만의 관심사가 아니라 첨단 경제의 관심사가 되었다. 경제 영역의 지도자들이 교육과 국제경쟁력 간의 연관성을 점점 인식하기 시작했기 때문이다. 둘째, 컴퓨터나 정보기술, 첨단 미디어에 대한 접근을 신속하게 보편화하는 것이다. 어느 나라도 전자적 하부구조 없이 경제를 운영해나갈 수 없다. 그러자면 모든 사람들이 전자적 하부구조에 친숙해져야 하지만, 그렇다고 해서 전문가가 될 필요는 없다. 그러나 미디어 체제로의 접근이 자유로워야 할 것이다. 선진 경제를 바라는 사람들이 추구해야 할 목표는 빈부를 불문하고 모든 사람들이 최대한 폭넓게 미디어에 접근할 수 있는 권리를 보장하는 것이다. 끝으로 선진 경제의 핵심이 지식에 있는 만큼 표현의 자유가 최우선의 정치적 과제가 되어야 한다.

해설

우리는 살아가면서 수많은 정보들을 접하게 되고 그것들 가운데 필요한 것들을 취사선택해서 사용한다. 하지만 어떤 것이 올바른 정보이고 어떤 것이 불필요하거나 잘못된 정보인지는 잘 알지 못한다. 문제는 올바른 정보의 구분력을 무기로 잘못된 정보를 유포시켜 권력을 강화하거나 필요한 사적 이익을 취하려는 사람들이다. 더구나 정보화 사회로의 진입이 정보의 중요성을 배가시키면서 예전에 물질적 생산 수단으로 사람들을 착취했던 유산 계급이 다양한 종류의 정보를 소유하는 정보 공급자로서 사람들을 착취하고 있다. 이는 부의 불평등에 버금가는 정보의 불평등을 야기하고 있다. 따라서 정보에 보나 쉽게 접근하여 누구나 그것을 활용할 수 있도록 해야 하며, 정보에 대한 자유권의 보장이 최우선의 정치적 과제가 되어야 할 것이다.

마셜 맥루언 Marshall McLuhan (1911~1980)

캐나다 에드먼튼 태생으로 영국 케임브리지 대학에서 르네상스 영문학을 전공한 뒤 고국으로 돌아와 토론토 대학 교수를 역임했다. 프로테스탄트 가정에서 태어났지만 다양한 교파를 접할 수 있었던 자유로운 분위기에서 학문적 영역을 넓혀나가 영문학자 외에 문예비평가, 사회사상가, 커뮤니케이션 이론가 혹은 전자시대 문명 비평가로도 잘 알려져 있다. 대표적인 저작으로는 《구텐베르크 은하계The Gutenberg Galaxy》(1962), 《미디어의 이해Understanding Media》(1964), 《미디어는 메시지다The Medium is the Massage》(1967), 《지구촌Global Village》(1988) 등이 있다.

> 마셜 맥루언, 박정규 옮김,
> 《미디어의 이해》, 커뮤니케이션북스, 1997.

우리의 문화는 모든 사물을 관리하기 위해 이들을 분할하고 구분하는 데 익숙해져 있다. 그래서 '미디어가 메시지다'라는 것을 받아들이게 된다면 충격이 클 것이다. 그러나 그 의미는 간단하다. 그것은 모든 미디어가 우리 자신의 확장이며, 이 미디어가 가지고 있는 개인적·사회적 영향은 개개인의 확장, 다시 말해서 새로운 테크놀로지 하나하나가 우리에게 도입되는 새로운 척도로서 받아들여져야 한다는 것이다. 자동화의 경우를 생각해보자. 인간과 일의 결합관계에서 볼 때, 새로운 기준이 생겨나서 인간의 일이 불필요하게 된다는 것은 소극적인 결과이다. 하지만 적극적인 면에서 자동화는 일에 대한 인간의 깊은 관여를 통해 새로운 역할을 만들어낸 것이라 하겠다.

여기서 문제가 되는 것은 기존 과정의 변화를 증가시키거나 가속화하는 방법, 혹은 표현 방법이 심리적으로나 사회적으로 어떤 영향을 미치느냐 하는 것이다. 왜냐하면 어떤 미디어나 테크놀로지라도 그 메시지가 인간과 연관되면 그로 인해 인간의 척도나 진도, 혹은 기준이 달라지기 때문이다. 철도는 바퀴, 선로, 혹은 수송활동을 인간 사회에 도입시킨 것이 아니라 전혀 새로운 종류의 도시와 일과 레저를 가져왔으며, 이전에 인간이 가지고 있던 기능을 촉진하거나 규모를 확대하였다. 이것은 철도가 운행되는 곳이 어디든 간에, 운반되는 물건이 무엇이든 간에 상관없다.

라디오나 영화 같은 핫 미디어와, 전화나 텔레비전 같은 쿨 미디어를 구분하는 데는 기본 원리가 있다. 핫 미디어란 자료가 충분하게 마련되어 있는 상태까지 확장하도록 해주는 것이다. 반면 쿨 미디어는 자료가 충분하게 마련되어 있지 않은 상태에 있는 것이다. 이를테면 시각적 측면에서 보면 핫 미디어로서 사진은 보는 이에게 충분한 정보를 제공하는 반면, 만화는 극히 적은 정보만을 제공하기 때문에 쿨 미디어라 하겠다. 청각적인 측면에서 보면, 전화는 주어지는 정보량이 적어 쿨 미디어라 할 수 있는 반면, 라디오는 그보다 더 많은 정보량을 제공하기 때문에 핫 미디어라 하겠다. 이야기는 듣는 쪽에게 제공되는 정보량이 적어서 듣는 사람이 상당량의 정보를 보충해야 한다. 핫 미디어는 듣는 쪽이 참가하는 정도가 낮은 반면, 쿨 미디어는 참가하거나 보완하는 정도가 높은 편이다. 그래서 라디오와 같은 핫 미디어는 전화 같은 쿨 미디어와는 다른 효과를 주게 된다. 이처럼 핫 미디어는 쿨 미디어보다 사람의 참여도가 낮다. 이를테면 설명 위주의 강연은 토론 중심의 세미나보다 참여도가 낮으며, 상세한 설명을 갖춘 책이 그림보다 참여도가 낮다.

정보 이동 속도가 다양해지면, 조직 속에 다양한 종류의 패턴이 생겨난다. 따라서 모든 새로운 정보 이동 수단은 어떤 힘의 구조를 변화시킬 수 있다고 할 것이다. 새로운 수단이 동시에 어디에서나 가능하다고 한다면, 조직은 무너지고 변화 가능성을 갖게 될 것이다. 하지만 그 속도가 전면적으로 동질일 경우 반항도 붕괴도 없을 것이다. 테크놀로지적인 방법으로 가속화되면, 촌락과 도시국가의 독립성이 사라지게 되는 것은 분명할 것이다. 가속화의 진행은 언제나 새로운 주변을 동질화하려는 경향을 갖는다. 차량, 도로, 종이에 의한 가속화는 힘을 확장하여 동질적이고 획일적인 공간을 만들어간다. 로마의 테크놀로지적 진가를 이해하게 된 것은 인쇄기술이 도로와 차량을 가속화한 후부터다. 현재 전자공학시대의 가속화는 로마의 종이가 부족민에게 그러했던 것처럼, 문자문화적인 서구인을 붕괴로 이끌려고 한다. 오늘날의 이 가속화는 중심에서 주변으로 진행되는 완만한 폭발이 아니라 순간적인 내부 폭발이며, 공간과 기능으로의 상호 침투이다. 중심-주변적 구조를 가진 우리의 문명이 하나의 유기적 전체 속에서 순간적으로 재편되는 것을 경험하고 있는 것이다. 이것이 바로 지구촌의 새로운 세계이다.

해설

우리는 수많은 미디어 매체들에 둘러싸인 채 살아가며 그 매체들을 우리의 신체인 양 사용하여 생각과 감각을 표현한다. 미디어 매체들이 발전하면 발전할수록 자신을 표현하는 방법은 점차 증가하게 될 것이다. 그런 미디어들 중에는 사람들의 참여를 자극하는 것이 있는가 하면, 너무 상세해서 더 이상의 참여를 원하지 않는 것도 있다. 맥루언은 그것을 핫 미디어와 쿨 미디어로 구분하여 대중들의 참여도를 설명하고 있다. 이것은 전자정보화 시대에 우리가 삶에 얼마나 적극적으로 참여하며 살아갈 것인가, 정치적·사회적 변화 속에서 어떻게 살아갈 것인가를 판단하게 한다. 빠른 속도를 자랑하는 미디어 매체는 전 세계에 퍼져 있는 사람들을 하나의 일상 속으로 이끌게 될 것이다. 그것이 바로 지구촌의 새로운 세계이다.

미디어 매체로부터의 탈출,
그리고 기다림의 미덕

1년에 단 일주일만이라도 TV를 끄자

2004년 EBS 다큐멘터리 〈TV가 나를 본다 – 20일간 TV 끄고 살아보기〉
가 방영되었다. 131가구가 참여했던 이 실험은 TV가 우리의 일상에 얼마
나 큰 영향을 끼치고 있는가를 보여주었다. 실험에 성공한 가정은 새로운
변화를 경험했고, 실패한 가정은 실험이 끝나기만을 학수고대하며 고통
의 시간을 보냈다. 실험에 참여한 서울·경기 지역의 131가구 중 10가구에
CCTV를 설치하고 TV를 끄기 전과 후 가족들의 변화를 지켜봤다. 어른이
나 아이 할 것 없이 TV에 얽매인 생활은 별반 다르지 않았다. 일상생활이
모두 TV 앞에서 이루어졌으며, 아이들의 놀이 역시 TV와 함께였다.

  실험을 시작하자마자 아이들은 TV를 켜달라며 떼를 썼고, 남편들은 인
터넷 게임에 빠졌으며, 아내들은 이웃에게 연속극 줄거리를 물었다. 하지
만 TV가 없는 일상은 아이들이 먼저 적응해갔다. 아이들은 숙제를 하거나
책을 읽기 시작했고 부모님과 대화를 시작했다. 어른들은 미뤄두었던 취미
생활을 시작했고, 사람들을 만날 시간적 여유가 생겨났다. 참가자들은 TV

최근 들어 전자정보 매체에 일상을 온통 빼앗겨 삶을 제대로 누리지 못하고 있다는 비판이 일면서 TV 끄고 살아보기 운동이 세계 곳곳에서 캠페인처럼 벌어지고 있다. 상상을 해보자. TV 없는 하루를.

를 보는 대신 독서와 대화, 음악감상, 집안일 등을 가장 많이 했으며, 일찍 자고 일찍 일어나게 되었다고 말했다. 물론 실험에 참가한 가구 중 30%는 적응하지 못했고, 1년이 지난 후에도 TV를 끄고 사는 가구는 단 1가구뿐 이었다. 하지만 TV를 끄는 것이 가족생활에 새로운 변화를 준 것만은 사실이다.

TV 없이 산다는 것. 상상이나 할 수 있는 일일까? 기상시간에 맞춰 켜지는 TV 소리에 눈을 뜨고, 마지막 애국가가 나올 때쯤에야 안타까운 마음으로 TV를 끄는 현대인의 삶을 떠올려보자. 더구나 요즘은 24시간 쉬지 않는 케이블 방송 덕분에 전원 버튼의 위치조차 낯설어지기도 한다. 이런 생활 방식 가운데서 느닷없이 누군가가 "자, 이제 TV 플러그를 확 뽑아버립시다"라고 외친다면, "예, 그렇게 하지요"라고 순순히 따를 수 있을까?

최근 들어 전자정보 매체에 일상을 온통 빼앗겨 삶을 제대로 누리지 못하고 있다는 비판이 일면서 TV 끄고 살아보기 운동이 세계 곳곳에서 캠페인처럼 벌어지고 있다. 상상을 해보자. TV가 없는 하루를. 모두들 TV 없이는 단 하루도 살 수 없다고 말할 것이다. 한편으로는 전쟁이나 살인과 같은 폭력적 장면이 여과 없이 방송되는 것을 보면서 무섭다고 하고, 다른 한편으로는 정보를 제공받거나 유쾌한 오락 프로그램 등을 통해 휴식을 즐길 수 있어서 행복하다고 말한다. 그처럼 TV 없는 삶은 상상하기 힘들 뿐만 아니라 삶을 지루하고 힘들게 할 것이 자명했다.

그러나 TV는 인간을 여유롭고 행복하게 만들지 않는다. TV를 보느라 수면시간이 줄어들었고, 취미생활을 멀리하게 되었으며, 가족 간에도 대화가 단절되었다. 미디어 매체는 오히려 삶을 단조롭게 만들고 피곤함을 안겨주었다. 오히려 TV를 끄고 나니 그와 반대되는 일들이 일어났다. TV를 끄고 살았던 20일 동안 사람들은 충분한 수면을 취했고, 그동안 밀쳐두었던 취미생활을 시작했으며, 삶에 활력이 넘쳤다. '밥 먹자', '자자' 말고는 할 말이 없었던 가족 간에 다양한 이야기들이 오고가게 만들었다. TV 때문에 시간이 없었던 것이지, 시간 자체가 없었던 것은 아니었던 셈이다. TV라는 미디어 매체가 삶의 패턴을 바꿔놓았음을 확인할 수 있다.

그렇다고 해서 미디어 매체가 주는 긍정적 기능까지 간과할 수는 없다. 미디어 매체를 통해 전달되는 수많은 정보는 살아가는 데 주요한 역할을 한다. 더구나 몸의 일부처럼 딱 달라붙어 있어 삶에서 떼려야 뗄 수 없는 것이 되기도 하였다. 그래도 1년에 단 일주일만이도 미디어 매체와 거리두기를 하면 어떨까? 그 일주일 때문에 삶이 엉망이 되거나 세상으로부터 소외당하는 일은 벌어지지 않을 것이다. 그래도 정보는 여전히 쏟아지고 있고, 잠시 며칠 뒤로 미뤄지는 것뿐이니 말이다. 어떤가? 미디어 매체로부터의 탈출, 한 번 시도해볼 만하지 않을까?

검정색 도화지와 고래 한 마리

■

어느 평범한 초등학교 교실, 선생님은 학생들에게 도화지를 한 장씩 나눠주고 바다를 그리라고 과제를 내준다. 아이들은 제각기 화려한 색깔의 크레파스로 바닷속 풍경을 그린다. 물고기가 헤엄치고 해초들이 흔들거리는 바다를 아이들은 하나씩 그려나간다. 그런데 유독 한 아이가 검정색 크레파스로 도화지 전체를 칠한다. 선생님이 다른 도화지를 주지만, 거기에도 역시 검정색만 칠한다. 걱정이 된 선생님 이 아이를 상담해보지만 별 다른 이상은 없다. 정신과 의사도 아이에게서 이상한 점을 밝혀내지 못한다. 여전히 아이는 수십 장의 도화지를 검정색으로 칠해간다. 아이가 색칠을 끝내고 수십 장의 도화지를 체육관 바닥에 하나씩 늘어놓자 사람들은 모두 놀라고 만다. 위에서 내려다본 체육관. 그곳에는 거대한 고래 한 마리가 있었다.

■

한 편의 동화 같은 이야기다. 이것은 일본의 한 공익 광고에 나온 내용이다. 광고의 의도는 아이들의 순수한 창의성을 지켜주자는 것이었다. 도화지에 검정색만 칠하는 아이. 다양한 색깔로 그림을 그리는 아이들에 비해 문제가 있다고 생각하는 것은 어쩌면 당연한 일일지도 모른다. 하지만 오랜 기다림 끝에 아이가 그리고자 한 것이 거대한 고래 한 마리였다는 것을 알게 된 순간 모든 의심은 풀어지고, 아이의 상상력과 창의력은 빛을 발한다.

우리는 수많은 미디어 매체들을 통해 다양한 정보를 얻고, 또 제공하기도 한다. 그 정보들은 대상에 대한 상세하고 정확하며, 완전한 내용을 담고 있지 않다. 기다림의 미학을 배우지 않으면 2% 부족한 정보 때문에 불편한 일을 겪을 수도 있다. 인터넷 기사의 헤드라인에 '낚여' 엉터리 같은 글을 읽었거나 거짓 기사에 속아 낭패를 본 경험이 한번 쯤은 있을 것이다. 피식 웃고 말 일이지만 관심 있는 중요한 주제였다면 허탈감이 컸을 것이다.

인쇄매체 시대에는 정보 공급자와 정보 수요자의 구분이 명확했기 때문에 정보에 대한 신뢰성이나 책임 소재를 문제 삼을 수 있었다. 그러나 전자매체로 전환되면서 정보 공급자와 수요자의 구분이 불분명해지고, 누구나 실시간으로 정보를 제공할 수 있게 되면서 그 신뢰성이 문제가 되고 있다. 검토되지 않은 정보들은 또 다른 문제들을 일으키기도 한다. 그 이유가 제어할 수 없는 정보 제공자의 익명성에 있기도 하지만, 그보다 사실을 축소하거나 과장하여 진정성을 왜곡하려는 권력과 결합된 미디어 매체의 무책임이 더 크다고 할 것이다. 한 번 더 생각해보는 여유를 가진다면, 그 기다림 속에서 다양한 정보들을 확인해보려는 의지를 가진다면, 정보에 휩쓸려 자신을 잃어버리는 정보의 노예가 되지 않고 능동적으로 정보를 지배하는 정보의 주인이 될 것이다.

일상에서 우리는 검게 칠해진 수많은 도화지들을 만나게 된다. 그 도화지들을 잘 맞추어 거대한 한 마리 고래를 만나려면, 다양한 미디어 매체가 제공하는 엄청난 정보들을 끈기 있게 분석하고 비판하고 이해하는 기다림의 미덕을 갖추어야 할 것이다.

미디어 매체의 겉과 속

21세기 전자정보화 시대를 주도하는 것은 다양한 미디어 매체들이다. 최근 스마트폰 시장의 확대는 사람들의 활동을 더욱 자유롭게 만들고 삶의 방식을 변화시켰다. 그래서 사람들은 새로운 기계가 등장하기만 하면 어떤 방법으로든 소유하려고 애쓴다. 하지만 매체의 소유가 곧 정보의 소유일까? 실시간으로 정보에 접속하고 그에 대한 즉각적인 반응을 가능하게 만든 미디어 매체의 발전은 간과할 수 없는 것이다. 하지만 실제로 미디어 매체인 기계 때문에 우리의 삶이 변화하는 것일까? 혹시 기계와는 상관없이 전달되는 다양한 정보 때문에 우리의 삶이 변화하는 것은 아닐까?

기계가 있어야 다양한 정보를 제공받을 수 있지만 정보가 없다면 기계 자체가 아예 필요 없을 것이다. 그렇다면 우리의 삶을 변화시키는 것은 미디어 매체의 도구인 기계일까, 아니면 그것을 통해 전달된 정보일까? 달걀이 먼저, 아님 닭이 먼저?

게임에 빠진 세상!

사회자　21세기 전자정보화 시대가 활짝 열렸습니다. 이 시대를 살아가는 현대인들의 필수품은 휴대하기 간편한 미디어 매체들입니다. 도서관에서 책을 뒤적이기보다 버튼 하나로 모든 것을 해결할 수 있는 미디어 매체야말로 전자정보화 시대의 필수품이라 할 것입니다. 이러한 미디어 매체가 사회에 미치는 영향력을 놓고 긍정적·부정적 측면에서 논란이 있습니다만, 그것이 미디어 매체의 문제인지, 아니면 미디어 매체가 담고 있는 내용의 문제인지 명확하지 않습니다. 미디어 매체와 그 내용 가운데 무엇에 더 중점을 두어야 할까요? 《제3의 물결》로 유명한 미래학자 앨빈 토플러 박사와 전자시대 문명비평가인 마셜 맥루언 박사를 모시고 미디어 매체의 하드웨어가 문제인지 아니면 소프트웨어가 문제인지 이야기를 나눠보도록 하겠습니다. 안녕하십니까?

토플러·맥루언　반갑습니다.

사회자　요즘 PMP, 즉 휴대용 멀티미디어 플레이어가 유행하죠. 음악이나 동영상도 즐기고 게임도 하고. 특히 아이들에게 휴대용 게임기가 선풍적인 인기던데, 혹시 자녀분들에게 사주셨는지요?

토플러　당연하죠! 나도 가끔 빌려서 하는데 재미있더라고요.

맥루언　재미라, 그 나이에 무슨 게임을…… 그거 꼭 사줘야 하는 건가요? 우리 애들은 없는데……

토플러　그게 없으면 또래들 사이에서 왕따 당하는 것 모르세요? 게임기 이야기 빼면 할 말도 없다던데.

맥루언　아니! 세상에 화젯거리가 얼마나 많은데, 고작 게임기 하나 없다고 대화에 끼어들 수가 없다는 게 말이 됩니까?

토플러   화제가 같아야 이야기가 되지, 누군 '어' 하고 누군 '저' 하면 이야기가 되겠어요?

사회자   다른 건 몰라도, 지하철이나 버스 안에서 시끄럽게 뛰어다니지 않고 게임에만 열중하니까 조용해서 좋긴 하던데요.

맥루언   아니 당신까지?

사회자   뭐, 좋은 건 좋은 거니까요. 그나저나 게임을 통한 학습이 아이들에게 도움이 될까요?

토플러   휴대용 게임기는 단순한 게임기가 아니죠. 예전에 오락실에서 동전을 넣고 격투기 하던 것을 생각하면 안 되죠. 시대가 달라졌는데.

맥루언·사회자   설마……

토플러   휴대용 게임기만 놓고 보자면, 하드웨어의 발달만큼이나 소프트웨어도 사고나 언어능력을 향상시켜주는 방향으로 지속적으로 발전하고 있죠. 하루 한두 시간쯤 게임하는 것도 괜찮다고 생각해요.

맥루언   하루 24시간 중에 잠자는 시간 빼고 2~3시간이면 게임 중독이죠. 놀이를 통한 다양한 능력 계발이라는 이상과 현실이 일치하면 금상첨화겠지요. 하지만 단순한 마케팅 전략일 뿐이지 실상은 그렇지 않다는 것, 당신도 잘 알고 있지 않습니까?

토플러   전혀 효과가 없다, 라고 말할 수도 없지 않나요? 더구나 다 가지고 있는데 나만 없다면 그 상실감은 어떻게 할 겁니까? 왕따만큼 무서운 것도 없는데.

맥루언   따돌림 당하는 것 때문에 필요도 없는 것을 가지고 있어야 한다는 겁니까? 따돌림 문화 자체의 근본적 원인을 찾아야지.

토플러   현실을 직시하시죠. 최신형 게임기가 또래들 사이에서 헤게모니를 장악하는 데 중요한 도구라는 것을. 아이들 사이의 권력관계는 그런 것으로 결정되죠.

사회자　아이들 사이의 권력관계요?

맥루언　그러한 권력관계는 기업 마케팅이 만들어놓은 신기루죠. 아이들은 꼭두각시고. 그때 하지 않으면 안 되는 당연한, 뭐 그런 것으로.

토플러　시대적 대세를 환상이니 신기루니 하면서 미디어 매체에 따른 권력관계를 다루는 것은 좀……

사회자　논의가 휴대용 게임기에 머무르다 보니 아이들 문화나 교육 쪽으로 흘러가는 것 같군요. 그것도 중요하긴 한데, 옆길로 새는 것 같아 여기까지만 이야기하죠. 이제 대상을 좀 넓게 잡아보죠. 미디어 매체 전반으로 말이죠.

미디어는 메시지다

맥루언　미디어 매체 혹은 전자정보기술이 시대적 대세라는 것은 저도 인정합니다. 우리가 지금 이렇게 시간과 장소에 구애받지 않고 토론을 할 수 있는 것도 그 덕이니까요.

토플러　오래간만에 의견이 일치했군.

사회자　저도 동의!

맥루언　미디어 매체의 발전이야 기술적 문제이니 과학자나 기술자에게 맡겨두고, 우린 그것이 실생활에서 어떤 영향력을 갖는가에 대해서 떠들면 될 것 같은데.

사회자　아니, 제가 할 말을 가로채시면 저는 뭐합니까?

맥루언　그런가? 죄송! 계속 진행하시지요.

사회자   얼마 전 TV에서 경찰들의 수사 과정을 방송했다가 모방범죄가 발생하여 사회적으로 물의를 일으킨 적이 있죠.

토플러   애들이나 어른이나 따라쟁이야, 따라쟁이.

사회자   왜 그런 일이 일어났을까요? 내용이 너무 상세해서? 그렇다면 방송 내용을 수정하면 되겠죠. 그런데 TV 자체가 문제다, 라고 해버리면 어떻게 해야 할까요?

토플러   TV, 너, 유죄!

사회자   토플러 박사님, 장난치지 마세요. 유죄 판결 내리면 전 세계에 있는 TV를 몽땅 수감시켜야 하니까요.

맥루언   그렇게 하죠. 요즘 TV 안 보기 운동 같은 것도 하던데.

토플러   이 사람이? TV를 없애면 어떡하나? 저녁에 드라마도 보고, 스포츠 중계도 봐야지.

맥루언   바로 그겁니다. 폭력적인 장면을 많이 방송해서 사람들이 더 폭력적이 되었다고 방송매체를 없앨 수는 없지요. 혹시 "미디어는 메시지다"라는 저의 명언을 아시나요?

토플러   잘난 척은!

사회자   역사적 발전 과정을 볼 때 내용에 앞서 미디어 자체가 가지고 있는 영향력을 간과할 수 없다는 정도로 이해했는데.

맥루언   과히 머리가 나쁘진 않군요. 사람들은 대부분 미디어 매체를 정보나 지식을 전달하는 매개자, 혹은 삶을 편리하게 하는 도구 정도로만 생각하지요.

토플러   실제로 그렇지 않은가? 디지털이냐 아날로그냐에 따라 화실이 조금 달라질 뿐이지, 전달하는 정보가 달라지거나 사람들에게 미치는 영향력이 긍정에서 부정으로 뒤바뀌거나 하지는 않지요.

맥루언　당연히 다르죠. 우선 색상부터 확 차이가 나는데. 미디어는 우리 삶의 확장된 한 모습이고 간과할 수 없는 매체라는 점은 중요합니다. 컴퓨터를 한번 생각해보세요. 컴퓨터가 없는 세상, 생각만 해도 끔찍하죠.

사회자　컴퓨터가 없다면, 으음…… 우리가 지금 채팅을 할 수 없을 것이고, 이 재미없는 논쟁에 끼어들 필요도 없을 텐데 말이죠.

토플러　재미가 없다고요?

사회자　아, 아닙니다.

맥루언　컴퓨터로 인해 작업 능률이 엄청나게 향상되었죠. 인간의 힘으로는 할 수 없는 여러 일들이 가능해졌기도 하고. 특히 인터넷 망의 발전은 최고라고 생각합니다. 다양한 정보를 빠른 시간에 접할 수 있게 해주니까 말이죠. 지구는 하나다, 라는 말을 실감하게 해주죠.

토플러　……

사회자　토플러 박사님? 토플러 박사님?

　　　　(5분쯤 지나서)

토플러　미안합니다. 갑자기 접속이 끊어지는 바람에……

맥루언　초고속 인터넷 망으로 바꾸라니까, 말을 안 들어요.

토플러　뭐, 이 정도야. 아직은 그냥저냥 쓸 만해.

맥루언　인터넷이 느리거나 접속이 자꾸 끊어지면 불편하지 않나요? 난 짜증나던데.

토플러　난 얼리어답터가 아니라네.

맥루언　그 이야기가 아니지. 어찌됐든 학기 중에 학생들 과제를 이메일로 받는데, 제출시간이 분초 단위로 정확하게 나오니 좋고, 종이 낭비도 줄이고, 웹하드에 저장하면 보관도 쉽고, 자료 찾기도 쉽고, 참 편리하더라고요.

토플러　그 점은 나도 동감!

사회자　진짜 편해요.

맥루언　그런데 가끔 컴퓨터가 고장 나서 저장해둔 파일이 날라갔다느니, 인터넷 접속이 갑자기 끊겨서 제출시간을 넘길 수밖에 없었다느니, 과제물 낼 때면 이런저런 하소연을 하는 학생들이 꼭 있더라고요.

토플러　난 무시해버리는데.

맥루언　물론 그렇기는 한데, 만약 내가 그런 상황이라면, 그 생각을 하면 아찔하죠.

토플러　그러니까 아까 접속이 끊겼을 때 내 입장도 이해해줘야 해.

맥루언　컴퓨터가 없었던 때도 있었고, 그때도 과제물 받고 강의하는 데 별 불편함이 없었는데, 요즘 들어 그때를 생각하면 어떻게 살았을까 싶은 거예요.

토플러　아, 옛날이여! 그때가 그립군.

맥루언　자네나 실컷 그리워하게. 어쨌든, 이렇게 보면 미디어는 정보 전달의 수단이라기보다는 오히려 생활 자체를 가능하게 하는 중요한 도구가 되었다는 것이고, 더 확대 해석하자면 우리 몸의 일부가 되어버린 거라 할 수 있겠죠.

토플러　그래도 미디어 매체는 매체일 뿐, 우리 몸은 아니지. 내가 쓴 그 유명한 베스트셀러 《제3의 물결》……

핫과 쿨, 미디어 권력의 두 가지 방식

사회자　토플러 박사님.

토플러　하하! 21세기는 정보화 시대죠. 매일 새로운 지식들이 태어나고

최근 스마트폰 시장의 확대는 사람들의 활동을 더욱 자유롭게 만들고 삶의 방식을 변화시켰다. 그래서 사람들은 새로운 기계가 등장하기만 하면 어떤 방법으로든 소유하려고 애쓴다. 하지만 매체의 소유가 곧 정보의 소유일까?

그것을 자양분으로 하여 사회와 권력이 유지되는. 맥루언 박사가 말한 컴퓨터야말로 인류의 지식이 총체적으로 구현된, 가장 유용한 전달 매체죠.

맥루언　성능이 좋은 컴퓨터일 경우겠죠? 하하하!

토플러　꼭 옆구리를 쿡쿡 찔러요. 하지만 성능이 좋은 컴퓨터라고 해서 다 좋은 것일까요? 그건 아니죠. 제대로 된 프로그램을 갖추지 않은 최신형 컴퓨터는 고철에 불과하죠. 결국 하드웨어가 아니라 소프트웨어가 중요하다는 겁니다.

사회자　하드웨어의 문제냐 소프트웨어의 문제냐, 이거군요. 하지만 이런 논의는 닭이 먼저냐 달걀이 먼저냐 하는 것과 같지 않을까요?

맥루언　그럴 수도 있죠. 어쨌든 문제는 미디어 매체를 누가, 어떻게, 어떤 목적으로 접하느냐에 달려 있다는 겁니다. 몇 번째인지는 기억나지 않지만 007 시리즈에 나왔던 것처럼 미디어가 핵폭탄보다 더 엄청난 위력을 가진 무기가 될 수 있다는 거죠.

사회자　그것이 맥루언 박사께서 말씀하셨던 핫 미디어와 쿨 미디어의 차이로 연결되는 건가요?

토플러　뜨겁고 차고, 미디어 매체가 무슨 냉난방 기계도 아니고.

맥루언　쿨과 핫의 차이는 미디어가 가진 영향력의 크고 작음이라 생각하면 됩니다. 미디어가 정보를 제공하고 사람들로 하여금 행동하게 만든다는 데에는 모두 동의하리라 생각합니다. 하지만 어느 수준의 정보를 제공하고, 어떤 방식으로 접근해야 하며, 실천력을 어느 정도 담보할 수 있을지를 생각해봐야 한다는 겁니다.

토플러　그러니까 중요한 건 결국 미디어에 담긴 정보 아닙니까? 하드웨어가 최신이어도 그 내용이 제대로 담기지 않으면 안 된다는……

맥루언　그보다는 정보를 담고 있는 미디어 매체가 무엇이냐에 따라 다른 반응이 나온다는 것이죠.

사회자　사람들을 적극적으로 참여하게 하느냐 아니냐, 라는 것이겠죠.

맥루언　모든 것을 전달해주는 미디어의 역할도 중요하지만, 미디어가 대중의 참여나 토론을 활성화시킨다면 훨씬 더 쿨하다는 거죠.

토플러　참여가 활성화된다는 것은 핫하다고 해야 하는 것 아닌가? 어찌 됐든 결국 미디어에 어느 수준의 정보가 결합하느냐가 문제겠죠. 그렇다면 기존의 미디어 개념으로부터 별로 달라진 것은 없으리라 보는데요.

맥루언　다르죠. 미디어 자체가 힘을 가지게 되는 거죠. 그래서 대기업들이 무리를 해서라도 미디어 산업에 투자하려고 애쓰고, 정부도 개입하려는 것 아닙니까?

토플러　그렇게 미디어를 장악하려고 하는 것은 결국 미디어의 도구화를 통해 정치권력을 장악하려는 의도라 할 수 있죠. 이는 대중의 적극적 참여나 활동보다는 그들을 제어하려는 정치권력의 강력한 도구로 미디어가 작동한다는 것으로 봐야 할 듯싶은데.

맥루언   미디어가 정치권력의 도구로 작동한다고 해도, 그것에 반응하는 대중의 참여는 분명 이전과는 다를 거라고 생각합니다. 더구나 일상생활에서 미디어는 떼놓고 생각하기 어려울 만큼 중요하니까요.

사회자   한때 조직폭력배 영화가 유행하면서 이른바 조폭이 선호 직업 1위였던 적이 있었죠. 이런 상황이 영화라는 미디어 자체가 불러일으킨 문제라면 영화 자체를 없애야 할 겁니다. 하지만 가능할까요? 미디어 매체와 그 내용, 둘 중 어느 것이 중요하냐에 대해 정답을 내리긴 어렵지만, 현실 사회에 미치는 영향력에 대해서는 경계를 늦춰선 안 된다는 생각이 드네요. 두 분, 오늘 함께 해주셔서 감사합니다.

토플러   너무 오래 떠들었나봐. 타자 치느라 손가락이 아프군. 맥루언 박사, 얼굴 보고 이야기하자고.

맥루언   나도 손이 저려. 미래학자라며, 애들 게임기는 사면서 그 고물 컴퓨터는 왜 화상 통화가 가능한 컴퓨터로 안 바꾸는 거야? 날도 더운데 아이스커피나 한 잔 하자구.

토플러   난 뜨거운 커피!

더
읽어야 할 자료

책

■ 제러미 리프킨, 이희재 옮김, 《소유의 종말》, 민음사, 2001.

정보화 사회의 도래로 재산의 소유가 아닌 재산을 빌려주거나 단기간 사용할 권리를 사고파는 관계로 전환되면서, 판매자와 구매자의 시장 매매관계가 네트워크상의 서버와 클라이언트의 접속관계로 전환되었음을 보여주고 있다.

■ 허버트 실러, 김동춘 옮김, 《정보 불평등》, 민음사, 2001.

누구나 정보의 혜택을 받는 것처럼 보이지만 실상 정보의 불평등 사회에 살고 있는 우리들의 모습을 미국 내에서 일어나는 갖가지 사례들을 통해 설명하고 있다.

■ 볼프강 쉬벨부쉬, 박진희 옮김, 《철도여행의 역사》, 궁리, 1999.

19세기 철도의 탄생은 산업혁명과 함께 인간의 일상적 체험 방식에도 변화를 주었다. 기술의 변화가 인간의 삶을 어떻게 변화시켰으며, 오늘날을 살아가는 우리들이 어떻게 대처해야 할지를 보여주고 있다.

■ 홍성욱, 《파놉티콘 - 정보사회 정보감옥》, 책세상, 2002.

미셸 푸코의 《감시와 처벌》 가운데 등장하는 원형감옥 원리인 파놉티콘을 설명하면서 전자정보화 시대에 전자매체를 통해 우리의 일상이 감시되고 있음을 지적한다.

■ 조지 오웰, 정회성 옮김, 《1984》, 민음사, 2003.
미래의 암울한 디스토피아를 그린 소설이다. 빅브라더가 지배하는 세상을 통해 전자정보 감시망이 인간의 삶을 어떻게 변화시켜 가는지를 보여준다.

■ 올더스 헉슬리, 이덕형 옮김, 《멋진 신세계》, 문학세계, 1998.
인공수정으로 태어나 조작된 수많은 정보들에 의해 세뇌당한 사람들이 살아가는 암울한 미래 사회의 모습을 반어적으로 그린 소설. 기계문명이 인간성과 개성을 말살하는 이 세계가 진정 멋진 신세계일까?

■ 하인리히 뵐, 김연수 옮김, 《카타리나 블룸의 잃어버린 명예》, 민음사, 2008.
독자들의 호기심을 자극하는 선정적 언론이 평범한 한 시민을 폭력적 인간으로 변모시킬 수 있음을 보여주는 소설이다. 어쩌면 우리도 또 다른 카타리나 블룸이 될지도 모른다.

영화
■ 피터 위어, 〈트루먼 쇼〉, 1998.
당신의 일상이 누군가에게 생중계된다면? 이 영화는 태어나는 그 순간부터 삶이 생중계되는 한 남자의 이야기다. 우리의 삶은 생중계되지 않지만 누군가에게 감시당하고 있다는 것을 생각해보면 공감이 가는 영화다.

6

공동체주의

정의로운 사회란 무엇인가?

홍영두 (건국대학교 학술연구교수)

자유주의와 공동체주의는
왜 충돌하는가?

롤스의 《정의론》, 자유주의 정치철학의 새로운 패러다임이 되다

현대 자유주의는 미국에서는 1930년대 경제대공황을 케인스주의에 기반한 뉴딜 정책으로 해결함을 통해, 영국에서는 19세기 후반과 20세기 초반에 정립된 자유주의적 복지국가 모형을 통해서 그 모습을 드러냈다. 그러나 현대 자유주의는 여전히 자유와 평등의 가치를 현실적으로 완벽하게 실현하지 못했으므로 흑인 민권운동, 페미니즘 및 신좌파의 비판에 시달려왔다. 이러한 시대 상황에서 롤스의 《정의론》은 정치적·경제적 자유권의 확보라는 고전적 자유주의의 유산과 공정한 기회균등 및 분배정의의 실현이라고 하는 두 이질적 요소를, 합리적 선택 상황을 가정하는 사회계약론의 관점에서 종합함으로써 자유주의적 복지국가의 철학적 정당화를 성취한다.

그러나 롤스의 평등주의적 자유주의는 1970~80년대 영미 사회에서 신고전적 자유주의와 보수주의의 비판을 받게 된다. 롤스의 정의론을 반박한 노직은 롤스의 재분배적 평등주의가 개인의 재산권과 소유권을 침해한다면서, 롤스가 인정하는 것 이상으로 개인의 자유를 더 존중할 것을 요구하며 자유지상주의적 최소국가론을 전개했다. 이러한 반격은 1990년대 이후 세계를 질풍노도처럼 강타했던 신자유주의neoliberalism로 전개되었다. 롤스와 노직, 그 밖의 자유주의자들 간에 벌어졌던 논쟁은 자유주의 내부의 논쟁에 지나지 않았다.

이 논쟁 이후 롤스가 창출한 자유주의의 새로운 패러다임은 자유주의 정치철학의 보편적 모형으로 인정되기에 이른다. 롤스의 '공정으로서의 정의'가 현대 자유주의의 전형적 유형으로 간주된 것은, 그의 이론이 통상 자유주의라 할 수 있는 두 가지 요소를 모두 지니고 있다는 점 때문이었다. 하나는 시민적 자유에 대한 자유주의적 지지에 배어 있는 개인의 자유 및 권리에 대한 신념이며, 또 하나는 기회균등 및 평등주의적 재분배에 대한 믿음으로서 재분배적 복지국가를 지지하는 점이다. 롤스의 정의론은 그동안 자유주의의 지배적인 철학적 근거로서 행세하던 공리주의의 '최대다수의 최대행복'이 가지고 있던 취약점, 즉 전체의 복지라는 미명 아래 용인된 소수자의 권리 침해를 극복하는 자유주의 정치철학의 새로운 패러다임으로 자리 잡게 된다. 이러한 자유주의의 새로운 패러다임은 '신칸트적 좌파 자유주의' 혹은 권리준거적인 '칸트적 의무론적 자유주의' 혹은 '평등주의적 자유주의'라고 불린다.

롤스 이후 자유주의자들은 대체로 다음과 같은 방법론적 기초에 합의하고 있다. 1) 도덕적 규범은 개인의 본성과 권리, 혹은 개인들 간의 계약적 합의에 근거하고 있으므로 도덕적 규범은 방법론적 개체주의를 통해서 보편적으로 정당화될 수 있다. 2) 자유주의는 권리에 기반한 혹은 의무론적인 윤리 체계를 구성하는데, 그것은 현대 사회의 다원적 가치관들 사이에서 중립적인 절차를 통해 도덕규범을 산출하기 위한 것이다. 3) 자유주의는 개인들이 사적으로 자유롭게 실질적 가치관을 추구할 수 있다고 인정하지만, 공적인 차원에서는 도구적 합리성을 통해 사회규범을 산출하려고 시도한다. 4) 도덕적 주체로서의 개인의 자아는 가치관을 자유롭게 선택하고 변경하고 수정할 수 있기 때문에 선택되는 가치관과 목적에 선행한다. 5) 정치적 공동체는 개인들이 자기 이익을 얻는 한에서 참여하는 기초적인 것일 뿐이며, 정치적 참여가 본질적인 가치를 지닌 것은 아니다.

공동체주의 VS. 자유주의 논쟁

현대 미국의 자유주의에 대한 이론적·정치적 비판의 갈래 중 중요한 비중을 차지하고 있는 입장이 공동체주의다. 공동체주의자들이 비판의 표적으로 삼는 것은 민주주의가 아니라 자유주의다. 그들은 자유주의의 개인주의야말로 공동체적 가치들을 파괴하고 공적인 삶을 누적적으로 저하시키는 데 따른 책임을 져야 한다고 주장한다. 공동체주의자들에 따르면, 오늘날 미국 사회가 겪는 위기는 사회적 유대의 파괴에서 비롯되었으며, 그렇게 된 이유는 개인들에게 자기 이익만 돌보고 자유를 구속할지도 모르는 의무는 모두 거부하라고 자유주의적으로 선동했기 때문이라는 것이다. 반면에 그들은 시민 공화주의 전통을 회복함으로써 자유주의적 개인주의의 문제점을 해결할 수 있다고 본다. 왜냐하면 공동체주의자들은 앞서 말했듯이 자유민주주의 체제의 위기는 사회적 삶에서 증대되는 개인화와 공적 공간의 실종에서 비롯된 시민적 덕 및 정치공동체의 정체성이 사라졌기 때문이며, 공동체에 대한 정치 참여라는 가치를 회복함으로써 그 문제점을 치료할 수 있다고 본다.

공동체주의자들의 비판은 미국 문화에 깊숙이 숨어 있는 전통인 시민공화주의의 재발견에 의지하고 있다. 시민 휴머니즘이라고도 불리는 이 정치적 담론은 우리가 자유롭고 자치적인 정치공동체의 한 시민으로서 행동할 때에만 참된 인간의 실현이 가능하다고 본다. 공동체주의자들은 미국인들이 이 전통 덕에 개인주의의 침식 효과들에 저항할 수 있게 하는 공동체의 어떤 특정 의미를 보유할 수 있었다고 주장한다.

한국에도 소개된 이들 공동체주의자, 즉 샌델Michael Sandel, 매킨타이어Alasdair MacIntryre, 테일러Charles Taylor, 왈저Michael Walzer 등은 공동체주의가 갖고 있는 어두운 과거 때문에 스스로 공동체주의자라 부르지 않는다. 자유주의에 대한 공동체주의적 비판이라고 말할 때, 그 공동체주의는 자유주의 이후의 철학을 가리킨다. 공동체주의는 공적 전통을 존중하고 공민적 덕목을 강조하지만 과거의 전통을 무비판적으로 수용하는 보수주의와는 분명히 구분된다. 공동체주의자들의 입장은 하나로 범주화할 수 없을 만큼 다양한 모습을 보여준다. 그것은 공동체에 대한 단일한 개념적 합의가 없다는 점에 기인한다. 공동체 개념은 그 다의성으로 인해 항상 쟁점화될 소지를 안고 있으며, 개념의 표현 방식도 바뀔 수 있다.

하지만 대체로 공동체주의의 비판적 입장은 자유주의의 기본적 모형과 대비시켜 다음과 같이 정리할 수 있다. 1) 자유주의는 행복한 삶의 필수 조건인 공동체를 평가절하하고 와해시킨다. 2) 자유주의는 정치적 공동체와 정치적 삶 자체에 목적이 아닌 단순한 수단으로서의 의미만을 부여한다. 3) 자유주의는 비계약적 의무의 형태인 가정과 공동체적 의무의 중요성에 대한 적절한 설명을 제시하지 못한다. 4) 자유주의는 자아 정체성의 공동체적 귀속성 및 구성성을 인식하지 못하고 추상적 자아 개념을 이론화의 기초로 하는 결함을 갖는다. 5) 자유주의는 정의를 사회제도의 최우선적 덕목으로 인식하고 그 중요성을 높이 평가하는 오류를 범한다.

공동체주의란 무엇인가?

공동체주의는 정의란 공동체적 삶이라는 보다 상위의 가치가 상실되었을 때 요구되는 교정책 중 하나이며, 따라서 도덕규범의 가장 본질적 문제는 정의가 아니라 행복이라고 주장한다. 그런 점에서 공동체주의는 좋음선에 대한 옳음정의의 우선성을 주장하는 자유주의의 관점을 거부하고 공동체의 구성적 선을 강조한다. 또한 공동체주의자들은 자유주의적 도덕규범을 도덕적 이상주의로 규정하고 그 추상성과 비현실성을 강조한다. 나아가 이들은 추상적 자유주의 규범론을 이기적 개인주의의 이론적 표현이자 그 심화를 조장하는 이데올로기로 규정하며, 자유주의적 문화와 제도, 이론들은 근대의 역사적 발전 과정 속에서 상호 지지하는 관계를 유지해 왔다고 비판한다.

공동체주의자들은 방법론적 차원에서 윤리적 규범의 사회성과 역사성을 강조하고 사회적으로 공유되는 의미의 해석을 수용한다. 그런 점에서 도덕적 주체로서의 개인은 추상적 자아가 아니라 공동체적 삶의 구체적 가치를 수용하며 그러한 방식으로 자아를 형성한다. 따라서 공동체 속의 개인은 이기적 가치를 추구하는 것이 아니라 타자의 선을 고려하는 가치를 추구할 수 있다. 그리고 실천적 제안으로서 전통의 회복을 주장하거나 공동체적 유대를 강

1971년 출간된 존 롤스의 《정의론》의 표지. 이 책은 정치적 경제적 자유권의 확보보다는 고전적 자유주의의 유산과 공정한 기회균등 및 분배 정의의 실현이라고 하는 두 이질적 요소를, 합리적 선택 상황을 가정하는 사회계약론의 관점에서 종합함으로써 자유주의적 복지국가의 철학적 정당화를 성취했다.

화하기 위한 제도적 기반 마련을 촉구한다. 또 정치적 공동체의 목적은 개인들의 적극적 참여를 통해 시민적 덕목과 자아를 실현하는 데 있다고 본다. 그래서 공동체주의자들은 윤리적 담론의 언어를 자유주의적 개념들개인의 자율성, 권리, 중립성, 사회적 정의 등로부터 공동체주의적 개념들전통, 시민으로서의 덕목, 공동체적 유대, 사회적 공유 의미, 행복 등로 바꿀 것을 제안한다. 공동체주의자들은 자신들을 자기가 속한 사회의 문화와 의식으로부터 벗어나지 않고 사회비평을 수행하는 이론가들로 인식한다. 이러한 측면에서 공동체주의는 개인주의적 근대 사회를 비판하기 위한 비판적 거리두기와 함께 규범의 사회성과 의미 해석의 중요성을 동시에 강조한다.

그러나 공동체주의에 대한 이상과 같은 일반화는 상당한 주의를 요한다. 예를 들면 매킨타이어와 샌델은 가치통합론자로서 목적론적 입장을 취하고 있는 반면에, 왈저와 바버Benjamin Barber는 참여론자로서 정치적 참여가 본질적 가치를 가진 것으로 인정하고 있지만 공동체 전체에 대한 목적론적 가치 통합에는 반대한다. 그래서 바버는 가치통합론자를 사이비 공동체주의자라고 신랄하게 비판한다. 자유주의와 공동체주의의 논쟁이 본격적으로 전개되고 있는 것은 주로 목적론적 가치 통합의 문제이며, 비목적론적인 참여론적 입장은 자유주의를 본질적으로 반대한다기보다는 그것을 참여민주주의적 방식으로 보강하려는 의도를 가지고 있다고 볼 수 있다.

고전 속으로

존 롤스, 마이클 샌델, 찰스 테일러

존 롤스 John Rawls (1921~2002)

미국의 정치철학자로 하버드대 교수를 지냈다. 20세기 자유주의 정치철학 분야의 대표적인 학자이다. 평생에 걸쳐 '정의'라는 주제를 연구했던 그는 《공정으로서의 정의Justice as Fairness》(1958) 이후 1971년에 《정의론The Theory of Justice》을 출간했고 초판의 문제점들을 수정, 보완해서 1991년에 개정판을 펴냈다.

롤스의 《정의론》은 자유주의적 이론 체계 속에 평등주의적 요구를 통합했다는 평가를 받고 있다. '모든 사람은 평등한 기본적 자유와 평등한 권리를 갖는다'는 정의의 제1원칙은 평등한 시민의 기본적 자유가 희생되는 것을 거부하는 자유주의적 측면을 갖는다. 또한 '사회적·경제적 불평등은 최소 수혜자에게 최대 이득이 되어야 하며, 공정한 기회균등의 조건 아래 모든 사람들에게 개방된 직책과 지위가 결부되어야 한다'는 제2원칙은 자유주의적 자유들이 사회적으로 불리한 처지에 있는 이들에게 유명무실한 것이 되지 않도록 하는 평등주의적 측면을 지닌다. '정의론'이란 기본적 자유를 평등하게 나눠 가져야 한다는 '정의의 원칙'을 기반으로 하되, 최소 수혜자의 처지를 개선하는 한도 내에서 사회경제적 불평등을 허용하는 '차등의 원칙'을 적용해야 한다는 것이다.

> 존 롤스, 황경식 옮김, 《정의론》,
> 이학사, 2003.

공정으로서의 정의에 있어서는 사람들은 먼저 평등한 자유의 원칙을 받아들이며, 그리고 자신의 보다 특정한 목적들에 대한 지식 없이 이러한 작업을 수행한다. 그럼으로써 그들은 정의의 원칙들이 요구하는 것에 자신의 가치관을 순응시키고, 적어도 그 요구에 직접적으로 위배되는 주장을 고집하지 않으리라는 데에 암암리에 합의하게 된다. 자유를 구속당하는 처지에 있는 다른 사람들을 보고 즐거워하는 개인은 자신이 이러한 즐거움을 요구할 아무런 권리도 없음을 알게 된다. 다른 사람들의 손실에 대해 갖는 쾌락은 그 자체가 부당한 것이며, 이러한 만족은 그가 원초적 입장에서 합의한 원칙의 위반을 요구하는 것이 된다. 옳음의 원칙들이나 정의의 원칙들은 가치 있는 만족들의 한계를 설정하며, 무엇이 각자에게 있어서 합리적인 가치관인가에 대한 제한을 부여한다. 계획을 짜고 포부를 결정하는 데 있어 사람들은 이러한 제한 조건들을 고려하게 된다. 그래서 공정으로서의 정의에 있어서는 우리는 사람들이 갖는 성향이나 경향성을 그 내용에 상관없이 전제하고 그것들을 만족시킬 최상의 방법을 강구하는 것이 아니라, 오히려 처음부터 사람들의 목적 체계가 준수해야 할 한계를 밝히는 정의의 원칙들을 통해서 그들의 욕구와 포부를 제한하려는 것이다. 이러한 것은 공정으로서의 정의에 있어서는 옳음이라는 개념이 좋음이라는 개념에 선행한다는 말로 표현될 수 있을 것이다. 정의로운 사회 체제는 개인들이 각자의 목표를 펼쳐나가야 할 범위를 규정하고, 그리고 그것은 그러한 목적들이 공정하게 추구될 수 있는 효용 내에서, 효용에 의해 권리와 기회의 형태 및 만족의 수단을 제공한다. 정의의 우선성이란 어떤 면에서는 정의의 위반을 요구하는 욕구는 무가치하다는 주장에 의해 설명되어진다. 일차적으로 합당한 가치를 갖고 있지 못한 이상, 그것들이 정의의 요구를 침해할 수는 없는 것이다.

해설

롤스의 《정의론》은 '정의란 무엇인가'라는 물음에 직접 답하기보다는 공정한 절차에 의해 합의되었다면 정의로운 것이라는 순수한 절차적 정의를 내세운다. 롤스는 이와 같은 절차에 의해 정의의 두 원칙을 도출한다. 롤스의 정의론이 높이 평가되고 있는 이유는 이 원칙을 도출하기 위한 방법론인 '공정으로서의 정의'에 있다. 롤스는 이와 같은 절차에 의해 도출된 정의의 원칙은 우리의 상식적 신념이나 도덕적 판단과도 합치할 것이라고 생각한다.

전체를 위해 개인의 희생을 받아들이는 공리주의는 물론이고, 자유지상주의와 공동체주의를 모두 비판하고 있는 롤스의 이론은 자유와 평등을 조화시켜 복지국가의 이념적 토대를 제공한 것으로 평가받고 있다. 하지만 그의 정의론은 다음과 같은 방법론적 특징 때문에 공동체주의자들의 비판을 받고 있다.

공정으로서의 정의는 옳음의 개념이 좋음의 개념에 선행한다는 정의의 우선성을 방법론적 특징으로 주장한다. 이는 우리가 합당한 가치를 갖고 있지 못한 이상 정의의 원칙들의 요구에 우리의 가치관을 순응시키고, 그 요구에 직접적으로 위배되는 주장을 고집하지 않을 것이라는 점을 감안한 것이다. 롤스는 '공정으로서의 정의'라는 기본 관념이 민주주의 사회의 공적인 문화에 함축되어 있거나 잠재되어 있다고 보기 때문이다.

마이클 샌델 Michael Sandel (1953~)

미국의 정치철학자로 하버드대 교수로 재직 중이다. 오늘날 대표적인 공동체주의자이자 공화주의자이며 자유주의 비판자로 유명하다. 하버드에서 20여 년간 정의론 강좌를 맡고 있는데 만여 명이 넘는 학생들이 수강해 하버드 역사상 가장 많은 학생들이 수강한 강좌 중 하나로 손꼽히고 있다. 미국의 주류 정치철학인 자유주의를 비판하면서 미국 사회가 안고 있는 각종 병폐는 사회에 만연한 개인주의와 자유주의가 근본 원인이라고 분석한다. 주요 저서로《자유주의와 정의의 한계Liberalism and the Limits of Justice》(1982),《민주주의의 불만Democracy's Discontent》(1996),《공공철학Public Philosophy》(2005),《생명의 윤리를 말하다The Case Against Perfection》(2005),《정의란 무엇인가JUSTICE : What's The Right Thing To Do?》(2009) 등이 있다.

Michael Sandel, *Democracy's Discontent*, Harvard University Press, 1996. 원전 번역.

공화주의 정치이론은 적어도 두 가지 측면에서 절차적 공화정의 자유주의와 대조된다. 첫 번째 측면은 옳음과 좋음의 관계와 관련되어 있고, 두 번째는 자유와 자치의 관계와 관련되어 있다. '좋음'의 개념들 사이에 중립적인 원칙들에 따라 권리들을 정의하는 대신에, 공화주의 이론은 좋은 사회에 대한 한 특정한 관념에—자치적 공화정체에—비추어 권리들을 해석한다. 그래서 옳음이 좋음에 우선한다는 자유주의의 주장과 대조적으로, 공화주의는 공공선의 정치를 지지한다. 그러나 그것이 지지하는 공공선은 개인적 선호들의 결집이라는 공리주의적 개념과 일치하지 않는다. 공리주의와는 달리, 공화주의 이론은 그것들이 무엇이든 사람들의 현재의 선호들을 받아들여 만족시키려고 시도하지 않는다. 대신에 그것은 자치의 공공선에 필수적인 시민들의 성품적인 자질들을 배양하려 한다. 일정한 성향들, 애착들, 관여들이 자치의 실현에 본질적인 한에서, 공화주의 정치는 도덕적 성품을 단지 사적인 것만이 아니라 공적인 관심사로 간주한다. 이런 의미에서 그것은 그저 그 시민들의 이해 관심이 아니라 정체성에 주의를 기울인다.

자유주의 전통과 공화주의 전통의 두 번째 대조는 그것들이 자유를 자치와 연관시키는 방법들에 놓여 있다. 자유주의 견해에 따르면, 자유는 민주주의와 반대로 자치에 대한 상위의 제약으로 정의된다. 내가 일정한 대다수의 의사결정으로부터 면책을 보장하는 권리들의 담지자인 한에서 나는 자유롭다. 공화주의 견해에 따르면, 자유는 자치의 한 결과로 이해된다. 내가 그것 자체의 운명을 지배하는 정치공동체의 일원이며, 그것의 직무들을 관장하는 의사결정 참여자인 한에서 나는 자유롭다.

해설

샌델은 공화주의 정치이론이 적어도 두 가지 측면에서 절차적 공화
정의 자유주의와 대조된다는 점을 말하고 있다. 공화주의 이론은 좋

음 개념들에 대해 중립적인 원칙들에 따라 권리를 정의하는 자유주의와는 달리, 좋은 사회에 대한 특정한 관념에 비추어 권리들을 해석한다. 그래서 공화주의는 옳음의 우선성을 주장하는 자유주의와는 대조적으로 공공선의 정치를 지지한다. 공화주의가 좋음의 우선성을 주장한다고 할지라도 사람들의 현재적 선호들을 받아들여 만족시키려고 하지는 않는다. 공화주의는 자치적 공화정을 유지하는 데 필요한 공공선과 관련된 시민들의 인격적 자질을 배양하고자 한다. 공화주의 정치는 도덕적 인격을 공적인 관심사로 간주한다는 점에서 정체성에 주의를 기울인다.

또한 샌델은 공화주의의 자유 개념은 자유주의의 자유 개념과 다르다고 주장한다. 공화주의는 자유를 자치와 그것을 뒷받침하는 시민적 덕성들에 내적으로 연결되어 있는 것으로 본다. 자유주의의 자유는 무엇으로부터 벗어난다는 소극적 의미의 자유인 데 반해, 공화주의적 자유는 정치공동체의 일원으로서 공공생활에의 소속을 요구하며, 그 공공생활은 다시 시민적 덕성의 수양에 의존한다고 말한다. 샌델은 자유주의 전통이 전제하는 '자유롭게 선택하는 독립적 자아'의 시민상은 지나치게 추상적이라고 비판한다. 막연하게 자유로운 개인이라는 관념은 그 정체성이 부분적으로 시민적 책임에 의해 규정되는 현실적 시민, 그리고 충성이나 단결의 의무처럼 우리가 공통적으로 인정하는 광범위한 도덕적·정치적 책무들을 설명할 수 없다고 본다. 그런 점에서 샌델은 공화주의자로서의 나는 나 자신의 운명을 지배하는 정치공동체의 일원으로서 그 직무들을 관장하는 의사결정 참여자인 한에서 나는 자유롭다고 말한다.

찰스 테일러 Charles Taylor (1931~)

캐나다 몬트리올 출신으로 영국 옥스퍼드 대학에서 철학박사 학위를 받았다. 현재 미국 노스웨스턴 대학 철학과 교수로 재직 중이다. 헤겔 철학을 영미권에 소개한 저서 《헤겔Hegel》(1975)로 학문적 명성을 얻었으며, 정치철학과 철학사에 중요한 기여를 했다. 그는 종종 공동체주의자로 분류되나 이를 거북하게 여긴다. 주요 저서로는 《헤겔과 근대사회Hegel and Modern Society》(1979), 《자아의 근원들─근대적 정체성의 형성Sources of the Self: The Making of Modern Identity》(1989), 《근대성의 불안The Malaise of Modernity》(1992), 《다문화주의─승인의 정치를 검토하면서Multiculturalism: Examining The Politics of Recognition》(1994), 《철학적 논변들Philosophical Arguments》(1995), 《오늘날 종교의 다양성들Varieties of Religion Today》(1999) 등이 있다.

> 찰스 테일러, 송영배 옮김,
> 《불안한 현대 사회》, 이학사 2001.

　바로 앞장에서 행한 논증에 유념하면서, 진정으로 차이를 인정한다는 것이 도대체 무엇인가를 물어야만 한다. 그것은 상이한 존재 방식들에 대한 동등한 가치의 인정을 말하는 것이다. 이런 동등한 가치의 인정이 바로 정체성 인정 정책이 요구하는 것이다. 그렇다면 가치를 동등하게 볼 수 있는 근거는 무엇인가? 상이한 존재 방식을 선택했다는 사실만으로는 그것을 동등하게 만들지 못한다. 사람들이 이처럼 서로 다른 성별, 종족, 문화 속에 우연하게 처해 있다는 사실만으로 모두가 동등해지는 것은 아니다.

단지 서로 다른 차이 그 자체만으로는 동등한 가치의 근거가 될 수 없다.

남녀가 동등하다면 그 이유는 그들이 서로 다르기 때문이 아니라, 차이점을 무시할 만한 가치가 있는 어떠한 공통적 혹은 상보적 속성, 즉 남녀 모두가 공통적으로 이성적인 추론, 사랑, 기억, 대화를 통한 상호 인정 등의 능력을 가지고 있다는 데에 있다. 차이에 대한, 즉 상이한 정체성들의 동등한 가치에 대한 상호 인정을 이끌어내자면, 이런 차별적인 원칙에 대한 신념보다 더 큰 공통적인 것을 가져야만 한다. 해당되는 다양한 정체성 모두를 동등하게 자리 매김해줄 수 있는 가치의 공통 기준을 공유하고 있어야만 한다. 가치에 대한 내용적인 합의가 있어야만 한다. 그렇지 않은 동등성에 대한 형식상의 원칙은 공허한 것이며 속임수에 불과하다. 동등한 인정을 입만 가지고 떠들어댈 수도 있다. 그러나 우리들은 그 이상의 실질적인 어떤 것을 공유하지 못한다면 실질적인 동등성을 가질 수 없다. 자기 선택과 마찬가지로 서로의 차이를 인정한다는 것은 일정한 의미의 지평, 이 경우에 있어서는 모두가 공유하는 의미의 지평이 요구되는 것이다.

의미 지평의 공유는 반드시 우리 모두가 하나의 공통된 정치공동체에 속해야만 한다는 뜻이 아니다. 그렇게 된다면 우리와 다른 외국인을 동등하게 인정할 수 없게 될 것이기 때문이다. 그리고 의미 지평의 공유는 또한 그 자체로 우리가 현재 속해 있는 정치공동체만을 진지하게 고려해야 한다는 것도 아니다. 여기에는 아직도 보충되어야 할 것들이 많다. 그러나 우리들은 이러한 논증이 어떻게 앞으로 진행되어갈 것인가를 이미 볼 수 있었다. 우리들 사이에서 가치 평가의 공통성을 확대, 발전시키며 그것을 키워나가는 일은 매우 중요한 과제가 될 것이다. 우리가 이것을 실현시키는 결정적인 방식의 하나는 모두가 참여하는 정치적 생활이 될 것이다. 차이의 인정에 대한 요구는 이미 그 자체로 단순한 절차적 정의 이상의 수준으로 우리를 이끌어가고 있는 것이다.

다문화주의는 자유주의자와 공동체주의자 간의 정치철학적 논쟁의
중요한 주제였다. 찰스 테일러는 샌델, 왈저, 매킨타이어와 함께 공동
체주의자로 분류된다. 테일러의 차이 인정의 정치는 캐나다의 다문
화 정책을 배경으로 등장하여 그 정책들에 철학적 기초를 제공한 대
표적 이론으로서 공동체주의적 다문화주의로 분류될 수 있다.

테일러는 보편적 존엄의 정치와 차이의 정치를 구분하면서 다문
화주의 정책과 관련하여 후자를 지지한다. 그에 따르면, 보편적 존엄
의 정치는 사람들을 평등하게 대한다는 절차주의적 이념에 충실한
나머지 사람들의 차이를 무시하는 경향이 있다. 이와 달리 차이 인
정의 정치는 개인 혹은 집단의 독특한 정체성, 다른 누구와도 구분
되는 그들의 독특성을 승인하는 인정의 정치로서, 지금까지 무시되
며 다수의 정체성으로 동화되었던 독특성을 긍정하고자 한다. 반면
에 고전적 자유주의 정치는 권리들을 규정하는 규칙들의 예외 없는
획일적 적용을 고집하며, 차이가 집단적 목표를 희석하고 분열시킨다
고 보아 차이에 호의적이지 않다. 하지만 차이 인정의 정치를 주장하
는 테일러에 따르면, 자유주의 정의관은 특정한 문화적·종교적 입장
의 정치적 표현을 보편성으로 가장하고 있는 특수주의에 지나지 않
는다.

테일러는 자유주의 정치학이 문화적 차이들을 폐기하려는 근본
의도를 가지고 있다고 보지는 않는다. 그러나 자유주의 정치학이 획

일적인 절차주의적 사고방식을 고수하는 한, 다른 문화적 맥락에 놓인 집단들의 목표를 부정하고 그들의 생존을 침해하는 결과를 피하기 힘들다는 것이다. 따라서 그는 자유주의 사회의 대안적 모델을 제안한다. 이 모델은 일정한 권리들을 옹호하되, 절차주의적 방식을 따르기보다는 좋은 삶을 만드는 데 기여할 문화적 통합에 근거한 판단을 더 많이 고려한다. 그는 이 모델이 점점 다문화적으로 변해가는 사회에서 다문화주의를 실현하는 데 기여할 수 있으리라고 본다. 이 점에서 테일러의 다문화주의는 공동체주의적 다문화주의라고 할 수 있다.

이때 테일러가 말하는 차이 인정의 정치가 의미하는 바를 올바르게 이해하는 것이 중요하다. 차이 인정의 정치가 곧 도덕 상대주의 또는 문화 상대주의의 함의를 갖는 것은 아니다. 상대주의 입장은 여러 가지 삶의 유형이나 사고방식들이 자동적으로 평등한 가치를 가지므로 그 어느 것도 문제가 될 수 없으며, 동일한 정상성의 지위를 갖는다고 주장한다. 상이한 존재 방식들에 대한 동등한 가치의 인정은 테일러가 주장하는 정체성 인정 정책의 요구이다. 그렇다고 해서 테일러는 상이한 존재 방식의 선택, 즉 서로 다른 차이 그 자체가 동등한 가치의 근거가 될 수 없다고 말한다. 동등한 가치의 인정은 가치에 대한 내용적 합의가 있어야만 하며, 서로의 차이를 인정한다는 것은 만인이 공유하는 의미의 지평이 요구된다고 한다. 이는 모든 문화에 그 나름의 고유한 가치가 있다는 사실적 판단과 그에 따른 인정이 그것 때문에 당위적으로 모든 문화에 동일한 가치를 부여하는 상대주의로 연결되어서는 안 된다는 것을 의미한다. 그리고 의미 지평을 공유하기 위해 하나의 공통된 정치공동체에 속해야만 한다고 주장하지도 않는다.

테일러의 차이 인정의 정치는 정체성에 대한 대화 이론을 전제로 하고 있다. 모든 개인은 타인의 정체성에 대해 평가를 내리며, 역으로 비슷한 평가를 받는 객체이다. 이러한 동학은 상호작용의 당사자들에게 깊은 영향을 끼치고, 그들의 정체성의 변화를 유발할 수도 있다. 이처럼 차이 인정의 정치는 상호 주관적 대화관계의 보편주의적 요구를 담고 있다. 테일러는 이 보편주의적 요구를 집단에 속한 개인의 문화적 지평이 상호간에 끊임없이 융합되어가는 순환의 과정으로 이해할 것을 제안한다. 이는 인정 주체 자체의 존재론적 지평에 기초하되, 인정의 대상이 되는 타자의 지평에 대한 끊임없는 개방의 태도를 전제한다. 이 태도는 타문화에 대하여 자신의 관점과 선입견을 요구하지 않는 태도인 것이다. 그런 점에서 테일러의 보편주의적 요구를 보편적 존엄의 정치와 혼동해서는 안 된다.

히잡 논란과 퀘벡의 이중언어 정책

프랑스 학교의 히잡 논란

■

1989년 가을, 파리 외곽의 소도시 크레유에서 세 여학생이 히잡을 벗으라는 학교 측의 요구를 거부하자, 정교분리의 정신에 어긋나는 행동을 했다는 이유로 퇴학을 당했다. 이 여학생들은 학교 측과 가족의 중재로 교실 안에서만 히잡을 벗는 것을 조건으로 학교로 되돌아갔으나, 나중에 이 조건을 어겨 다시 한 번 퇴학을 당했다. 결국 이 사건은 당시 교육부 장관이었던 리오넬 조스팽의 요청에 따라 최고행정재판소로 넘어가기에 이르렀다. 최고행정재판소는 학생들의 히잡 착용이 종교적 의미를 띠더라도 다른 학생들의 권리를 침해하거나 수업을 방해하지 않는 한 정교분리 원칙의 정신에 위배되지 않는다는 결론을 내려 일단 여학생들의 손을 들어주었다.

여기에서 그쳤다면 히잡 논란은 천조각 하나에 나라 전체가 들썩인 단순한 해프닝으로 남았을지도 모른다. 그러나 1990년 새 학기가 시작된 가을을 비롯해서 1994년 가을, 그리고 1999년 겨울에 유사한 사건이 발생했고, 이 논란은 2004년

3월 15일 공립학교에서 모든 종교적 상징물의 착용을 금지하는 법안이 좌우 다수 의원들의 압도적인 찬성 표결로 통과되기까지, 그리고 그 이후에도 계속됐다. 3월 15일법의 정당성에 대한 찬반양론이 아직까지도 팽팽히 맞서고 있다.

— 이지선, 《공존의 기술》 중에서

■

프랑스의 정교분리 원칙은 1905년 12월 9일 제정된 국가와 교회의 분리에 관한 법을 통해 처음으로 공표됐다. 1905년법은 공화주의자들이 1789년 대혁명 이후 전개해온 교권 세력에 대한 오랜 투쟁의 산물이다. 오늘날 정교분리 원칙은 교회의 영향력 상실에 따라 대혁명 세력과 교권주의자들 간의 투쟁이라는 의미를 더 이상 갖지 않게 되었다. 그런 정교분리 원칙을 프랑스 정부는 오늘날 가톨릭이 아닌 다른 종교, 즉 20세기 중반 이후 급격하게 성장한 이슬람 세력을 겨냥해서 적용하였다. 그 때문에 3월 15일법은 일부 종교 분파의 극단적 원리주의에 대항하는 논리를 넘어 프랑스 내 반이슬람 정서를 공화국의 이름 아래 정당화한 사례라는 해석이 설득력을 얻고 있다.

물론 무슬림 여성들의 히잡을 우파는 프랑스의 민족 정체성에 대한 위협으로, 좌파는 공화국 정신의 위반 혹은 남성에 대한 여성의 굴종으로 각각 다르게 읽었다. 그러나 양 진영 모두 이슬람교도들로 대표되는 마그리브 이민자들에 대한 인종주의 논리를 감추기 위한, 혹은 더 교묘하게 펼치기 위한 수단으로서 정교분리 원칙을 내세웠다는 혐의를 벗기 힘들다. 이렇게 볼 때 정교분리의 자유주의적 원칙이 가치중립적이라고 보기 어렵다. 그런 점에서 오늘날 자유주의에 대한 공동체주의자들의 비판을 음미할 필요가 있다.

프랑스에선 1989년에 이슬람을 믿는 중학생이 수업 시간에 히잡을 벗는 것을 거부해서 학교에서 쫓겨난 일이 있었다. 이는 《리베라시옹》에서 처음 보도되었고, 그 후로 무슬림 학생에게 수업 시간에 히잡 착용을 허용해야하는지 아닌지에 대한 전국적인 논란으로 퍼졌다.

캐나다 퀘벡의 '차이 인정의 정치'

■

근대 국가가 '공식' 언어를 그 용어의 완전한 의미에서 갖고 있다고 한다면, 즉 국가로부터 지원받고 국가로부터 주입되고 국가로부터 정의된 언어와 문화로서 경제적이고 국가적인 기능을 모두 하게 되는 공식 언어라고 한다면, 그것은 분명 그러한 언어와 문화를 구사하는 사람들에게 광범위하게 유리하다. 다른 언어를 구사하는 사람들은 분명히 불이익을 받는다.

― 찰스 테일러, 〈민족주의와 근대성〉 중에서

퀘벡은 더 큰 캐나다 국가에 통합되어 있기는 하지만, 프랑스 전통의 교육·언어·문화 등과 관련된 독특한 권리를 요구했으며, 또한 이를 헌법으로 보장받았다. 무엇보다 공용어 정책으로 헌법에 의해 보장되고 있는 불어를 들 수 있다. "영어와 불어는 캐나다의 공용어로서 의회와 정부의 모든 기관에서 동등하게 사용될 지위, 권리, 특전을 갖는다"는 헌법 제16조 1항과 "만인은 의회의 모든 토론이나 절차에서 영어 또는 불어를 사용할 권리를 갖는다"는 헌법 제17조 1항에 따라 캐

나다 내의 프랑스인들은 자신의 고유한 언어만이 아니라 언어 사용에 따른 고유
문화를 보존할 수 있게 되었다. 프랑스계 퀘벡 주민이 자치 정부의 권리를 어느
정도 획득할 수 있었던 것은 오랜 투쟁의 산물이다.

캐나다 퀘벡 주는 분리독립운동을 벌였지만, 그것은 실현될 수 없었다. 다만 캐나
다의 한 연방으로서 상당한 수준의 자치정부의 권리 행사를 보장받았을 뿐이다.
그것은 완전한 분리독립을 요구하는 주민투표를 실시할 때마다 실패했기 때문이
다. 퀘벡 주의 패배 요인은 전체 인구의 1%도 안 되는 아메리카 인디언의 반대에
서 비롯한다. 아메리카 인디언들은 퀘벡 주 전체 영토의 절반을 주장할 권리를
갖고 있다. 이 권리는 퀘벡 주의 프랑스인들이 요구하는 분리독립만큼이나 중대한
것이다. 퀘벡 주가 독립하기 위해서는 어떤 형태로든 아메리카 인디언들의 이런
요구를 수용해야 한다. 요컨대 퀘벡 주 영토의 반을 아메리카 인디언에게 주어 그
들이 독립하도록 도와주어야 한다. 이 요구를 수용하지 않는 한, 아메리카 인디언
들은 캐나다로부터 분리독립을 요구하는 퀘벡 주 프랑스인들의 요구에 반대할 것
이다. 오히려 아메리카 인디언들은 퀘벡 주의 요구와는 반대로 영국인들이 주도
하는 연방정부의 비분리 비독립 정책을 지지할 것이다. 연방정부의 정책이 아메
리카 인디언들에게 유리하기 때문이다.

— 이남석, 《차이의 정치》 중에서

■

찰스 테일러의 언어 문제는 캐나다 퀘벡 주에 적용된다. 캐나다에서 불
어를 쓴다는 것은 사회의 하층에 속한다는 것을 뜻했다. 왜냐하면 영어
사용자의 소득이 영어와 불어를 모두 할 줄 아는 두 언어 사용자의 소득
보다 대체로 높았기 때문이다. 1960년대 말부터 시작된 퀘벡 주의 '조용한
혁명'은 퀘벡을 중심으로 한 캐나다 불어권 사회에서 일어난 의식개혁운동

으로서 언어 문제를 중요하게 취급했다. 캐나다 정부는 영어와 불어의 이중언어정책을 공식화하긴 했지만, 이러한 정책이 영어권의 거대한 실체 앞에서는 한낱 실낙원에 지나지 않는다는 것을 깨닫고는 이중언어주의에서 벗어나 불어만을 사용하는 단일언어주의를 강화하는 방향으로 선회하게 된다.

하지만 퀘벡인들의 언어정책은 긍정적인 측면만을 지니지는 않았다. 단일언어주의로의 선회는 1960년대 말 소수민족 이민자들의 언어 선택의 자유를 제한하는 결과를 가져왔고, 배타적 불어 사용에 반발한 소수민족들의 이주를 초래하기도 했다. 또 퀘벡이 자신의 정체성 확립에만 골몰한 나머지 캐나다를 구성하고 있는 여러 민족들의 다양성과 독자성을 인정하지 않는다는 비난을 받기도 했다. 이런 맥락에서 찰스 테일러는 고유한 정체성을 상호 인정하는 정치를 주장했다고 말할 수 있다. 찰스 테일러는 퀘벡의 독자적 전통, 자주성과 정체성이 충분히 존중되고 육성되어야 한다고 믿지만, 퀘벡 내에서 강력한 지지를 받고 있었던 정치적 분리독립운동은 결코 바람직한 대안이 될 수 없다고 생각했기 때문이다.

가상토론

옳음과 좋음, 어느 것이 더 우선일까?

마이클 샌델, 존 롤스의 《정의론》을 비판하다

사회자　오늘은 새로운 자유주의 패러다임을 창시한 롤스 교수님, 또 롤스 교수님의 자유주의에 대해 공동체주의적 비판을 한 샌델 교수님, 테일러 교수님을 모시고 자유주의 대 공동체주의 논쟁의 쟁점들 중 하나인 옳음 대 좋음의 우위 문제를 살펴보는 시간을 갖겠습니다. 롤스 교수님께서 1971년에 출판한 《정의론》은 자유주의의 새로운 패러다임을 창시한 것으로 알려져 있습니다. 교수님의 정의론은 첫째, 자유주의의 핵심인 개인의 권리를 우선시하면서도 평등주의적 함축을 지닐 수 있는 분배 원칙을 도입했고, 둘째, 자유주의 도덕철학에서 견고한 헤게모니를 확립했던 공리주의적 자유주의 사상에 대한 하나의 대안을 제공했다고 평가할 수 있습니다. 이러한 두 가지 특색 중에서 첫 번째 특색에 대해 롤스 교수님께 보충설명을 부탁드립니다.

롤스　그것은 '공정으로서의 정의'에 의해 상술된 정의의 두 원칙 배후에 놓여 있는 일반적 관점을 통해서 설명 드리면 이해하기 쉬울 것입니다. 정의의 두 원칙 중 첫 번째 원칙은 다음 사항을 요구합니다. 각 인격체는 타인의 유사한 자유와 양립 가능한 가장 광범위한 기초적 자유에 대해 평등한 권리를 가져야 한다는 것입니다. 이 원칙은 평등한 자유의 원칙이라고 말할 수 있습니다. 두 번째 원칙은 다음과 같습니다. 재화들의 불평등한 분배는 1) 최소 수혜자의 최대 혜택을 위한 것일 때에만, 2) 공정한 기회의 조건들 아래에서 만인에게 개방된 직책과 지위에 결부될 때에만 정당화될 수 있다는 것입니다. 1)을 차등 원칙이라고 할 수 있으며 2)를 기회균등의 원칙이라고 할 수 있습니다.

사회자   롤스 교수님의 정의론에 대해 공동체주의자이신 두 교수님의 견해를 듣고 싶습니다. 먼저 첫 번째 특색에 대해서 말씀해주십시오.

샌델   현대 정치학에서 보통 보수주의로 불리는 자유지상주의적 자유주의자들은 시장경제를 옹호하고, 재분배 정책이 사람들의 권리를 침해한다고 주장합니다. 반면에 롤스 교수님과 같은 좀더 관용적인 형태의 자유주의 윤리는 다양한 공적 부조와 재분배 정책을 지지합니다. 후자와 같은 평등주의적 자유주의자들은 시민적·정치적 권리뿐만 아니라 사회적·경제적 권리도 옹호하며, 따라서 동료 시민들이 서로 깊이 연루될 것을 요구합니다. 공적 부조를 향한 자유주의적 요구는 강한 공동연대를 끌어들이지 않는 조건에는 잘 들어맞고, 그 때문에 이 입장은 호소력을 갖기도 합니다.

하지만 롤스 교수님의 견해와 같이 계약론적 공동체관만을 고수한다면, 자유지상주의적 반론에 대응할 방도가 없습니다. 왜냐하면 재분배 정책은 어떤 사람을 다른 사람의 목적에 대한 수단으로 사용하기 때문에 자유주의가 우선적으로 보장하려 하는 개인의 권리를 침해한다는 자유지상주의자들의 반론을 롤스 교수님의 정의론은 막아내기 힘들기 때문입니다. 또, 만약 내가 공유해주어야만 하는 운명의 사람들이 정말 도덕적으로 말할 때 내 정체성 형성에 참여하는 동료가 아닌 타인이라면, 공유의 윤리로서의 자유주의도 공리주의가 직면했던 것과 같은 반론을 받기 쉬울 것입니다. 나에게 내려진 요구가 나와 일체가 된 공동체가 부여한 요구가 아니라, 내가 공유할 수도 있고 안 할 수도 있는 목적을 지닌, 자의적으로 규정된 집단성이 부여한 요구에 지나지 않을 수 있기 때문입니다.

사회자　롤스 교수님의 견해에 대한 자유지상주의자들의 반론은 쉽게 납득이 가지만, 후자는 이해하기 쉽지 않습니다. 이 점은 두 번째 특색에 관한 논의와 관련이 있는 것 같습니다. 롤스 교수님의 정의론은 공리주의적 자유주의의 한계를 극복하고자 한 대안적 시도로 알고 있습니다.

롤스　예, 그렇습니다. 저와 같은 칸트적 유형의 자유주의자들은 옳음the right, 정의이 어떤 공리주의 관점에도 의존하지 않아야 하는 자유주의의 한 형식을 지지합니다. 중요한 것은 다음 두 가지입니다. 첫째, 옳음은 최대 다수의 최대 행복, 즉 일반 복지의 최대화나 어떤 다른 특수한 가치관으로 정당화되는 것이 아니라는 것. 둘째, 개인적 권리들의 방어가 일반 복리보다 우선권을 가진다는 것입니다. 이 두 가지 사항이 갖는 의미는 좋음에 대한 옳음의 우선성, 다시 말해 개인에게 허용된 다른 여러 가치관을 넘어서는 옳음 및 기본적 자유의 틀이 있다는 점입니다.

　저의 정의론의 목표는 공리주의자처럼 사회 전체의 복지를 단순히 확대하려는 것이 아닙니다. 왜냐하면 공리주의적 복지로 말미암아 일정 수의 개인이 희생될 수 있기 때문입니다. 모든 개인은 수단이 아닌 목적 그 자체로 간주되어야 하지만, 공리주의 이론에서 개인은 사실상 일반 이익의 최대화를 위한 계산 단위에 불과합니다. 공리주의 이론은 개인들을 총괄해 동질화하고, 다수의 유용성이라는 이름으로 소수자의 이익을 희생시킵니다. 반면에 저의 정의론은 공리주의보다 훨씬 완전한 방식으로 개인의 기본권과 자유를 보장하고자 합니다.

정의란 무엇인가?

사회자 　롤스 교수님은 사회협동 과정에서 나타나는 불평등이 무엇보다 먼저 해소되어야 한다는 점을 중시했습니다. 교수님은 이러한 불평등을 해소할 수 있는 정의 원칙을 어떻게 찾았습니까?

롤스 　저는 정의 원칙에 대한 공평한 동의를 얻을 수 있도록 참여자들이 처한 특수한 환경과 그들의 이해관계에 영향을 받지 않는 원초적 입장을 가상하였습니다. 원초적 입장은 참여자들이 무지의 베일을 쓰고 자유롭고 평등한 인격체들 간의 사회적 협동을 조직화하기 위한 정의 원칙을 숙고의 절차 속에서 선택할 수 있는 자유와 평등의 발견적 상황입니다. 원초적 입장의 당사자들이 실제로 존재한다고 생각할 필요는 없습니다. 원초적 입장은 단지 도덕적 관점을 재현하는 도덕적 사유 실험일 뿐입니다. 중요한 것은 사회제도의 정의로움을 평가하는 기준이고, 이 기준의 채택을 위해 도덕적 관점이 필요할 뿐입니다.

사회자 　여기에 대해서 샌델 교수님은 어떻게 생각하시는지요?

샌델 　현대 자유주의는 관용을 강조하고 권리를 존중한다는 면에서는 옳지만, 자유는 다름 아닌 우리 자신의 가치와 목표를 선택하는 능력이며, 따라서 정부는 경합하는 가치관들 사이에서 중립적이어야 한다는 점을 주장한다는 면에서는 틀렸습니다. 왜냐하면 자유주의적 자유관은 자치를 유지시킬 만한 시민적 자원들을 갖고 있지 않기 때문입니다. 다시 말해, 자유를 위해 필요한 공동체 의식과 시민참여 의식을 불러일으키지 못하기 때문입니다. 저는 자유주의적 자유관에 대한 하나의 대안으로서 공화주의적 정치이론의 한 형태를 옹호합니다. 자유는 자치의 공유에 달려 있습니다.

사회자 현대의 칸트적 자유주의자가 제안한 해결 방식은 옳음과 좋음을 구분하며 좋음에 대한 옳음의 우선성을 주장하는 것이라고 정리할 수 있습니다. 그렇다면 이와 같은 자유주의적 방식에 비해 공화주의적 정치이론이 갖는 강점은 무엇인가요?

샌델 도덕적이고 정신적인 문제들로부터 정치를 분리해내는 것은 가능하지도 않고 바람직하지도 않습니다. 우리는 민주적 시민들이 공적 영역에 들어왔을 때, 그들이 자신의 도덕적 신념들을 제쳐놓아야 한다고 요구해서는 안 됩니다. 다원주의 사회에서 사람들은 도덕적이고 종교적인 문제들에 대해 서로 다른 견해를 갖는다는 사실을 인정해야 합니다. 이러한 불일치를 회피할 것이 아니라 공적인 토론을 활성화함으로써 다원주의를 존중해야 합니다. 그리고 필요하다면 어려운 도덕적 문제에 대해서도 기꺼이 공적인 토론을 해야 합니다.

사회자 샌델 교수님의 제안에 대해 자유주의자들은 전체주의의 위험이 있다고 주장하지 않을까요?

샌델 공화주의 정치이론이 그 나름의 위험성을 전혀 갖고 있지 않다는 것은 아닙니다. 하지만 공동체와 자치에 역점을 둔 공화주의 전통은 우리의 빈약해진 시민생활에 대한 하나의 교정책으로 제안할 수 있습니다.

사회자 자유주의 대 공동체주의 논쟁에서 공동체주의 쪽에 서 계신 교수님들은 스스로를 공동체주의자라고 하지 않는다고 알고 있습니다. 또 공동체주의의 경향도 각기 다르다고 알고 있습니다. 두 분의 대화에 대해서 테일러 교수님께서는 어떻게 생각하시는지 알고 싶습니다.

옳음의 이론과 좋음의 이론

테일러 중립적 자유주의가 옹호하는 절차 윤리학에 대한 반정립으로서 내가 대변하고 싶은 것은, 좋음을 옳음에 종속시키는 절차 윤리학의 본질적 특성은 궁극적으로는 유지될 수 없다는 것입니다. 모든 윤리학은 좋음에 대한 근본 개념에 근거하고 있습니다. 그러나 이로부터 절차 윤리학의 모든 시도들이 거부되어야 한다는 결론이 나오는 것은 아닙니다. 이로부터 추론할 수 있는 것은 절차 윤리학의 시도가 도덕적인 것의 특정한 성격과 논리를 오해하고 있다는 점입니다.

사회자 무엇을 오해하고 있다는 말씀이십니까?

테일러 도덕이론에서 옳음의 이론과 좋음의 이론은 직관주의자들이 공리주의와 칸트주의를 구분하기 위해서 도입한 것입니다. 목적론 대 의무론이라는 명칭은 이런 구분을 위한 것이었습니다. 그러나 그렇게 하면 이러한 구분은 근대 철학 안에서의 싸움이 됩니다. 저는 윤리이론이 절차적이어야 하는가, 아니면 실질적이어야 하는가가 메타윤리학의 주요 문제라고 생각합니다. 그런 점에서 볼 때 공리주의와 칸트주의를 아리스토텔레스와 플라톤에 대비시키는 방식으로 메타윤리학의 문제를 살펴보는 것이 중요합니다. 그렇다면 칸트적 근대인에게는 절차적 합리성^{자유}을 선호하는 것이 최고의 좋음이었다고 말할 수 있습니다. 왜냐하면 왜 절차를 따라야 하는가라는 물음에 대한 답은 인간의 삶과 인간 이성에 대한 특정한 이해로부터만 나오는데, 칸트는 인간을 이성적 행위의 존재로 파악했고, 이성적 행위와 결부된 존엄성을 다른 어떤 가치보다 훨씬 우월한 가치로 생각했기 때문입니다. 이로부터 절차적 윤리이론은 본성, 목적, 좋음의 논리학을 피할 수 없었고, 단지 그것들의 비중을 이성적 행위와 결부된 존엄성으로 바

꿰놓았을 뿐이라는 점이 밝혀집니다. 그래서 저는 옳음의 문제를 우선시하는 근대의 윤리이론은 실제로는 좋음에 대한 생각, 즉 플라톤적 좋음에 관한 생각을 기반으로 한다고 말할 수 있습니다.

사회자 자유주의자 드워킨Ronald Dworkin에 따르면, 정의론은 한 사회의 구체적 실천으로부터 독립적으로 근거지워져야 한다고 주장합니다. 또 아리스토텔레스적 실질적 윤리학은 비판적 사고를 할 수 있는 자양분을 가지고 있지 못하다는 평가도 있습니다. 공동체주의자들의 윤리학이 해당 사회의 실천과 제도에 대해서 비판적 거리두기를 할 수 없으며, 아리스토텔레스적 윤리학의 한계를 갖는 보수주의라는 평가에 대해서 어떻게 생각하시는지요?

테일러 17세기 사회계약론이 매우 분명하게 보여주었듯이, 보편성과 비판적 태도의 경향은 윤리학에 새롭게 부여된 과제였습니다. 그러나 실제로 추구하고 또 실현하는 좋음들을 부적절하다고 판단하는 것은 용납될 수 없습니다. 아리스토텔레스적 윤리이론이 보수적 이론이라고만 보기 힘든 점이 있습니다. 아리스토텔레스는 진리에 대한 사색과 시민적 삶을 좋은 삶의 주요한 특징으로서 자신의 윤리이론 속에 통합시켰다고 나는 해석합니다.

▬▬▬▬▬ 마이클 샌델이 2009년 출간한 〈정의란 무엇인가〉의 표지. 이 책은 '정의란 최대 다수의 최대 행복'이란 공리주의(功利主義)와 '정의란 개인적 선택의 자유'란 자유주의를 모두 비판한다.

사회자   세 분 교수님의 대화를 경청하면서 저는 옳음과 좋음의 우위 문제는 자유주의 대 공동체주의의 문제이기도 하지만, 근대 윤리이론을 바라보는 시각의 문제이기도 하다는 것을 느꼈습니다. 테일러 교수님, 지금까지의 논의를 종합하는 결론을 내려주시지요.

테일러   자유주의와 공동체주의라는 명칭 자체가 많은 것을 함축하고 있고, 아주 복잡하게 분화되어 있어 이야기하기가 쉽지 않습니다. 따라서 일반적 수준에서 논의를 해보지요. 자유주의가 만약 좋음에 대한 옳음의 우선성 테제나 절차적 정의의 이념을 양보할 수 없는 마지노선으로 삼는다면, 그것을 비판한다는 의미에서 저의 입장은 공동체주의적이라 할 수 있습니다. 왜냐하면 옳음의 목표나 절차주의 자체가 제대로 작동하기 위해서는 사회 구성원들이 공유하는 좋음이 이미 전제되어야 하기 때문입니다. 이것은 절차적 자유주의가 집합적 의사결정 과정에서의 능동적 참여나 인민의 자기실현이라는 민주주의의 목표를 제대로 담보해내지 못하는 작금의 상황에 비추어 봐도 확인할 수 있는 교훈입니다.

그러나 동시에 공동체주의의 정치적 입장이 자유주의의 합리적 성과를 되돌리려 하거나 과도한 보수주의로 퇴행해갈 때는 매우 위험해질 수 있습니다. 따라서 자유주의의 보편적 호소력을 간과한 공동체주의는 현실적으로 성립하기 어려운 것이라고 생각합니다. 결국 우리는 자유주의 대 공동체주의 논쟁의 구도에 집착하기보다는, 시민적 공화정의 정신을 창조적으로 계승해 일상성의 정치를 활성화하는 방향으로 초점을 모아야 합니다.

사회자   테일러 교수님의 말씀을 끝으로 오늘 토론을 이만 마치도록 하겠습니다. 수고해주신 세 분 감사합니다.

더
읽어야 할 자료

책

■ 마이클 샌델, 김선욱 외 옮김, 《공동체주의와 공공성》, 철학과현실사, 2008.

2007년 한국 방문 당시 '다산 기념 철학 강좌'에서 행한 강연 내용을 책
으로 묶었다. 제1강연 자유주의와 무연고적 자아, 제2강연 세계화 시대
의 정치적 정체성, 제3강연 돈으로 살 수 없는 것, 제4강연 줄기세포 연
구, 인간 복제 및 유전공학의 윤리로 이루어져 있다.

■ 샹탈 무페, 이보경 옮김, 《정치적인 것의 귀환》, 후마니타스, 2007.

저자는 현대 자유민주주의 체제에서 '정치적인 것'이 축소되면 사회는
파괴적 결과를 피할 수 없을 것이라고 말한다. 그 이유는 정치의 세계
는 갈등과 대립을 본질로 하는데, 이러한 갈등과 대립이 제대로 표출되
지 못하면 그 에너지는 사회를 원초적으로 분열시키는 힘으로 작용하
기 때문이라는 것이다. 자유주의 대 공동체주의의 논쟁을 깊이 있게 이
해하는 데 도움이 되는 책이다.

■ 스테판 뮬홀, 김해성 외 옮김, 《자유주의와 공동체주의》, 한울아카데미, 2007.

자유주의 대 공동체주의 논쟁의 초기 성과를 쟁점별로 잘 정리해놓은
책이다. 이론가들의 주장들을 서로 비교하여 자유주의에 대한 공동체
주의의 비판을 통해 공동체주의와 자유주의 사상을 검토할 수 있게 도

와준다. 앞에서 소개한 자유주의 대 공동체주의 논쟁을 좀더 깊이 있게 이해하고자 한다면 필독해야 할 책이다.

■ 찰스 테일러, 이상길 옮김, 《근대의 사회적 상상》, 이음, 2010.
저자는 서구 사회가 약 400년에 걸쳐 겪어온 근대성이라는 이름의 정치적·문화적 변화와 그 상상적 기반을 재구성하고 있다. 일단 사회적 상상 안에 안착하게 되면 그 안에서 살아가는 사람들에게는 그것이 유일하게 가능한 것, 유일하게 의미 있는 것이 된다. 21세기를 살아가는 우리는 어떤 사회적 상상을 해야 하는지, 그 상상을 어떻게 현실화할 수 있을지를 고찰한다.

■ 존 롤스, 장동진 옮김, 《정치적 자유주의》, 동명사, 2003.
롤스는 《정의론》에서 이론적 바탕으로 삼았던 평등주의적 자유주의를 정치철학적 토대로 삼으면서 외연을 확장한 이 책을 내놓았다. 《정의론》이 그렇듯이 이 책도 논란의 여지가 상당히 있다. 롤스는 한편으로 자유주의를 취하면서도 동시에 공동체적 가치를 저버리지 않는다. 현대 자유주의의 대명사라고 할 수 있는 롤스의 자유주의가 기반으로 하고 있는 방법론적 특징을 살펴볼 수 있는 책이다.

7

저출산 고령화

평등하고 안정돼야 오래간다

김시천 (인제대학교 인문의학연구소 연구교수)

생각 속으로

구명보트 윤리는 과연 정당한가?

저출산 고령화 사회의 도래

21세기에 들어선 오늘날, 한국 사회에서는 이제껏 한반도에서 살아온 그 누구도 경험해보지 못한, 역사적으로 유례가 없는 커다란 변화가 일어나고 있다. 19~20세기를 거치면서 전통적인 국가 질서가 무너지고 새로운 민주적 가치를 내세우는 근대적 사회 체제로 바뀐 것이다. 특히 20세기 전반에 제국주의의 식민지 체제를 경험하고, 뒤이은 남북 분단과 내전 그리고 근대화를 통해 전통적 가치와 문화가 상당 부분 해체되고 독특한 사회적·문화적 상황 속에서 서구적 가치가 사회 운영의 주류 원리로 자리 잡게 되었다. 그럼에도 전통적 가치와 문화적 관습은 아직까지 한국인의 의식과 행동을 지배하며 상당한 영향력을 행사하고 있다.

정치·경제적으로 1987년 이후 민주화, 1988년 서울올림픽의 성공적 개최, 1997년 IMF 체제의 시련과 극복 이후 21세기 초반에 한국 경제는 세계 10대 교역국으로 부상할 정도가 되었다. 이런 정치적 민주화와 비약적인 경제 성장은 다시금 한국인의 자긍심을 높여주었으나 이와 더불어 진행된 개인화의 심화, 빈부격차, 민주화의 위기 등 갖가지 미완의 과제들이 다시 세계적인 경제위기의 경고 아래 갈수록 불안한 심리를 부추기고 있다. 하지만 이렇게 눈에 드러나는 문제점들보다 보이지 않는 가운데 우리 사회를 근본적으로 변화시켜가는 새로운 문제가 있으니, 그것은 바로 '저출산 고령화 사회'의 도래이다.

유엔의 정의에 따르면, 전체 인구 가운데 65세 이상 고령자의 비율이 7% 이상일 때 '고령화 사회aging society', 14% 이상일 때 '고령 사회aged society', 그리고 20%를 넘어설 때 '초고령 사회super-aged society'라고 한다. 세계에서 최초로 초고령 사회에 진입할 것으로 예상되는 일본의 경우 2030년경 65세 이상의 고령자가 30%에 이를 것으로 전망된다고 한다. 폴 월리스Paul Wallice는 이러한 고령화가 저출산과 결합되면서 인구의 양적·질적인 변화, 특히 인구 감소와 고령화가 정치·경제·사회·문화 부문의 모든 지도를 새롭게 그리도록 강요하는 충격이 지진과 같다고 하여 '에이지퀘이크agequake'라고 말한 바 있다.

그런데 우리나라의 경우 세계에서 가장 빠른 속도로 고령화 사회에 진입하고 있어 문제의 심각성이 더욱 크다. 2000년에 고령 인구의 비율이 7%를 넘어 이미 고령화 사회에 진입했고, 불과 19년 뒤인 2019년에는 고령 사회로, 그리고 7년 뒤인 2026년이 되면 초고령 사회가 될 것이라 전망하고 있다. 고령화 사회에서 초고령 사회로 진입하는 데 걸리는 기간이 프랑스가 156년, 영국이 92년, 이탈리아와 독일이 각각 80년, 일본이 36년 걸릴 것으로 예상되는 데 비해 한국은 겨우 26년밖에 걸리지 않을 것으로 예상된다. 이와 같은 속도라면 오랜 기간에 걸쳐 천천히 대비해온 선진국과 달리 전 사회적 차원에서 심각한 문제가 생길 수 있는 상황이다.

게다가 1960~70년대 산업화를 거치며 산아제한 정책을 성공적으로 실시하여 제3세계의 모범으로까지 불리던 우리나라의 경우, 1960년 6.0명, 1970년 4.53명이던 출산율이 1980년대 들어 급격한 감소 추세로 돌아서더니 급기야 2005년에는 1.08명으로 인구 유지조차 힘든 수치를 보이고 있다. 이러한 저출산 진행 속도는 미국에 비해 무려 8배나 된다고 한다. 1980년대까지만 해도 인구 억제가 국가적 과제였는데 어느새 정반대 현상이 벌어진 것이다. 이에 다급해진 정부는 2004년 2월 '대통령 자문 고령화 및 미래사회위원회'를 구성했고, 2006년 7월에는 '저출산 고령화 기본 계획'을 발표했다. 그러나 저출산 고령화에 관한 근본적인 대책과 그 효과는 아직 미미한 것으로 알려져 있다.

저출산 고령화의 쇼크, '늙어가는 대한민국'

영국의 경제학자 토머스 맬서스Thomas Malthus는 "인구는 기하급수적으로 증가하는데 식량은 산술급수적으로 증가할 것"이라고 예언했다. 그에 반해 독일의 인구학자 헤르비히 비르크Herwig Birg는 2070년쯤이면 인구 성장이 막을 내리고 세계 인구의 감소라는 새로운 국면에 접어들 것이라고 전망한다. 과거 기원 전후로부터 1500년간은 출생률과 사망률이 거의 균형을 이루어 세계 인구가 5억 정도에 지나지 않았지만, 1805년경 10억, 1927년 20억, 1974년 40억에 이르렀고, 현재는 대략 65억으로 추산된다. 그러나 이러한 증가 추세에도 1970년대 이후 출산율의 급격한 하락은 세계적인 현상이 되고 있다. 결국 2070년에 세계인구 최고 95억, 혹은 2110년에 116억에 도달했다가 인구 증가는 종말을 고하게 될 것이라 한다.

기원 전후로부터 1500년대까지 인구가 증가하지 않았던 것은 사망률이 높았기 때문인데, 특히 영유아 사망률이 50%를 넘었다고 한다. 그후 출산율은 같은데 사망률이 감소하면서 인구 증가가 가속화되었다. 그러나 1970년대 초부터 출산율이 현저하게 하락하면서 인구성장률이 계속 줄어들고 있는데, 이것은 세계 전반에 걸쳐 나타나는 현상이다. 인구학자들에 따르면, 출산율은 평균수명의 연장보다 인구성장률에 몇 배나 더 큰 영향을 미친다. 더욱이 출산율은 그 해의 인구에 즉시 영향을 미치는 것이 아니라 30년 이후에 더 커다란 영향을 미친다. 따라서 현재의 출산율 저하는 앞으로 30년 후에 인구 감소가 본격화한다는 것을 예고한다.

세계에서 가장 빠른 속도로 초고령 사회에 진입할 것으로 예견되는 일본의 경우 2025년이면 고령화율이 31%에 이를 것이라고 한다. 이는 인구 3명당 거의 1명이 65세 이상 노인인 사회를 말한다. 일본의 경우에도 고령화가 급속도로 진행된 가장 커다란 원인은 출산율 저하에 있다. 일본은 1989년 당시 1.57명이라는 출산율을 기록하여 이른바 '1.57쇼크'라는 신조어까지 생겨났다. 이에 대해 국가적인 노력을 경주했음에도 2000년에 다시 사상 최저치인 1.38명을 기록하여 저출산 문제가 회복될 기미를 보이지 않고 있다. 그런데 한국은 2005년에 1.08명을 기록하여 세계 최저의 출산율을 보이고 있다. 이는 한 사회가 인구 구조를 유지하는 데 필요한 출산율^{대체출산율}인 2.1명에 크게 못 미치는 수준이고, OECD 국가 평균인 1.7명보다도 훨씬 낮은 수준이다. 이상의 수치가 말해주듯이, 한국의 저출산 문제는 세계에서 가장 심각한 상황이라는 인식이 갈수록 확산되고 있다.

한 연구에 따르면, 인구 구성의 변화는 경제 성장에도 커다란 영향을 미쳐 20세기 후반 복지정책의 증대와 공공위생의 향상으로 출산율이 증가하고 유아사망률이 감소하던 시기에는 양육비 부담이 증가했으나, 이때 태어난 유아들이 노동인구로 전환되는 시기에 이르러 출산율이 저하되고 노동인구가 증가하면서 정책적 효과로 인하여 눈부신 경제 성장의 원동력으로 작용했다고 한다. 현재 한국이 이러한 단계를 지나 고령화 사회에 진입하고 있으며, 경제 성장의 둔화는 자연스러운 것이라는 시각도 있다. 또 일본의 경서처럼 경제 성장 둔화의 실질적인 원인이 저출산 고령화에서 비롯된다는 시각도 있다. 즉 인구 구성은 경제 성장과 긴밀한 관계가 있다는 것이다.

하지만 이러한 시각들이 충분히 증명된 것은 아니다. 그렇다 하더라도 현재의 논의들은 이런 심각한 상황과 미래에 대한 예측을 전제로 다양한 문제와 처방을 제시하고 있다. 이러한 우려 가운데에는 사회복지비용의 증가에 따른 재정적·사회적 부담의 증가가 가장 크게 제기되고 있으며, 더불어 저출산에 따른 노동인구의 부족 등을 꼽는다. 노년 인구의 증가로 인해 사회복지비용이 현저히 증가할 수밖에 없으며, 저출산은 산업이 필요로 하는 노동인구를 충족시킬 수 없다는 이야기다. 그리고 저출산 시대에

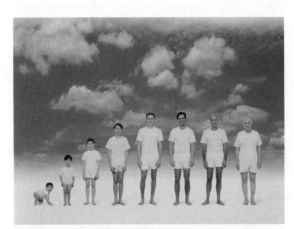

━━━━━ 유엔이 정의하는 고령화 사회의 정의에 따르면, 전체 인구 구성 가운데 65세 이상 고령자의 비율이 7% 이상일 때 '고령화 사회', 14% 이상일 때 '고령 사회', 그리고 20%를 넘어설 때 '초고령 사회'라고 한다.

외동딸 혹은 외동아들로 자라나는 세대는 부모의 과잉보호 속에서 왕자와 공주처럼 성장하는 개인화의 문제가 제기되기도 한다.

고령화 사회는 인구의 구성비 가운데 고령 인구가 차지하는 비율이 높아짐으로써, 사회 전반적으로 변화보다는 안정을 추구하는 이들의 가치관이 반영되어 보수화 성향을 띠게 될 것이라는 예측도 있다. 이러한 인구 고령화가 정치·사회·경제 전 분야에 미치는 영향력을 '회색 파워gray power' 혹은 '고령 시민 파워senior citizen power'라고 한다. 미국에서는 이미 이러한 회색 파워의 영향으로 65세 이상 저소득 노인에게 무료로 의료 혜택을 주는 노인의료보험이 법제화되었고, 기업의 정년제도가 폐지되는 등 커다란 성과를 거두기도 했다. 앞으로 한국에서도 이와 유사하게 고령자의 사회복지, 노인 일자리 등이 사회적 이슈로 등장할 전망이다.

세대갈등, 시장 원리에 따라 해결해야

최근 한국 사회에서 가장 큰 화제가 되었던 것 가운데 하나가 청년실업을 둘러싼 '88만 원 세대' 논쟁이다. 1인당 국민소득 2만 달러 시대에 갑작스럽게 등장한 88만 원 세대란, 우리나라 전체 비정규직의 평균 임금 119만 원 가운데 전체 임금과 20대 임금 비율인 74%를 곱하면 딱 88만 원이 나온 데서 현재 한국의 20대에게 붙여진 이름이다. '승자 독식 사회'라는 무한경쟁 사회로 편입되고 있는 한국의 현실을 정확하게 짚어낸 《88만원 세대》는 장기 베스트셀러로 자리 잡아 독자들로부터 상당한 호응을 얻었다. 외형적으로는 세계 10대 경제 교역국으로 부상했지만 내부적으로 청년실업률이 심각한 현실에서 이는 작금의 상황을 잘 보여주고 있다.

우리나라에서 '저출산 고령화' 담론은 학계에서 제기한 바도 있지만 대기업 경제연구소가 이를 대중적으로 증폭시켰다. 그들은 한결같이 노년 인구의 증가로 국가의 재정 부담이 늘어나고 국민연금이나 건강보험의 재정이 파탄날 것이라 경고하며, 개인들이 스스로 안전망을 구축해야 한다고 강조한다. 또 시장경제의 원리에 따라 경제를 운용하되 노후를 미리 준비하는 지혜가 필요하며, 빠르게 변화해가는 현실에 적응하려면 40~50대를 전후하여 재취업과 이직을 준비하는 것이 바람직하다고 조언한다. 아울러 국가의 재정 위기와 복지제도의 파탄에 대비하여 사보험에 가입하는 등 안전장치를 마련해야 한다고 거듭 강조한다.

미국의 경제학자 토드 부크홀츠Todd Buchholz는 이러한 상황을 상징적으로 보여주는 이야기를 하나 들려준다. 추수감사절, 베키라는 여성이 가족들과 식사를 하고 있었다. 95세의 조부모, 72세의 부모 그리고 베키 부부와 10대 자녀까지 네 세대가 함께한 그 자리에서 베키는 문득 자신과 남편이 이 모든 가족들의 식비를 부담해야 한다는 사실을 깨닫는다. 심지어 조부모와 부모의 병원비, 자녀들의 교육비도 베키 부부가 감당해야 할 몫이다. 이른바 고령화 사회가 몰고올 쇼크는 이렇게 우리에게 다가온다는 것이다.

한국의 경우 1970년대에는 25~64세의 노동인구 12명이 노인 1명을 부양했지만, 저출산 고령화가 심각해지는 2030년경에는 노동인구 2.4명이 노인 1명을 부양해야 하는 구조로 전환될 것이라고 한다. 이러한 현상은 회색 파워의 부상으로 인하여 더욱 심화되어, 혜택을 입는 노령인구층과 그들을 부양해야 하는 생산연령층 사이에 세대 차이를 넘어서는 세대갈등을 고조시킬 가능성이 있다고 한다. 이러한 문제를 제기하는 이들은 오로지 자기 자신이 유일한 희망이며, 공적 연금을 민영화해야 한다고 거듭 주장한다. 경제의 운용에서부터 인력의 재배치, 사회안전망의 확보에 이르기까지 모든 사회 시스템을 시장 원리에 맡겨야 한다는 것이다.

공공성과 복지, 개인의 권리와 사회의 책임

저출산 고령화가 초래할 여러 가지 문제에 대해 자본주의적 시장 원리에 따른 해결이 아니라 다른 방식의 해결책을 제시하는 주장 또한 만만치 않다. 가장 대표적인 사례가 국민연금제도이다. 장래에 파산할 것이 예상되므로 개인들 스스로 안전장치를 마련할 것을 촉구하는 자본주의적 해결책과 달리, 현행 국민연금제도의 보완점을 말하면서 제도에 대한 신뢰가 필요하며 무엇보다 사회연대 노후연금의 개념으로 국민연금을 바라보자고 제안한다. 이를 위해 가장 시급한 것이 조세 개혁이라고 한다. 즉 조세 개혁이 뒤따르지 않는 대안은 현실화될 수 없다는 것이다.

상대적으로 국민연금이 안정적이라고 주장하는 까닭은, 한국의 국민연금이 수정 적립 방식이기 때문이다. 적립 방식은 가입자가 나중에 받을 것을 미리 적립해두는 방식이지만, 부과 방식은 가입자들로부터 거둔 돈을 적립하지 않고 바로 사용해버린다. 즉 그 해에 필요한 지출만큼 가입자에게 부과한다고 해서 '부과' 방식이다. 서구 유럽의 경우 대개 공적 연금이 이러한 부과 방식으로 운용되고, 우리나라의 국민건강보험도 이러한 방식을 취하고 있다. 하지만 국민연금은 가입자 스스로가 적립한 데다 후세대 가입자에게 일부를 부과하는 방식이므로 유럽과 같은 문제점이 상대적으로 덜하다.

흔히 국민연금과 사보험 가운데 사보험이 가입자에게 유리하다고 생각하는 경향이 있는데 사실은 그렇지 않다. 사보험은 보험과 관련된 이윤, 관리와 같은 부대비용을 제외한 부분만을 돌려주지만, 국민연금은 가입자 자신이 낸 것보다 더 많은 금액을 돌려받는다. 사보험은 기본적으로 기업 활동의 산물이지만, 국민연금은 영리 추구가 아닌 공적 부조의 성격을 띠는 제도이기 때문이다. 게다가 고소득 계층에게 손해를 끼치지 않으면서 저소득 계층에게 상대적으로 높은 급여율을 적용하여 계층 간 소득 재분배 효과를 유도하고 있다는 점도 특징이다.

이러한 국민연금제도는 개인의 복지 문제를 스스로 책임져야 한다는 개별적 재생산의 관점에서 보지 않고, 사회가 개인을 부양한다는 사회적 재생산의 관점에서 본다는 점이 다르다. 또 저출산 고령화가 초래할 것으로 예상되는 갖가지 문제 가운데 향후 노동인구가 노령인구에 대해 져야 할 부담이 심각하다는 우려는 부과 방식으로만 운용되는 공적 연금일 경우에 해당하는 문제이고, 우리 현실에서는 상당히 과장된 이야기다. 더욱 중요한 것은 현재 대부분의 자산이 젊은이보다는 노령인구에게 집중되어 있다는 점이다. 따라서 뒷세대가 앞세대를 책임져야 한다는 주장은 그다지 설득력이 없다.

오히려 우리는 이러한 논란을 통하여 '사회적 공공성'이란 무엇인지, 그리고 개인의 복지가 과연 개인의 책임인지 아니면 사회 전체가 함께 짊어져야 하는 공동의 책임인지를 다시 물어야 한다. 무상급식 실시에 대한 국민 여론이 전폭적인 지지로 나타난 것처럼, 이는 교육과 복지, 의료 시스템과 같은 기초적인 생활 여건도 동일한 방식으로 재고해보아야 한다는 점을 시사한다. 영화 〈식코〉가 고발했고 새롭게 등장한 오바마Barack Obama 행정부가 미국의 의료제도를 개혁하고자 한 것과 마찬가지로, 이제 우리도 저출산 고령화의 진정한 해결책을 모색하는 과정에서 '공공성'이란 무엇이고, 개인이 책임져야 할 부분과 사회가 공동으로 대응해야 할 부분이 무엇인지 진지한 대화와 합의가 필요한 시점이다.

고전 속으로

헤르비히 비르크, 토머스 맬서스,
요한 페터 쥐스밀히

헤르비히 비르크 Herwig Birg (1939~)

독일의 인구학자. 2004년까지 독일의 빌레펠트 대학교에서 인구학을 연구
한 뒤 사회정치연구소 소장, 독일 인구학회 회장을 역임했다. 인구통계, 공
공복지, 가족연구소 공동설립자이기도 하다. 여기에 소개하는 《사라져가
는 세대Die ausgefallene Generation》(2005)는 "출산율 감소와 인구 고령화, 그리
고 인구학이 말하는 우리의 미래"라는 부제를 달고 있는데, 인구의 변화
가 초래하는 다양한 현상과 문제를 친절하게 소개한 책이다. 맬서스《인구
론》의 논지는 잘 알려져 있으므로, 여기서는 맬서스의 선배격인 쥐스밀히
Johann P. Süßmilch에 관한 논의를 소개한다.

> 헤르비히 비르크, 조희진 옮김,
> 《사라져가는 세대》, 플래닛미디어, 2006.

맬시스의 반계몽주의와 《인구론》의 유행

맬서스는 《사회의 미래 발전에 영향을 미치는 인구원칙에 관한 소론 – 고
드윈, M. 콩도르세 및 기타 저자들의 견해에 대한 비평》(1798)이라는 긴

제목을 가진 저서를 저술했다. 그의 부모는 계몽주의와 프랑스 혁명의 이상을 따르는 영국의 지방 귀족이었다. 맬서스의 아버지는 데이비드 흄, 장자크 루소 등 영국과 프랑스의 계몽주의 대가들과 친교를 맺고 있었다. 하지만 놀랍게도 맬서스는 저서의 목표를 계몽주의의 정치적 목표와 상반되게 설정했다. 케임브리지 대학의 지저스 칼리지를 졸업한 그는 요한 페터 쥐스밀히처럼 생계를 위해 처음에는 목사로 일하다가 훗날 국민경제학 분야의 세계 최초 교수가 되었다.

또한 맬서스는 영국에서 생긴 고전학파의 공동 창시자이기도 하다. 이 고전학파는 고전경제학파 또는 경제정책이나 사회정책을 비판하는 성향 때문에 정치경제학파라고도 한다. 《인구론》은 맬서스의 처녀작으로, 사람들의 생각에 혼란을 불러일으키는 논쟁의 소지가 있는 책이다. 이 책은 사람들이 생각하는 것처럼 학자의 비장한 각오가 담긴 작품은 아니다. 맬서스는 프랑스 혁명 이후에 영국에도 만연했던 혁명적·정치적 유토피아를 퇴치하기 위해 이 책을 저술했다.

맬서스가 선견지명이 있어 자신보다 50여 년 뒤에 태어난 칼 마르크스의 관심을 받으려 했다면, 1798년에 초판을 출간하고 5년 후에 대폭 개정한 《인구론》의 제2판에서 그랬던 것처럼 제1판에서도 자신의 주장을 펼쳤어야 했다. 그러나 맬서스는 그러지를 못했고, 그 결과 수십 개의 반박문이 나왔지만, 독일 나치에 의해 그의 이론이 되살아나기 전인 19~20세기 초까지 우레와 같은 박수갈채가 계속 쏟아져 나오기도 했다.

전쟁과 질병, 욕망의 억제가 인구폭발을 막는다

맬서스는 논리적 연역법으로 볼 때 논쟁의 여지가 없고 통속적인 세 가지 전제에서 도출한 정치적 추론들을 《인구론》에 서술했다.

첫 번째 전제는 인간이 생산하는 생계 수단인 식량은 산술급수적 성장 법칙을 따른다는 것이다. 말하자면, 식량은 동일한 시간 안에 동일한 양이 늘어난다는 것이다. 이것은 곧 백분율로 계산하면 시간당 증가율이 감소함을 의미한다.

두 번째 전제는 이에 비해 인구는 기하급수적 성장 법칙을 따른다는 것이다. 말하자면 이자 계산 방법인 복리처럼 같은 시간 내 같은 성장률이라 할지라도 기본이 되는 인구수가 달라지기 때문에 인구는 기하급수적으로 성장한다.

세 번째 전제는 노동자 계층이나 하위 계층 사람들 대다수는 물질적인 생활 조건을 개선하기 위해 출산율을 높인다는 것이다.

인구가 기하급수적으로 늘어나게 되면 어느 시점에서부터는 식량이 부족해지기 때문에 인구수가 식량의 양을 초과한다는 결론이 도출된다. 최저생계비를 조금 넘는 급여 인상이나 빈민자 구호를 통해 하층민의 생활 조건을 개선하려는 대책들은 상황을 더욱 악화시킬 뿐이다. 동시에 이런 대책들은 출산율을 높이기 때문에 식량 한계를 넘어설 정도로 인구가 증가하면 기근, 전쟁, 질병적극적 억제으로 사망률이 증가하여 인구 증가가 멈추고, 그러고 나면 역시 맬서스의 '인구론'에서 벗어날 수 없다. 이제 사람들이 할 수 있는 것은 만혼이나 금욕을 통해 출산율을 제한하면서 자연법칙에 따른 출산의 욕구를 예방하는 것이다예방적 억제.

고전경제학파의 임금론은 맬서스의 '인구론'에서 비롯된 수많은 추론들 중 하나이다. 고전경제학파의 임금론에 따르면, 최저생계비를 넘는 임금은 오랜 기간 동안 지속될 수 없다. 그 이유는 고임금은 출산율을 증가시켜 보다 많은 일자리를 제공해야 하는 결과를 가져오고, 그로 인해 임금은 다시 '원래 수준', 즉 최저생계비 수준으로 떨어지기 때문이다. 맬서스의

'인구론'에 따르면, 과잉 일자리나 과잉 인구는 사망률을 증가시켜 경감시킬 수 있다. 또 사회정책 영역에서의 또 다른 추론에 따르면, 원조라고 하는 것은 상황을 더욱 악화시키기 때문에 비도덕적이다. 그렇기 때문에 국가의 극빈자 구호 및 개개인의 자선은 폐지해야 한다. 맬서스는 자신의 생애가 끝나갈 무렵 영국에서 빈민자 관련 법 개혁을 시도하여 국가 차원의 빈민 구호를 폐지시켰다. 맬서스의 '인구론'의 이념들이 그 효과를 발휘한 것이다.

산업화와 도시화가 출산율을 둔화시킨다

맬서스 '인구론'의 이와 같은 추론들은 과연 정당한가? 세 가지 전제에서 도출된 논리적 추론은 단지 해당 전제들이 옳을 경우에만 진실이 될 수 있다. 첫 번째 전제는 보편적으로 볼 때 옳지 않다. 식량은 산술급수적으로 생산되는 것이 아니라, 인구수와 마찬가지로 기하급수적으로 생산된다. 게다가 대부분의 산업국가와 개발도상국가에서는 식량 생산 증가율이 인구 증가율보다 커져서 1인당 생산량이 감소하기는커녕 오히려 계속 증가하고 있다. 19세기 말 프란츠 오펜하이머Franz Oppenheimer는 맬서스의 '인구론'을 논리적으로 재검토했다. 그는 "인구수가 생계수단을 능가하는 추세가 아니라, 생계수단이 오히려 인구수를 능가하는 추세다"라고 말했다.

이런 추세는 19세기 말에 처음 나타난 것이 아니라, 맬서스 생전에 이미 나타났다. 그는 이 사실을 이미 알았거나 쥐스밀히의 인구이론을 통해 알고 있었을지도 모른다. 맬서스의 '인구론'이 등장하던 시점부터 21세기 초까지 세계 인구는 10억에서 65억으로 늘어났다. 식량 한계 현상이 일어나는 시기가 계속 연기되고 있기 때문에, 21세기에도 인구는 90억, 100억까지 늘어날 것이다. 유엔 발표 이후 세계 인구가 증가했음에도 기아에 허덕이는 사람들의 숫자는 늘지 않고 약간 감소하고 있다. 유감스럽게도 사람들이 좋은 뉴스보다 나쁜 뉴스를 더 좋아해서인지 이런 사실은 거의 가려져 있다.

두 번째와 세 번째 전제도 맞지 않는다. 복지 증대로 여성 1인당 출산율은 늘지 않고 있다. 맬서스 역시 이 사실을 알았어야 했다. 독일 출신 선험자인 쥐스밀히가 자신의 책에서 맬서스의 추론과는 정반대되는 추론을 통해 이런 진상을 폭넓게 서술했기 때문이다. 쥐스밀히가 추론했던 대로 여성 1인당 출산율과 인구성장률은 산업화 및 도시화와 함께 쇠퇴하는 추세를 보였다. 많은 산업국가들 중 특히 독일은 20세기 후반에 오히려 마이너스 인구성장률을 보였고, 이민자의 이입을 제외하면 인구는 감소했다.

구명보트 윤리와 맬서스의 부활

진실과는 거리가 먼 전제임에도 맬서스의 인구론은 왜 호평을 받았는가? 물론 오류가 드러났는데도 계속 살아남는 이론들이 있긴 하다. 1970년대 연간 세계 인구 증가율이 정점에 이르고, '인구 폭발' 개념을 일반적 상식으로 만든 책들이 출간되자 일시적 인구학에서 맬서스 이론이 부활했다. 1980년대 '인구 폭발'에도 자연적인 식량 한계 현상이 나타날 수 없다는 사실이 점점 명백해지자, 맬서스의 식량 한계가 아니라 자원의 한계가 논점이 되었다. 그리고 화석연료와 같은 중요한 자원의 고갈에 대해 로마클럽의 일시적 인구학자들이 내놓은 예언이 잘못되었다는 것이 결국 밝혀지자, 논점이 자원의 한계에서 환경의 한계로 옮겨갔다. 식량 한계에 대한 맬서스의 이론이 생태학적 맬서스 이론으로 변한 것이다.

맬서스 인구론의 세 가지 전제에서 하층민 인구를 개발도상국 인구로, 식량 한계 문제를 환경 한계 문제로 대체하고 그것을 입증하는 방법들을 그대로 둔다면, 맬서스 인구론은 20세기와 21세기의 문제들에 적합한 것처럼 보인다. 정치적 추론들도 마찬가지다. 당시의 요구사항은 '빈민 구호 폐지'였다. 오늘날 특히 미국과 영국에서 맬서스 이론을 주장하거나 그것을 근거로 하는 학파는 특정한 형태의 원조를 폐지해야 한다고 주장한다. 무엇보다도 인구성장률이 높은 극빈국가의 어머니와 아이들을 위한 인도적·의학적 차원의 구호는 폐지되어야 한다는 것이다. 왜냐하면 그러한 지역의 아이들이 더 많이 살아남을수록 인구는 증가할 것이고, 그러면 그로 인한 문제들도 함께 증가할 것이기 때문이다.

이 학파는 '구명보트 윤리'로 불리는 도덕성으로 자신들의 정치적 요구사항들을 포장했다. 하지만 이 학파는 분명 맬서스를 근거로 하고 있다. 그들은 "구호는 비도덕적이다"라는 말로 그들의 메시지를 전하고 있다. 인류의 상황을 모든 사람들을 구해줄 수 있을 만큼 구명보트가 충분하지 않은 배가 침몰하는 상황에 비유하면서 충격적인 발언을 시작한다. 구명보트에 앉은 사람들_{산업국가의 사람들}이 넓은 아량을 발휘해 바다에 떠 있는 사람들을 위해 자기 자리를 내어준다면 치명적인 결과를 불러올 것이다. 보트는 다른 사람들의 희생으로 자신들이 살아남았음에도 전혀 양심의 가책을 느끼지 않는 사람들로 채워질 것이다. 이렇게 되면 구호로 인해 세상의 도덕적 수준은 악화될 것이다.

논리적 연역법에 따르면 구명보트의 비유를 받아들이는 사람은 "구호는 비도덕적이다"라는 논리적 추론을 거부하기 어려울 것이다. 하지만 세계는 아직 침몰해가는 배와 같은 상황에 처해 있지 않으며, 구명보트의 수도 아직까지 늘릴 수 있기 때문에 이런 재난은 피해갈 수 있다. 그러므로 이런 비유 자체에 결함이 있다.

인구학의 목표는 생명을 구하는 것

맬서스의 인구론에 따르면, 하층 계급은 경제적 상황을 개선하기 위해 출산율 감소가 아니라 출산율 증대를 택한다. 출산율과 생활수준 사이의 이와 같은 연관관계 때문에 하층 계급은 '가난의 틀'에서 벗어나지 못하게 된다. 맬서스에 따르면, 가난 구제를 위한 사회정치적 개혁이나 최저생계비를 넘는 임금 인상 대책은 오히려 그로 인해 하층민 인구가 증가하여 실패하게 된다. 쥐스밀히의 이론에 따르면, 출산율과 인구의 생활수준 사이에는 맬서스가 주장하는 연관관계가 아니라 그와 상반되는 연관관계가 존재한다. 맬서스와 쥐스밀히의 이러한 차이점은 사회적으로 파급효과가 컸다. 쥐스밀히는 프로이센 지역의 출산율을 분석한 결과, 아이들의 수는 거주 지역의 크기에 따라 다르다고 말했다. 말하자면 도시화의 증대로 인구성장률은 오히려 감소했다는 것이다.

그러나 맬서스의 이론과 달리 쥐스밀히의 이론은 학문적으로 큰 관심을 끌지 못했다. 단지 정치 분야나 정치에 의존하여 생존하는 사람들만이 관심을 가졌다. 맬서스와 달리 쥐스밀히는 가난한 계층의 복지를 위한 사회정치적 개혁을 주장했다. 쥐스밀히는 신생아와 아이들의 사망률을 낮추기 위해서 산파학교를 세웠고, 보건복지기관을 설립하려고 애썼다. 그의 목표는 생명을 구하는 것이었고, 인구 증가 제한과 선별이 왜 필요한지 인구이론을 통해서 설명하려고 하지 않았다.

지구상에 있는 많은 사람들처럼 모든 주제들은 서로 연관되어 있다. 이것이 '지구의 수용능력'에 대해 쥐스밀히가 제기한 문제의 핵심을 이룬다. 조사 결과 "지구상에는 동시에 40억이 살 수 있으며 현재 10억이 살고 있다." 쥐스밀히는 프리드리히 2세 등극 후 제1차 슐레지엔 전쟁 직전의 소란한 시기에 이 결과에 대한 분석을 서둘러 마무리 지었다. 1762년에 전면 확대 개편한 《신의 섭리》 제2차 판본에서는 초판에서 밝힌 '지구의 수용능력' 추정치 40억을 140억으로 수정했다. 유럽학계의 반응은 예상외로 긍정적이었다. 오늘날 연구의 글로벌화에는 미치지 못하겠지만, 당시 국가와 학문 분야의 경계를 넘어서 충분한 협조가 이루어지는 긴밀한 네트워크가 발전했다. 그러나 이러한 긍정적인 발전은 맬서스의 《인구론》의 출현과 함께 끝이 났다.

토머스 로버트 맬서스 Thomas Robert Malthus (1766~1834)

영국의 경제학자이자 인구통계학자. 부유한 가정에서 태어나 주로 집에서 교육을 받았으며, 케임브리지 대학 지저스 칼리지에서 공부했다. 1793년에는 지저스 칼리지의 명예 펠로가 되었고, 1797년 목사로 부임했다. 1805년에는 하트퍼드서 헤일리버리의 동인도회사가 운영하는 대학의 역사학과 정치경제학 교수가 되었다. 이러한 교수직이 개설된 것은 영국에서 처음이었다. 맬서스는 인구의 증가가 언제나 식량 공급을 앞지르는 경향이 있으므로, 산아제한을 엄격히 하지 않으면 인류의 운명이 개선될 수 없다고 주장했다. 그리고 자신의 이론에 따라 구빈법 폐지에 앞장서기도 했다. 주요 저서로 《인구론An Essay on the Principle of Population as it affects the Future Improvement of Society, with Remarks on the Speculations of Mr. Godwin, M. Condorcet, and other Writers》(1798), 《경제학 원리Principles of Political Economy Considered with a View to Their Practical Application》 (1820) 등이 있다.

요한 페터 쥐스밀히 Johann Peter Süßmilch (1707~1767)

인구통계학의 선구자로서 독일 통계학과 인구학의 아버지로 불린다. 베를린의 수도원과 해부학연구소에서 어학, 의학, 해부학, 식물학 등 다양한 분야를 공부했다. 할레 대학교와 예나 대학교에서 수학, 신학, 철학 등을 공부한 뒤 목사가 되었다. 제1차 슐레지엔 전쟁 때에는 목사로서 종군하기도 했다. 대표적인 저서 《신의 질서》(1741)를 통해 인간의 출생, 혼인, 사망 등에 관한 갖가지 자료를 정리, 집계하고 거기에 일정한 통계적 법칙이 존재한다는 것을 입증했다. 그는 바로 그러한 법칙을 '신의 섭리' 혹은 '신의 질서'라고 불렀다.

한 자녀 정책과 이민쟁탈전, 그리고 사회개혁 실험

중국의 한 자녀 정책과 남자들만의 세상

엄청난 인구에 시달리는 중국에서는 자녀수를 1명으로 제한하고 있다. 다른 나라라면 불가능한 이런 정책은 중국에서나 가능한 일이다. 중국에서는 딸이 결혼하면 부모를 돌보지 않는다고 여기기 때문에 제사를 지내고 노후를 돌봐줄 아들을 원하는 경우가 많다. 이러한 상황에서 '한 자녀 정책'은 남아 선호 경향을 더욱 부추긴 꼴이 되었다. 그래서 중국에서는 남아와 여아를 구별하여 낳을 수 있다는 일종의 마법 같은 약으로 '다자환多仔丸'이라는 것이 유행하는데, 실은 배란유도제라고 한다.

이렇게 다자환을 복용하는 것보다 더 커다란 문제는 인위적으로 자녀수를 '줄이는' 방법이다. 중국에서도 원칙적으로는 임신 중의 성별 검사는 불법이다. 그런데도 여자아이를 낳지 않는 사례가 비일비재하고 이 때문에 법을 어기고 초음파 검사를 통해 성별을 감별하는 사례를 신고할 경우에는 포상금을 주기도 한다. 아무리 단속해도 남녀를 감별하여 낳으려는 불법행위가 줄어들지 않기 때문이다. 실제로 중국사회과학원이 2000년에 내놓은 〈인구노동문제 보고서〉에 따르면, 출생 여아수를 100으로 할 때 출생 남아수가 1990년에는 111.3인데 2000년에는 116.9로 높아졌으며, 2004년에는 121.2를 기록했다.

엄청난 인구는 정치적·경제적·사회적 문제를 유발하기 때문에 인구 억제정책은 어쩔 수 없다고 한다. 또한 1949년 이래 갖가지 법률과 사회정책을 통해 '남녀평등'을 호소해왔음에도 교육, 취직, 토지 배분과 재산 상속 등에서 여성은 불리한 대우를 받고 있다. 아직 사회보장제도가 제대로 갖춰지지 않은 데다 자식에게 노후를 기대는 상황에서 중국인들은 남아 선호를 당연하게 생각하고 있다. 이 때문에 2010년 이후로는 3,000~4,000만 남성이 결혼 상대자를 구하지 못할 것이라는 우려가 나오고 있다.

한편으로 한 자녀 정책은 중국 사회의 모습을 극적으로 바꿔놓은 측면도 있다. 하나밖에 없는 아이를 좋은 학교에 보내기 위해 이사를 하는 경우는 아주 흔하다. 또한 외동으로 자라나는 아이들은 교육수준이 높아지기는 했으나 부모의 지나친 보호로 인하여 제멋대로 행동해서 '소황제'라 불리기도 한다. 대학을 졸업했는데도 부모에 의지하는 경우가 많고, 학교도가지 않고 직장도 구하지 않는 이른바 니트족NEET, Not in Education, Employment or Trainning이 나타나 사회적 비난을 받고 있다. 한 자녀 정책이 무책임한 개인화를 초래한 것이다.

이렇게 인구대국 중국은 남녀 성비의 불균형으로 인한 결혼 상대자 부족, 노후보장제도의 부실, 책임감 없는 소황제 세대의 등장 등 갖가지 사회문제로 인해 심각한 고민에 빠져 있다. 이처럼 한 나라의 인구 문제는 사회의 다방면에 갖가지 영향을 미친다.

그동안 중국 정부는 지나치게 많은 인구는 경제 발전을 가로막는 요인이 된다고 판단해 한 가정의 자녀 수를 1명으로 제한하는 엄격한 산아제한 정책을 시행해왔다.

유럽의 이민쟁탈전과 이슬람교도의 부상

2005년 봄, 영국의 공공의료 시스템인 국민건강보험NHS 관계자가 폴란드로 가서 영어를 할 수 있는 치과의사를 찾으러 다녔다. 영국의 진료센터에서 근무할 치과의사 2,000명이 부족했기 때문이었다. 유럽연합이 확대된 2004년 5월 이후에는 취업비자 절차가 간소해져서 중유럽과 동유럽의 많은 사람들이 영국으로 건너갔다. 그래서 유럽연합이 확대된 2년 만에 서비스 산업과 농업 분야에 중유럽과 동유럽 출신자 44만 7,000여 명이 취업비자를 신청했고, 그 가운데 95%가 비자를 발급받았다. 더불어 배우자 등 가족까지 3만 6,000명 정도가 입국했다고 한다.

한편 영국으로 간 폴란드인 치과의사들은 수입이 10배로 늘어나 영국행을 결정한 것에 만족해한다. 그러나 폴란드는 오랜 시간 공을 들인 인재들이 서유럽으로 떠나버려 국가적 손실이 크다며 한탄하고 있는 상황이다. 부족한 노동력을 다시 외부에 의존할 수밖에 없는 폴란드는 구소련, 특히 우크라이나 같은 나라와 협의하여 건설현장에 필요한 인력을 끌어들이기 위해 노력하고 있다. 이렇게 서유럽은 중유럽의 인력을 끌어들이고, 중유럽은 다시 동유럽에 의존하는 상황이 연출되고 있다. 더구나 유럽의 저출산 고령화 현상으로 2050년에는 노동인구가 5,200만 명 줄어들 것으로 예상되는데, 구소련 연방 국가의 인구 또한 감소하는 상황에서 이민쟁탈전은 더욱 심각해질 것으로 전망된다.

이와는 달리 세계적으로 인구가 늘어나는 특징적인 현상을 보이는 데가 있다. 바로 이슬람교도의 증가이다. 대체로 인구가 감소할 것으로 예상되는 기독교 국가와 달리 이슬람 국가들은 인구가 늘어나는 추세이다. 특히 인도네시아, 이란, 터키와 같은 이슬람 대국과 파키스탄, 나이지리아 등을 합한 '이슬람 8개국' 인구는 2006년 8억 9,000만 명에서 2050년 14억 5,000만 명으로 늘어날 전망이라고 한다. 이에 비해 선진 8개국 G8은 2006년 8억 6,000만에서 2050년 9억 2,000만 명으로 늘어날 것으로 추정된다. 이러한 수치를 감안하면, 향후 이슬람 세계의 목소리가 국제 사회에서 더 커질 것이라는 전망이 나오고 있다.

전통적으로 기독교 정교회의 본국이었던 러시아조차 이러한 상황에서 예외가 아니다. 러시아의 인구는 낮은 출산율로 인하여 2006년 1억 4,000만 명에서 2050년 1억 1,000만 명으로 줄어들 것으로 예상되는데, 이러한 인구 감소에도 비이슬람교도들은 줄어드는 데 비해 이슬람교도들은 3~5명의 자녀를 두어 인구가 늘어나는 추세라고 한다. 이런 현상은 러시아뿐만 아니라 유럽 곳곳에서 일어나고 있다. 독일의 경우 2007년 10월 기준으로 159개의 이슬람 사원이 있었는데, 184개가 새롭게 건설되었거나 건설 중이며, 스페인 세비야에는 유럽 최대 규모의 모스크가 건설되고 있다고 한다. 유럽의 이슬람 전문가들에 따르면, 2006년 유럽 인구의 3%가 무슬림이었는데 2025년에는 그 비율이 10%에 이를 것으로 전망된다.

이슬람교도의 증가는 비단 유럽에서만 일어나는 일이 아니다. 우리나라에서도 이슬람권 국가의 외국인 노동자들이 대거 유입되면서 이러한 현상이 빚어지고 있다. 이러한 종교 인구의 변동 속에서 서로를 어떻게 이해하며 새로운 공동체를 모색할 것인가에 대한 고민이 아주 중요한 사회적 이슈가 될 것이다.

새로운 사회개혁, 베네수엘라의 실험

심각한 빈부격차와 높은 문맹률 등으로 골치를 앓아왔던 중남미의 베네수엘라는 최근 새로운 방식의 사회 모델과 사회보장 시스템을 실험하여 세계의 주목을 받았다. 여기서는 19개에 달하는 사회개혁 프로그램 가운데 두 가지를 살피고자 한다.

극빈자 보호 프로그램

역사적으로 극빈자들의 수가 항상 인구의 80~90%를 차지해온 상황에서 굶주림과 싸우던 사람들을 먹이고 가르치며 의료 혜택을 보장해주는 제도이다. 2003년 4월부터 시행된 이 제도는 값싸게 사들여 비싸게 파는 초국적 대기업의 횡포를 바로잡는 것은 물론, 극빈자 가정이나 65세 이상의 가정, 영양부족 사태를 겪고 있는 원주민을 대상으로 무료급식소를 운영하는 것이다. 이 프로그램으로 200만 명 정도가 혜택을 받고 있다고 한다.

초등학교 무상급식이 뜨거운 선거 쟁점이 되었던 우리 사회에서도 주목해볼 만한 프로그램이다. 이것은 단순히 인도적 차원뿐만 아니라 미래 사회를 대비해 진지하게 고민해야 할 문제이다.

교육개혁 프로그램

베네수엘라에 의무교육제도가 정착된 것은 1879년이다. 그러나 차베스Hugo Chavez 정부 초기에 500만 명의 젊은이들이 대학을 중도에 포기하고 생활 전선에 뛰어들었다. 어려운 형편에 학업을 계속할 수가 없었던 데다 졸업을 한다 해도 취업할 곳이 마땅치 않았던 것이다. 그것은 베네수엘라 사회가 소수 엘리트 중심의 사회로 바뀌었기 때문이었다. 그러나 현재 베네수엘라 정부는 국가 예산의 20%를 교육 부문에 쏟아 부어 대학생 대다수를 정부가 지원하고 있는 셈이라고 한다. 이렇게 대학을 졸업한 고급 인력이 사회 곳곳에서 자신의 능력을 발휘할 수 있게 하려는 것이 교육개혁 프로그램의 골자이다.

이 프로그램을 통해 2006년에 17만여 명이 넘는 대학생이 졸업했고, 10만여 명이 정부 장학금을 받으며 공부하고 있다. 그런데 이러한 프로그램을 실시한 후 놀라운 현상이 나타났다. 정부의 지원으로 대학을 졸업한 학생들 중 상당수가 의학을 공부하고 있으며, 장차 의사가 된 뒤에는 자신이 자랐던 빈민가에서 '극빈자 무료 진료 서비스 프로그램'에 참여하겠다는 학생들이 상당하다는 것이다. 즉 자신이 받은 만큼 사회에 봉사하겠다는 것이다. 공교육이 제대로 설 때 개개인의 행동이 어떻게 달라질 수 있으며, 민주적 제도와 사회보장제도의 확충이 사회의 활력과 안전 그리고 공공성을 어떻게 확립해가는가를 보여주는 사례라고 할 수 있다.

한국인들은
왜 아이 낳기를 꺼리는 걸까?

2005년 12월부터 일본의 니혼게이자이日本經濟 신문사는 〈인구가 바꾸는 세계〉를 특집으로 연재했다. 인구가 바꾸는 세계의 모습을 살피면서 미래를 예측하기 위한 기획이었다. 그 가운데에는 고려대 사회학과 박길성 교수의 인터뷰도 실려 있다. 아래의 가상토론은 박길성 교수와 니혼게이자이 신문의 인터뷰를 읽기 쉽게 간추려 정리한 것이다. 박길성 교수는 사회발전론을 전공한 학자로 IMF 이후 한국 사회의 변화를 분석해왔으며, 그의 저서 《한국사회의 재구조화》는 2004년 학술원 기초학문 분야 우수 학술도서로 선정되기도 했다.

IMF 위기, 저출산을 낳다

니혼게이자이 안녕하십니까? 일본의 경우에도 저출산 고령화가 심각한 수준인데, 한국은 일본보다도 고령화율이 훨씬 높은 듯합니다. 게다가 출생아의 감소 문제가 갈수록 심각하다고 들었는데, 어느 정도로 심각한 것입니까?

박길성　2005년에 43만 8,000여 명이 태어났는데 2020년에는 37만 7,000여 명, 2030년에는 34만 8,000여 명, 2050년에는 23만여 명으로 크게 줄어들 것으로 예상됩니다. 아이를 낳을 수 있는 여성이 가임기간20~39세 동안 낳는 아기의 수를 나타내는 종합출산율이 2005년 1.08명이었는데 2030년부터는 1.28명 수준을 유지할 것이라 예상하고 있습니다. 이는 인구를 유지하는 데 필요한 2.1명에 훨씬 못 미치는 심각한 수준입니다. 이렇게 인구가 감소함에 따라 생산인구에 해당하는 15~64세의 인구 또한 빠르게 줄어들 것이라 생각합니다. 생산 가능 인구는 2005년에 3,453만 명으로 전체 인구 가운데 71.7%를 차지했습니다. 그런데 2016년이 되면 3,619만 명, 전체 인구 가운데 73.4%로 정점에 이르렀다가 계속 줄어들어 2050년에는 2,242만 명 정도로 감소할 것입니다. 이는 인구의 절반에도 못 미치는 수준입니다.

니혼게이자이　그렇군요. 참으로 심각한 수준이네요. 그런데 한국의 경우는 그 어느 나라보다 출산율이 급격하게 하락한 것으로 보입니다. 그 이유가 어디에 있다고 생각하십니까?

박길성　아마도 여러 가지 이유가 있을 것입니다. 그 가운데서도 저는 1997년에 발생한 IMF 위기가 가장 큰 이유라고 봅니다. 당시 IMF의 요구 아래 강력한 구조조정이 진행되면서 많은 사람들이 일자리를 잃었습니다. 평생직장이라는 개념이 사라지고 퇴직금 제도가 없어졌습니다. 이런 상황에서 많은 사람들이 불안감을 느꼈습니다. 그래서 결혼을 미루고, 출산은 더더욱 미루는 상황이 된 거죠.

한국에서는 자녀가 결혼할 때 부모가 결혼비용과 신혼집을 마련해주는 것이 관례나 다름없었습니다. 그런데 IMF 경제위기가 일어났습니다. 부모의 직장이 위험한 마당에 자녀를 도와준다는 것이 쉽지 않은 일이죠. 이런 상황이니 젊은이들이 결혼을 무척 부담스러워했습니다. 결혼해서 살 집을 마련하는 것도 쉽지 않은 일이죠. 가장 중요한 것은 IMF 경제위기로 인해 기업들이 고용안정을 보장하지 않았다는 것입니다. 생계가 다급하다 보니 결혼과 출산은 뒷전으로 밀려나게 된 것이죠.

생활양식의 변화와 정부 대책에 대한 무관심

니혼게이자이 그럼 그 밖의 다른 원인은 없는 것입니까? 요즘 보면 한국인의 생활양식도 많이 바뀌고 있는 듯합니다. 어떻게 생각하십니까?

박길성 또 다른 저출산의 요인으로 가치관의 변화를 꼽을 수 있습니다. 예전에는 여성들이 사회에 진출하는 일이 드물었어요. 그러나 이제는 그렇지 않습니다. 오히려 아이를 낳고 가정을 돌보기보다 일을 하는 쪽으로 바뀌고 있는 추세입니다. 오늘날 한국의 가구 구성을 살펴보면 한 자녀 가정이 전체의 20%이고, 자녀 없이 부부만 사는 가구도 16.2%나 됩니다. 과거에는 상상도 할 수 없었던 일들이 일어나고 있습니다. 그런데 그 이유가 아주 심각합니다. 한국의 학부모는 교육열이 무척이나 강합니다. 자녀를 일류 대학에 보내야 한다는 거죠. 그러자면 부모가 엄청난 사교육비를 감당해야 하는데, 이 또한 출산율을 떨어뜨리게 만드는 요인이라 할 수 있습니다.

니혼게이자이 사교육비 때문에 아이를 낳지 않는다고요? 저런! 심각한 문제로군요. 그 외에 다른 이유는 없나요? 한국 정부는 2006년에 '저출산 고령화 사회 기본 계획'을 발표하지 않았습니까?

박길성 정부의 시책은 아주 적절한 시기에 나왔다고 봅니다. 하지만 정작 젊은 사람들이 거기에 대해 무관심합니다. 앞으로 출산율이 올라갈 가능성이 희박해요. 정부는 OECD 평균치인 1.6명까지 끌어올리겠다고 하지

저출산의 요인 중 하나로 가치관의 변화를 꼽을 수 있다. 예전에는 여성들이 사회에 진출하는 일이 드물었지만, 이제는 아이를 낳고 가정을 돌보기보다 일을 선택하는 추세로 바뀌고 있다.

만, 저는 기껏해야 1.2명 정도일 것이라고 예상하고 있습니다.

니혼게이자이 그렇게 된다면 심각하군요. 일본 또한 초고령 사회로 진입할 것이라는 예상 때문에 골치를 앓고 있는데, 한국 사회는 어떻습니까?

박길성 다양한 문제들이 일어나겠지요. 우선 고령자에 대한 부양비용과 복지비용이 늘어날 것입니다. 그러면 생산성이 떨어지고 경제 성장도 둔화되겠지요. 노동인구가 줄어들면 외부 노동력에 의지해야 하는데, 그러면 이주노동자가 대거 유입되어 사회의 구성이 변화될 것입니다. 특히 고령자들은 경제력이 있는 사람들과 그렇지 못한 사람들 간에 격차가 크게 벌어질 것입니다. 정부는 그런 분들에게 관심을 가져야 합니다.

남녀평등과 종신고용이 해결책

니혼게이자이 그렇다면 교수님께서 생각하시는 가장 효과적인 대책은 어떤 것입니까?

박길성 요즘 우리 사회에서는 '88만 원 세대'라는 말이 유행하고 있습니다. 어렵게 취업해봐야 월급이 고작 88만 원이라는 것이지요. 이런 사회

분위기에서 젊은이들이 미래에 대한 확신을 갖게 하는 것이 중요합니다. 무엇보다 가정 내에서 남녀평등을 실현해야 해요. 사회적으로는 여러 가지 제도를 통해 남녀평등이 상당히 진전되고 있습니다. 그러나 가정에서는 아직 그렇지 못한 듯해요. 남자도 여자와 다르지 않게 집안일을 하고 육아에도 적극적으로 동참해야 합니다. 이렇게 남녀가 평등한 문화가 정착되어야 육아의 부담을 덜게 된 여성들이 아이를 낳고자 할 것입니다. 유럽의 경우를 보더라도 남녀평등을 실현한 나라들이 대체로 저출산 대책에서 성공하고 있습니다. 문화적 요인도 중요하다는 것이죠.

니혼게이자이 그렇다면 다른 면은 어떻습니까? 요즘은 즐거운 인생을 위해 아이를 낳지 않기로 한 부부들도 많다고 하던데, 어떻게 보십니까?

박길성 물론 그런 측면도 있습니다. 아이를 키우며 행복을 느끼고 즐거운 시간을 갖기보다 자신의 취미나 여가생활을 누리면서 사는 데에 더 만족을 느끼는 사람들도 있습니다. 이렇게 변화하는 가치관을 무시할 수는 없을 것입니다. 그런데 다른 측면도 보아야 합니다. 한국 굴지의 대기업인 삼성전자의 경우, 평균 재직 기간이 6년입니다. 기업문화의 변화도 가치관의 변화를 초래했다고 볼 수 있을 것 같습니다. 하지만 우리는 IMF 이후 출산율의 급격한 저하가 고용안정이 흔들리면서 일어났다는 사실에 주목해야 합니다. 먹고사는 문제도 안정되지 않았는데 엄청난 사교육비가 드는 교육 환경에서 자녀를 많이 낳는다는 것은 거의 불가능한 일이죠. 그런 측면에서 저는 제도적으로 다시 종신고용을 도입해야 한다고 봅니다.

니혼게이자이 남녀평등 문화를 정착시키고 종신고용제를 도입해야 한다고요? 종신고용은 일본 사회의 장점이었지만 결국 우리도 지켜내지 못한 일인데…… 어쨌거나 한국에 그런 제도가 다시 도입되었으면 하는 바람입니다. 바쁜 가운데 시간 내주셔서 감사합니다.

■ 니혼게이자이신문사, 강신규 옮김, 《인구가 세계를 바꾼다》, 가나북스, 2008.

2005년 12월부터 《니혼게이자이신문》에 연재되었던 동명의 특집을 수
정, 보완하여 단행본으로 묶은 것이다. 인구가 줄어드는 사회와 국가는
앞으로 어떻게 될 것인가, 또 인구라는 렌즈를 통해 세계를 들여다보면
어떨까, 라는 물음에서 출발해 세계 각지의 인구 현황과 사회·문화·정
치·경제 현상들을 진단한다.

■ 이현승·김현진, 《늙어가는 대한민국, 저출산 고령화의 시한폭탄》, 삼성경제연구
소, 2003.

저출산 고령화라는 사회 문제를 대중적으로 확산시키는 데 크게 일조
한 책이다. 저출산 고령화가 경제 성장에 미치는 영향을 주로 다루며,
여성 및 고령인력의 활용, 다문화 사회를 위한 모자이크 문화, 노인 의
료비 부담에 대한 사회적 합의 등을 제시한다. 전반적으로 시장주의 원
리에 따라 해결책을 모색하는 것이 바람직하다고 주장한다.

■ 우석훈·박권일, 《88만원 세대》, 레디앙, 2007.

'88만 원 세대'라는 말을 유행시키며 화제가 된 책이다. 역사상 유례가
없는 청년실업 사태에 직면해 있는 젊은 세대를 새롭게 규정하고자 한
다. '절망의 시대에 쓰는 희망의 경제학'이라는 부제가 말해주듯, 지금의

고용 현실에 과감하게 맞서서 젊은 세대가 해야 할 일을 제시하고 있다. 세대착취론을 내세워 젊은이들을 각성케 한 책으로 유명하다.

■ 오건호, 《국민연금, 공공의 적인가 사회연대 임금인가》, 책세상, 2006.
국민연금에 대한 관심과 우려가 더욱 커지고 있는 상황에서 국민연금을 둘러싼 오해와 진실을 다루고 있다. 저자는 국민연금에 대한 갖가지 오해를 불식시키는 가운데, 공적 보험으로서 국민연금을 '사회연대 임금'으로 봐야 한다고 역설한다. 국민연금에 대한 갖가지 오해를 조목조목 비판하며 대안을 제시하는 데 상당한 노력을 기울이고 있다.

8

노 동

한 시간에 4,350원!

이재유 (건국대학교 강사)

생각 속으로

자본은 어떻게 만들어지고
분배는 어떻게 이루어질까?

자본은 어떻게 형성되는가

우리가 살고 있는 자본주의 사회는 '이익'을 최고의 가치로 삼는 사회다. 그러면 그 이익은 누구의 이익인가? 그것은 보통 일하는 사람들의 이익이 아니라 자본주의 사회라는 명칭이 보여주듯이 자본의 이익이다. 그러면 자본은 무엇이고, 어떻게 형성되는 것일까?

화폐나 자본은 일반적으로 돈이라는 점에서는 얼핏 똑같은 것처럼 보인다. 그러나 화폐와 자본은 질적으로 다른 개념이다. 화폐는 상품 교환유통에서 신적인 역할을 하지만 단순한 유통 수단일 뿐이다. 이 화폐로는 은행의 이자, 고리대금, 부동산 투기 이익, 주식 배당, 재테크 등이 어떻게 이루어질 수 있는지를 설명하지 못한다. 이를 설명해줄 수 있는 개념이 바로 자본이다.

결론적으로 말하자면 자본은 자기 증식하는 가치, 즉 잉여가치를 낳는 가치다. 그러나 화폐는 자기 증식하지 못하는 가치다. 예를 들어 은행에 돈을 1만 원 예금하여 100원의 이자가 생겼다고 하자. 이 이자가 어떻게 나왔을까? 1만 원이 은행 안에서 5,000원과 결혼하여 100원짜리 아이를 낳은 것일까? 유통 수단으로서의 돈 그 자체인 화폐는 이렇게 자기 증식하지 못한다. 자기 증식하는 특성을 가진 자본은 인간의 노동력이라는 '특수한 상품'이 생산 과정에 투입되었을 때 생겨나게 된다.

예를 들어보자. 어떤 노동자가 한 자본가와 다음과 같은 조건으로 계약을 맺는다고 가정해보자. 이 노동자는 하루 8시간 일해서 10원짜리 벽돌 20개를 만들고 하루 임금 100원을 받기로 한다.

그러면 임금으로 받는 노동시간은 4시간이고 이것을 '필요노동시간'이라한다. 그리고 임금으로 받지 못하는 4시간을 '잉여노동시간'이라고 하는데, 이 4시간을 정치경제학적 용어로 '착취'라고 한다. 또 잉여노동시간을 '잉여가치'라고 하는데, 이 잉여가치가 바로 자본이다. 즉 자본가는 노동자에게 임금 100원을 투자하여 10원짜리 벽돌 20개인 200원을 만들어내는 것이다. 즉 100원=200원이 되는 셈이다. 잉여가치 100원은 사회적으로 주식 배당, 은행 이자, 고리대금, 주식 투자, 부동산 투기 이익, 지대 등으로 배분된다.

그런데 자본은 이러한 과정을 계속 반복하면서 몸집을 불려나가려고 한다. 그래서 노동자가 일하는 시간을 더 늘려서 잉여가치를 키우고자 한다. 즉 8시간 일을 시키는 것이 아니라 10시간을 시키고, 4시간을 필요노동시간으로, 6시간을 잉여노동시간으로 하여 잉여가치를 최대한 뽑아내고자 한다. 이것을 '절대적 잉여가치의 생산'이라고 한다. 그러나 하루는 24시간일 뿐이다. 무한정 일하는 시간을 늘릴 수는 없다. 또 너무나 많은 시간을 일하는 노동자들은 저항과 투쟁을 통해 노동시간을 하루 10시간, 8시간으로 줄이는 법률을 제정하도록 요구했다.

　그러면 어떻게 잉여가치를 늘려갈 수 있을까? 그 방법은 필요노동시간을 상대적으로 줄여나가는 것이다. 즉 노동 강도를 높이는 것이다. 예를 들어 8시간 동안 20개가 아니라 30개의 벽돌을 만들어내게 하거나, 세 사람이 하던 일을 두 사람에게 맡기거나, 사람이 하던 일을 기계로 대체하는 것 등이다. 이것은 오늘날의 구조조정과 똑같은 모습이다. 이것을 '상대적 잉여가치의 생산'이라고 한다. 다른 한편 이 잉여가치의 생산은 과학기술의 발전을 불러왔다. 그러니까 과학기술의 획기적 발전은 필요노동시간을 최대한 줄이고 잉여노동시간을 최대로 늘리려는 노력과 궤를 같이한다고 할 수 있다. 이 잉여노동시간을 최대로 늘리려는 것이 바로 최대의 자본 이익을 내려는 것이다.

자본주의의 빛과 그늘

자본의 이익을 최대한 늘리면서 이루어지는 자본주의 사회의 발전은 제러미 리프킨Jeremy Rifkin이 말하는 것처럼 이중적인 측면을 가지게 된다. 먼저 긍정적 측면으로, 과학기술이 발전함에 따라 이전에는 인간의 노동을 통해 이루어졌던 일들이 기계로 대체된다. 그럼으로써 다가올 미래에는 모든 나라에서 노동자가 거의 필요 없는 농장과 공장 및 사무실이 등장하게 될 것이며, 아주 정교한 지식 분야에서만 소수의 엘리트 노동자들이 일하게 될 것이다. 앞으로는 죽어라 일하기를 강요당하는 산업사회의 노예노동으로부터 벗어날 수 있을 것이다.

다음으로 부정적 측면은 기계가 인간의 노동을 대체함에 따라 인간이 일할 수 있는 노동시간이 급격하게 줄어들 것이며, 이로 인해 노동자의 일자리가 전반적으로 감소하는 것이다. 일자리가 줄어든다는 것은 노동자가 계속 일을 할 수 있을지, 임금을 지속적으로 받을 수 있을지가 불분명해짐으로써 생계가 아주 불안정해지고, 이는 곧 경제의 붕괴로 이어질 수도 있음을 뜻한다. 이는 현재에도 필요할 때만 노동자를 고용하는 '노동유연화', '구조조정' 정책과 맞닿아 있다.

분배와 교환의 기준 1 - 리프킨(노동시간)

이러한 부정적 측면을 해결하기 위한 방법은 무엇이 있을까? 제러미 리프킨은 이러한 모순을 경제에만 맡겨두어서는 더 많은 고통이 뒤따를 것이기 때문에 정부가 강력히 개입해 이 모순을 해결해야 한다고 주장한다. 정부는 두 가지 선택의 기로에 서게 된다. 하나는 실업에 따른 범죄의 증가에 대응하여 경찰력을 증강하고 감옥을 증설하는 것이고 다른 하나는 제3부문의 일자리 창출을 적극적으로 지원하는 것이다. 리프킨은 이 중에서 후자를 위하여 시장에 적극 개입해야 한다고 말한다.

리프킨이 말하는 제3부문은 사회문화적 생활을 구성하는 모든 공식·비공식 비영리 활동을 포함하며, 이 영역에서 사람들은 공동체적 유대와 사회적 질서를 창출할 수 있다. 다시 말하면 이 영역은 경제적 이익자본의 이익

2006년 워싱턴에서 있었던 한미 FTA 반대 시위. 자유무역협정은 국가 간 상품의 자유로운 이동을 위해 모든 무역 장벽을 무너뜨리고자 한다.

을 창출하는 시장의 영역과 대립되는 모든 비영리적 자치 활동 영역이라고 할 수 있다.

그런데 여기서 문제가 되는 것은 사회적 자산으로서 이 활동 또는 이 활동의 결과물, 그리고 정부의 재원이 이 영역에서 어떻게 분배, 교환되고 소통될 수 있는가이다. 즉 어떤 기준으로 분배, 교환되고 소통될 수 있는가 하는 것이다. 이러한 문제를 해결하기 위해 도입된 것들이 시간은행time bank, 타임 달러time dollar 등이다.

이 제도의 운영 방식은 다음과 같다. 특정인이 자진해서 자신의 전문적인 활동노동을 1시간 제공하면, 1시간 달러의 보상을 받을 수 있게 된다. 여기서 보상은 여러 전문적인 활동들이 서로 질적으로 아주 다를지라도 1시간 달러로서 동등하게 이루어진다. 즉 각 활동노동시간은 기여한 바의 특징과 종류에 관계없이 동등하다는 것이다.

그런데 리프킨이 말하고 있는 이 제도의 운영 방식은 사실상 본질적으로 시장 영역에서 이루어지는 것과 같다고 할 수 있다. 시장 영역에서 이루어지는 자본의 생성 과정에서 보았듯이, 질적으로 서로 다른 노동생산물이 교환되는 기준 역시 1시간, 2시간 등으로 표현되는 자연시간이다. 이렇게 보았을 때 시장 영역과 대립되는 제3부문 사이의 교환, 분배 방식의 기본적인 구조는 동일하기 때문에 이 두 영역 사이의 차이점이 사라진다. 이는 곧 위에서 말한 부정적 측면이 해결되는 것이 아니라 훨씬 더 깊어질 수 있음을 뜻한다.

이 제도는 19세기 그레이John Gray, 프루동Pierre J. Proudhon, 오언Robert Owen 등 공상적 사회주의자들이 주장했던 노동화폐제도와 유사하다. 노동화폐는 금을 화폐로 사용하지 않고 노동시간을 화폐 단위로 하여, 노동자들의 노동과 노동생산물이 중앙은행을 매개로 교환되는 제도이다. 즉 몇 시간 노동을 했는가 하는 증명서로서의 노동화폐를 중앙은행이 발행하고, 이 노동화폐를 가져가서 자기가 필요한 물건으로 교환한다는 것이다. 이 제도는 오언이 실행에 옮겨서 1832년 노동화폐로 노동생산물을 교환하는 국민평형노동교환소가 설립되었지만 3년을 못 넘기고 실패로 끝났다.

분배와 교환의 기준 2 - 마르크스(각자의 필요)

이렇게 노동시간을 기초로 분배, 교환되는 방식은 자본주의 시장경제 체제의 기본 구조이다. 그런데 이 구조에서는 내가 1시간을 열심히 일했다고 해서 1시간의 보상을 받지는 못한다. 왜냐하면 이 노동시간은 사회적 평균 노동시간이기 때문이다. 이 사회적 평균 노동시간은 과학기술의 발달 정도, 숙련 정도, 교육 정도 등에 의해 결정된다. 이 중에서 중요한 것은 교육 정도인데, 왜냐하면 과학기술에 어느 정도 정통하며 숙련되었는가를 객관적으로 알려줄 수 있는 것이 교육 정도이기 때문이다. 그렇기 때문에 대학교육을 비롯해 더 좋은 교육을 받기 위해 애를 쓰는 것이다.

상황이 이러할진대 리프킨이 말하고 있는 시간은행 같은 것은 성공할 확률이 거의 없다고 봐야 한다. 시간은행에서의 시간 역시 결국 사회적 평균 노동시간으로 환원될 것이기 때문이다. 즉 교수의 1시간 노동과 블루칼라 노동자의 1시간 노동이 결코 같을 수 없다는 생각이 사람들의 머릿속을 지배하고 있기 때문이다.

노동자의 일자리가 줄어들어 생계를 위협받는 문제와 부익부 빈익빈이라는 사회적 문제를 해결할 수 있는 다른 방식이 존재한다. 그 방식은 다름 아니라 마르크스가 말하는 "각자의 필요에 따라", 즉 각자의 욕구에 따라 분배, 교환하는 방식이다. 이 방식 속에서는 그 누구도 이익을 보거나 손해를 볼 수 없다. 왜냐하면 누구나 자신의 욕구를 충족시킬 수 있기 때문이다.

사람들은 이 방식을 현실과 대단히 동떨어진, 유토피아적이고 이상적인 것으로 생각한다. 그러나 이러한 방식은 이미 알게 모르게 우리 삶의 방식에 움터 있다. 친구들과의 관계, 가족과의 관계, 연인 또는 동아리 등등의 관계에서 말이다. 이들과의 관계에서는 이익이나 손해를 따지지 않는다. 우리는 이러한 관계 속에서 각자가 필요로 하는 것을 주고받는다. 그러므로 이 방식은 실현 가능성이 있다. 문제는 이 방식을 어떻게 의식적으로 사회 전체에 적용시킬 수 있는가이다. 그렇지만 이것도 실현 가능함을 우리 눈으로 직접 확인할 수 있다. 국내 사례로, 2008년 미국산 쇠고기 수입 반대 촛불시위에 참여한 시민들은 먹을 것과 담요, 음료수 등을 아무런 이해관계 없이 주고받았다. 서로를 격려하며 희망을 나누고 연대한 것이다.

해외로 눈을 돌려보면 쿠바, 베네수엘라, 볼리비아 등이 미국을 중심으로 한 자유무역협정에 반대하며 민중무역협정PTA, People's Trade Agreement이라는 것을 체결했다. 자유무역협정은 사회적 평균 노동시간이것은 화폐의 양으로 나타낸다에 따라 분배, 교환하는 방식이다. 그러나 민중무역협정은 각 국가가 필요로 하는 물자의 양에 따라 분배, 교환하는 방식이다.

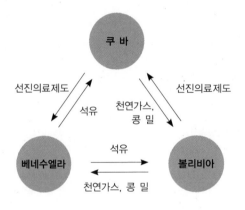

우리가 노동하는 것은 각자가 필요한 것을 충족시키는 데 그 목적이 있다. 이것이 바로 노동의 진정한 가치라고 할 수 있다.

제러미 리프킨과 칼 마르크스

제러미 리프킨 Jeremy Rifkin (1954~)

미국 콜로라도 주 덴버 출신의 경제학자이자 행동주의 철학자. 펜실베이니아 대학 와튼스쿨에서 경제학을, 터프츠 대학의 플레처 법과대학원에서 국제관계학을 공부했다. 경제동향연구재단FOET을 설립하고 재단의 이사장으로 있다. 과학기술의 변화가 사회의 여러 분야에 미치는 영향을 파헤친 책들을 다수 출간했다. 주요 저술로 그의 이름을 세계에 알린 《엔트로피Entropy》(1981)를 비롯해 《육식의 종말Beyond Beef》(1993), 《바이오테크 시대The Biotech Century》(1999), 《소유의 종말The Age of Access》(2001), 《수소혁명The Hydrogen Economy》(2003), 《노동의 종말The End of Work》(2004), 《유러피언 드림The European Dream》(2005) 등이 있다.

> 제러미 리프킨, 이영호 옮김, 《노동의 종말》,
> 민음사, 2005.

시장 자본주의는 한계이익을 높이기 위해 노동비용을 포함한 투입비용을 축소해야 한다는 논리에 바탕을 두고 있다. 이에 따라 임금을 낮추거나 동시에 인간의 노동을 없애기 위해 보다 저렴하고 효율적인 기술을 찾으려는 노력이 항상 존재한다. 현재, 새로운 인텔리전트 테크놀로지는 인간 노동의 육체적·정신적인 많은 부분을 대체할 수 있게 되었다. 노동력과 시간을 절감하는 새로운 기술들이 생산성을 엄청나게 높였지만, 이로 인해 많은 노동자들이 파트타임이라는 한계 영역으로 몰리게 되거나 일자리를 잃게 되었다. 그러나 인력 감축은 소득과 소비자 수요의 감소, 경제 성장의 저하를 의미한다.

산업화 사회는 노예 노동의 종말을 이끌었다. 접속의 시대는 대량 임금 노동을 끝낼 것이다. 이는 지적 기술의 새로운 시대로 접어들어감에 따라 세계 경제가 직면하고 있는 기회이자 도전이다. 다음 세대가 고생스러운 장시간 노동으로부터 해방됨에 따라 인류는 두 번째 르네상스 시대로 진입하게 되거나, 또는 엄청난 사회적 분열과 변화를 겪게 될 것이다. 여기에서 다음과 같은 의문이 제기된다. 점진적으로 자동화되는 세계 경제 속에서 쓰임이 적거나 아니면 전혀 쓸모가 없는 수백만의 젊은이들을 어떻게 할 것인가?

모든 나라는 제3의 부문으로 젊은 세대의 적극적인 참여를 유도하기 위해 그들을 교육시키고 훈련시킬 수 있는 새로운 기회를 탐색할 필요가 있을 것이다. 사회 공동체에서 수백만의 사람들을 사회적 자산 창출에 참여시키기 위해서는 정부의 재정 지출이 필요하다. 제3의 부문에서 고용의 기회를 활성화시키기 위해 "세금 전가tax shifting" 정책을 적용하는 방법을 심도 있게 고려해야 한다.

후기 시장 시대로의 성공적인 이행은 생산성 향상의 보다 많은 부분을 시장으로부터 제3부문으로 이전시켜서 공동체의 결속력과 지역적 인프라의 강화 및 심화를 이루어낼 수 있는 각성된 유권자들의 연합 및 운동능력에 의존한다. 모든 나라의 사람들은 강력하고 자립적인 지역 공동체의 수립에 의해서만 인류의 생계와 생존을 위협하는 기술 대체와 시장 세계화의 물결에 저항할 수 있다.

노동의 종말은 문명화에 사형 선고를 내릴 수 있다. 동시에 노동의 종말은 새로운 사회 변혁과 인간 정신의 재탄생의 신호일 수도 있다. 미래는 우리의 손에 달려 있는 것이다.

해설

제러미 리프킨의 《노동의 종말》은 오늘날 자본주의 사회의 경제 발전이 결코 장밋빛 미래를 낙관할 수 없게 함을 지적한다. 자본주의 경제 체제의 발전은 기계가 인간의 노동을 대신함에 따라 노동자의 일자리가 줄어들게 되고, 결국에는 일자리가 사라져 노동자의 생존 자체가 엄청나게 위협받는 '노동의 종말'을 불러올 것이라고 이야기한다. 물론 긍정적 측면도 있다고 말한다. 즉 기계가 인간의 노동을 대신하게 됨에 따라 인간이 할 필요가 없는 고통스러운 노동으로부터 해방될 수도 있다는 것이다.

리프킨은 이러한 상황에서 부정적 측면을 해결하는 동시에 긍정적 측면을 현실화하는 것을 최선의 선택으로 삼아야 한다고 말한다. 최선의 선택은 이익의 영역인 시장에 정부가 적극적으로 개입하는 것이다. 즉 비영리 영역인 제3부문에 세금을 적극 지원하여 시민들이 일군 부와 자산을 사회적 소유로 만들고, 이를 시간은행 등을 통해 분배, 교환함으로써 상호 협력하고 연대하는 공동체를 운영해 자본주의와는 다른 새로운 사회를 건설할 수 있다는 것이다.

칼 마르크스 Karl Marx (1818~1883)

독일 라인란트 출신의 경제학자, 철학자, 사회학자, 공산주의 계열 혁명가, 과학적 사회주의의 창시자로 후대에 큰 영향을 끼쳤다. 1835년 본 대학에 입학해 법학을 전공했으나 아버지의 뜻에 따라 베를린 훔볼트 대학으로 전학했다. 베를린에서 청년헤겔학파와 교류하던 마르크스는 이후 고향으로 돌아가 청년좌파와 함께 반체제 언론인 라인신문을 창간하고 편집장을 맡았다. 그런데 프로이센 정부에 의해 라인신문이 폐간되는 등 탄압이 심해지자 프랑스 파리로 이주해 혁명적 집단과 접촉하고 엥겔스를 만난다. 그러나 급진적 인물이 체류하는 것을 기피한 프랑스 정부에 의해 추방되어 영국으로 건너가 그곳에서 생을 마감한다.

엥겔스와 공동 집필한 《공산당 선언 Manifesto of the Communist Party》(1848)과 1867년 초판이 출간된 《자본론》의 저자로 널리 알려져 있다. 러시아의 10월 혁명을 주도한 레닌 Vladimir Lenin에게 이론적 기반을 제공했다.

> 칼 마르크스, 김수행 옮김, 《자본론》,
> 비봉출판사, 2005.

"자본주의적 생산양식이 지배하는 사회의 부는 '상품의 방대한 집적'으로 나타나며, 개개의 상품은 이러한 부의 기본 형태로 나타난다."

"한 상품의 유용성은 그 물건으로 하여금 사용가치가 되게 한다. 그러나 이러한 유용성은 상품체의 물리적 속성에 의해 제약받고 있으며 그 상품체와 별도로 존재할 수 없다. 상품체의 이러한 속성은 유용성을 취득하는 데 인간 노동이 많이 소요되는가 적게 소요되는가와는 관계가 없다. 사용가치는 오직 사용 또는 소비에서만 실현된다. 사용가치는 교환가치의 물적 담당자다."

"교환가치는 우선 양적 관계, 즉 어떤 종류의 사용가치가 다른 종류의 사용가치와 교환되는 비율로서 나타난다. 상품들의 교환가치는 하나의 공통적인 것—교환가치는 그것의 어떤 양을 표시한다—으로 환원되어야 한다. 이 공통적인 그 무엇은 상품의 기하학적·물리학적·화학적 또는 기타의 자연적 속성일 수 없다."

"사용가치로서의 상품은 무엇보다도 질적으로 구별되지만, 교환가치로서의 상품은 오직 양적 차이만을 가질 수 있고, 따라서 거기에는 사용가치가 조금도 포함되어 있지 않다. 만약 상품체의 사용가치를 무시한다면 거기에는 오직 하나의 속성, 즉 그것이 노동생산물이라는 속성만 남는다."

"노동생산물에 남아 있는 것은 형태가 없는 동일한 실체동질적인 인간 노동의 단순한 응고물, 지출 형태와는 관계없이 지출된 인간 노동력의 단순한 응고물뿐이다. 노동생산물은 이러한 사회적 실체의 결정체로서 가치, 상품체이다. 상품의 교환관계 또는 교환가치에서 나타나는 공통인자는 바로 상품의 가치이다. 교환가치는 가치의 필연적인 표현 양식 또는 현상 형태이다."

"어떤 물건의 가치량을 결정하는 것은 오직 사회적으로 필요한 노동량, 즉 그것의 생산에 사회적으로 필요한 노동시간이다. 한 상품의 가치와 다른 상품의 가치 사이의 비율은 전자의 생산에 필요한 노동시간과 후자의 생산에 필요한 노동시간 사이의 비율과 같다."

마르크스는 자본주의 사회에서 "상품은 내가 아닌 다른 누군가가 무엇이 필요하기 때문에 생산"된다고 말한다. 다른 누군가가 무엇을 필요로 한다는 측면에서, 즉 "유용하다는 측면에서 상품은 '사용가치'를 가지게 된다." "상품체의 이러한 속성은 유용성을 취득하는 데 인간 노동이 많이 들어가는가 적게 들어가는가와는 관계가 없다." 다른 한편으로 이 상품은 시장에서 다른 상품들과 교환되어야 한다. 타인의 필요를 충족시켜야만 하기 때문이다. 그런데 "사용가치로서의 상품들이 일정한 비율로 서로 교환"되기 위해서는 교환될 수 있는 척도 또는 기준이 있어야 한다.

이러한 척도 또는 기준은 상품들 사이에 "양적으로 서로 비교될 수 있는 동질적인 그 무엇"이며, 이것을 '가치'라고 부른다. 그런데 "상품 교환은 질적으로 서로 다른 상품들 사이의 교환이다. 질적으로 동일한 상품을 교환하지는 않는다." 예를 들어 아마포와 저고리를 교환하지, "저고리와 저고리를 교환하지는 않는다"는 것이다. 질적으로 다른 이 두 상품 속에 들어가 있는 노동은 질적으로 서로 다른 '구체적유용 노동'예를 들어 농사와 방직이다.

이 둘이 양적으로 어떻게 비교될 수 있을까? 즉 이 둘 사이의 공통적인 요소는 무엇일까? 그것은 "노동의 유용한 성격을 무시한다면, 단지 인간 노동력의 지출"로서의 '인간 노동 일반' 또는 '추상노동'이다. 이 '추상노동'이 '가치'이며 상품이 시장에서 교환될 수 있게 한다. "상품의 사용가치는 노동이 '어떻게' 수행되며, 또 '무엇을' 생산하는가가 문제가 되며, 상품의 가치는 노동력이 '얼마나' 지출되는가, 즉 노동 시간", '그 상품에 들어 있는 노동량'만이 문제가 된다. 그런데 우리 눈에 드러나지 않는 이 가치라는 노동의 실체는 타인의 필요를 위해 존재하는 '사용가치'를 배제해버린다. 동시에 무엇을 얼마만큼 어떻게 생산할 것인지는 제쳐두고, 오로지 무조건 많이 무한히 생산하는 것만이 문제가 된다. 그렇기 때문에 가치보다는 바로 이러한 사용가치라는 측면에 따라서 생산과 분배가 이루어져야 한다는 것이 《자본론》의 핵심이라고 할 수 있다.

오언의 국민평형노동교환소와
민중무역협정

국민평형노동교환소는 반쪽짜리 대안

노동화폐, labor note

상품가치의 크기는 생산에 필요한 사회적 필요노동시간에 의해 결정되고 가치는 직접적으로 노동시간으로 측정된다는 데서 금을 화폐로 사용하지 않고 노동시간을 화폐 단위로 하여 교환한다는 생각에서 J. 그레이, P. J. 프루동, R. 오언 등 공상적 사회주의자들이 주장했다. 그레이는 상품 생산에 필요한 노동시간에 대한 중앙은행의 조사를 기초로 은행의 창고(상품창고)와 은행권(노동화폐) 발행 제도에 의한 공정한 상품 생산을 생각했다. 이 구상은 오언에 의해 협동사회운동의 일환으로서 실행에 옮겨져, 1832년 노동화폐로 노동생산물을 교환하는 국민평형노동교환소가 창설되었으나 3년을 넘기지 못하고 실패로 끝났다. 상품 생산에서 사적 노동이 직접 사회적 노동으로서 표시될 수 없다는 것을 정확히 이해하지 못한 데서 나온 주장이다.

— 《두산백과사전》

노동의 가치를 어디다 두느냐에 따라서 우리의 삶과 사회의 방향이 결정된다. 노동의 가치를 '노동시간'에 두고 노동화폐를 통해 새로운 사회를 건설하고자 했던 역사적 사례로 로버트 오언의 국민평형노동교환소가 있다. 오언은 웨일스의 기업가이자 사업개혁가였으며, 스코틀랜드의 뉴 라나크에서 산업공동체 모델을 구상하고 협동조합을 개척했다.

오언은 1800년에서 1829년까지 뉴 라나크 방직공장의 지배인으로 있으면서 산업공동체를 만들어 성공적으로 이끌었다. 그는 기계와 인간 노동력의 경쟁은 영원한 불행을 만들어내는 원인이라고 주장하며, 그에 대한 유일한 효과적 구제책은 인간의 단합된 행동과 기계를 인간에게 종속시키는 것이라고 말했다. 빈곤 퇴치에 대한 그의 제안들은 바로 이러한 원칙들에 기초한 것이었다. 오언은 실업자들을 위해서 통일·협동마을을 설립해야 한다고 주장했다.

각 마을은 400~600ha의 대지에 1200여 명의 주민들로 구성되며, 모든 사람들은 공동부엌과 공동식당을 갖춘 대규모 건축물에서 살게 될 것이라고 했다. 주민들은 가족 전용의 아파트를 소유하고, 아이들은 3세가 될 때까지 가족이 돌보다가 그후에는 공동체 사회가 양육한다. 부모들은 식사시간이나 적당한 시간에 아이들을 만날 수 있다. 오언은 그런 공동체 사회가 개인이나 지역 교회, 주민들, 국가에 의해서 세워질 수 있다고 믿었다. 그리고 이 경우에 적절한 자격을 갖춘 사람이 감독을 하게 되며, 노동과 그 결과는 공동으로 분배된다.

그러나 오언은 여기에 그치지 않았다. 노동자의 노동이 부의 원천이라는 것을 깨닫고 이러한 부가 노동자 공동체 전체를 위해 쓰여야 한다는 생각을 가지게 되었다. 그는 이러한 공산주의적 생각을 통해 사회를 좀더 급진적으로 개혁하고자 했다. 오언의 노력으로 1819년 공장에서 여성과 아동의 노동을 제한하는 법안이 통과되었고, 노동조합이 하나의 총연맹으로 단결했다. 그러나 이것은 영국 사회 내에서 그를 고립시키는 결과를 가져왔다.

그는 유럽에 환멸을 느끼고 새로운 땅에서 자신의 사상을 펼쳐 보이기 위해 미국으로 건너갔다. 그리고 1825년 종교단체로부터 인디애나에 있던 1215ha의 땅을 매입한 뒤 뉴하모니라는 이름의 새 공동체를 세웠다. 이 공동체는 그가 생각하기에 사회 변혁을 가로막는 세 가지 큰 장애물, 즉 사적 소유, 종교, 현존 결혼제도의 폐지를 원칙으로 했다. 이 공동체 사회는 한동안 오언의 실질적 인도 하에서 잘 정돈되고 만족스럽게 유지되었다. 그러나 얼마 지나지 않아 공동체는 실패로 끝나고 말았다.

실패의 원인은 절대적 평등에 너무 집착한 데 있었다. 그는 누구나 1시간 일을 하면 그가 숙련자든 아니든 개의치 않고 모두에게 똑같이 1시간의 몫을 분배하고자 했다. 그러나 사회적 평균노동시간숙련자와 미숙련자의 능력 차이, 그리고 정신노동과 육체노동의 능력 차이를 당연한 것으로 받아들이게 한 노동의 가치과 사적 소유에 익숙해 있던 대부분의 사람들은 이러한 절대적 평등 속에서는 자기가 늘 손해 본다는 생각을 했다. 이런 생각은 공동체를 이끌어가는 원칙에 의

협동조합운동의 창시자로 알려진 로버트 오언은 이상적인 공동체를 꿈꾸며 새로운 사회에 도전한 공상적 사회주의자였다.

문을 제기하게 했고, 이는 곧 공동체의 분열과 해체의 원인이 되었다.

엄청난 손해를 보고 영국으로 돌아온 오언은 노동운동을 이끌며, 국민 평형노동교환소를 세워 다시금 노동자들의 공동체를 세우고자 했다. 그러나 이 교환소 역시 이전처럼 절대적 평등에 기초하고 있었기 때문에 실패할 수밖에 없었다.

새로운 사회경제 체제의 대안, 민중무역협정

■

쿠바가 볼리비아에게 취할 조치

- 쿠바-볼리비아 비영리 단체를 설립하여 높은 비용을 감당할 수 없는 모든 볼리비아 시민들에게 고품질의 무료 안과 수술을 제공한다. 이를 통해 가난한 볼리비아인들이 시력을 잃거나 매년 시력이 심각하게 감퇴하는 것을 예방한다.
- 쿠바는 필요한 주민들 모두가 이용할 수 있도록 에스파냐어, 아이마라어, 케추아어, 과라니어 등 4개 언어의 문자 습득 프로그램을 시행하는 데 필요한 경험, 교육자료, 기술자원을 볼리비아에 지속적으로 제공한다.

베네수엘라가 볼리비아에게 취할 조치

- 베네수엘라는 볼리비아 공화국의 생산적·사회적 발전을 위해 여러 관심 분야에 5000명의 장학생을 유치할 계획을 재확인한다.
- 베네수엘라는 볼리비아 정부의 결정에 따라 볼리비아 민중들의 사회적·생산적 필요를 충족시키기 위해 3000만 달러를 기부한다.
- 베네수엘라는 볼리비아를 위해 생산 및 연관 기반시설 프로젝트에 사용할 1억

달러의 특별기금을 마련한다.

볼리비아가 쿠바와 베네수엘라에게 취할 조치

- 볼리비아는 쿠바와 베네수엘라가 필요로 하는 광물, 농산물, 농가공품, 가축 및 공산품의 수출에 기여한다.
- 볼리비아는 석유자원의 가능한 잉여생산으로 양국의 에너지 안보에 기여한다.
- 볼리비아는 자연의학의 영역에서, 또 고대 지식의 연구와 복원에서 베네수엘라 및 쿠바 정부와 경험을 공유한다.

쿠바와 베네수엘라가 볼리비아에게 취할 조치

- 베네수엘라 볼리바리안 공화국과 쿠바 공화국 정부는 미국 또는 유럽 정부가 주도하는 자유무역협정의 결과 시장을 상실하는 볼리비아의 석유 관련 제품, 기타 농산물과 공산품의 구매를 보장한다.
- 베네수엘라 볼리바리안 공화국과 쿠바 공화국 정부는 볼리비아와 협력 하에 볼리비아 외채의 무조건적 탕감이란 정당한 요구를 지지하는 데 필요한 조치를 추진한다. 볼리비아의 외채는 빈곤과 불평등에 대한 투쟁에서 심각한 장애가 되기 때문이다.

— 〈민중무역협정〉 중에서

■

민중무역협정은 현재 우리나라에서도 진행되고 있는 자유무역협정에 반대되는 것으로서 베네수엘라, 볼리비아, 쿠바 3개국이 맺은 무역협정이다. 자유무역협정은 기업의 이윤과 시장의 이윤을 최우선으로 하지만, 민중무역협정은 각국 민중들 사이의 강력한 연대, 상호협력과 원조, 자결권 존중의 원칙을 기반으로 한다. 민중무역협정은 곧 "각자의 필요에 따라" "각자의 욕구 충족을 위해" 세 나라 민중 사이에 이루어지는 무역 교류이다.

그런데 이러한 민중무역협정은 알바ALBA 정책을 위한 것이다. 알바란 정의, 평등, 연대를 원칙으로 미주 대륙 내의 개도국에 혜택을 제공하는 무역 블록을 구축하는 것이 목표다. 대륙의 자원을 저개발 국가로 이전시켜 개도국이 보다 유리한 조건에서 경쟁할 수 있도록 경제적 인프라를 구축하고자 하는 정책이다. 알바는 이윤 창출이 아닌 모든 나라의 식량 자급을 우선적인 목표로 삼고 있으며 지적 재산권을 반대한다. 또 공공서비스는 기업의 이윤이 아닌 민중의 필요를 충족시키는 것이 우선이며, 공공시설에 대한 규제, 국내 가격 규제, 기초 서비스에 대한 안정적인 접근 보장을 위한 정책을 포기하는 무역협정을 거부한다.

민중무역협정과 알바는 모든 국가 간 공평한 보상과 계층 간의 균형, 그리고 자연과 균형을 이루며 삶의 질소득, 교육, 건강, 문화을 개선하려는 노력을 하고 있다. 그럼으로써 자본주의 사회 경제 체제를 대신할 수 있는 새로운 대안으로 떠오르고 있다.

어떻게 하면 일하는 모든 사람들이
잘 살 수 있을까?

IMF 이후 우리나라에서 가장 논란이 되고 있는 것 중 하나는 바로 비정규직 문제라고 할 수 있다. 경제를 살려야 한다는 미명 아래 많은 노동자들이 거리로 내몰려 생존의 위협을 받고 있거나, 아니면 아주 적은 임금을 받으며 장시간 일하는 비정규직 노동자가 되기를 암묵적으로 강요받고 있다. 비정규직 양산은 빈익빈 부익부라는 자본주의 모순의 결과로 나타난 현상이라고 할 수 있다. 왜냐하면 더 많은 이익을 뽑아내어 경제를 살리려면 가격 경쟁력을 갖추어야 하는데, 그렇게 경쟁력을 갖추려고 하면 할수록 노동자의 전체 임금은 상대적으로 낮아질 수밖에 없기 때문이다.

그렇다면 비정규직 문제를 어떻게 해결할 수 있을까? 여기에 대한 답은 사람들 사이의 토론과 소통을 통해서 찾을 수 있다고 본다. M과 J는 비정규직 노동자들의 심각한 생존 문제와 관련하여 나름대로 해법을 찾아보고자 노력하는 온라인 카페 회원들이다. 두 사람은 온라인상에서 그 해법을 두고 서로 논쟁을 펼친다.

경제 발전으로 인한 노동자의 일자리 감소는 어쩔 수 없는 일인가?

M   비정규직 문제는 우리나라뿐만 아니라 전 세계적으로 아주 심각한 문제가 되고 있다고 생각합니다. 어떻게 1인당 국민소득이 높아지면 높아질수록 비정규직이 더 많이 생기는지 말입니다. 그런데도 정부는 1인당 국민소득이 더 지금보다 잘살 수 있다고 말하는지 이해할 수가 없습니다.

J   맞습니다, 맞고요! M님 말씀에 동감합니다. 경제가 발전할수록 과학기술이 발전하게 되고, 그리하여 인간이 하던 일을 기계가 대신하면서 사람들은 일자리를 잃게 되는 것이지요. 당장 일자리가 없어지는데 어떻게 잘살 수 있다는 말인지. 그렇다고 정부에서 사회복지 예산을 충분히 늘려 국민의 대다수인 노동자들의 생계를 위한 사회안전망을 충분히 갖춰놓는 것도 아니고…… 오히려 사회복지 예산을 대폭 줄이고 있는데 말이죠.

M   옳은 말씀입니다. 경제가 발전한다고 해서 국민의 삶의 질이 저절로 높아지는 것은 아니죠. 오히려 떨어지는 경향이 훨씬 더 강하다고 할 수 있어요. 왜냐하면 자본주의 사회에서 경제의 발전이란 자본의 이익이 증가하는 것이고, 이 이익은 국민 대다수가 아니라 자본가의 소유가 되면서 양극화 현상이 점점 더 심해지기 때문이지요. 이렇게 봤을 때 국익이란 국민 대다수의 이익이 아니라 소수 자본가의 이익이라는 소리가 나오는 것도 당연하다고 봐요.

J   일리 있는 말씀이네요. 하지만 저는 조금 다른 시각에서 이 문제를 보고 싶군요. 경제 발전이라는 것이 필연적으로 과학기술의 발전을 가져오고, 인간의 노동을 기계가 대신함에 따라 노동자들 대부분이 일자리를 잃을 수밖에 없다는 것이지요. 안타깝지만 어쩔 수 없는, 피할 수 없는 현상입니다.

M   그럼 이 현상을 근본적으로 변화시킬 수 없다는 것인가요? 전 그렇게 생각하지 않는데요.

J   그러신가요? 저는 근본적으로 이 흐름을 바꿀 수 없다고 봅니다. 그러나 이 흐름을 상당히 완화시킬 순 있다고 봐요.

M   어떻게요?

J   이익과 경쟁을 최고의 가치로 여기는 시장 영역에서 노동자의 일자리가 줄어드는 것은 어쩔 수 없는 일이에요. 그렇기 때문에 정부가 시장 영역에서 할 일은 없고, 정치적 영역에서 노동자가 살아갈 수 있도록 강력하게 개입해야 된다고 봐요.

M   구체적으로 어떻게 개입한다는 거죠?

J   예컨데 제3부문의 일자리 창출을 적극적으로 지원하는 겁니다.

M   제3부문이요? 그게 뭔가요?

J   제3부문은 사회문화적 생활을 구성하는 모든 공식·비공식 비영리 활동을 포함하는데요, 이 영역에서 사람들은 공동체적 유대와 사회적 질서를 창출할 수 있어요. 다시 말하자면 이 영역은 경제적 이익자본의 이익을 창출하는 시장의 영역과 대립되는 모든 비영리적 자치 활동 영역이라고 할 수 있습니다.

M   예…… 그럼 이 영역에서는 어떤 기준 또는 원칙으로 자신들이 만들어낸 생산물을 분배하고 교환하는 건가요?

J   아, 그건 말이죠, 음…… 이 문제를 해결하기 위해 시간은행, 타임 달러 등의 제도가 있어요. 이게 어떤 방식으로 운영되는 것인가 하면 말이죠, 예를 들어 어떤 특정인이 자진해서 자신의 전문적인 활동을 1시간 제공하면 1시간 달러의 보상을 받을 수 있어요. 그런데 여기서 보상은 여러 전문적인 활동들이 서로 질적으로 아주 다를지라도 1시간 달러로 동등하

게 이루어지지요. 즉 각각의 노동시간은 기여한 바의 특징과 종류에 관계없이 동등하다는 말이지요.

M   어라! 이 제도의 운영 방식은 사실상 시장 영역에서 이루어지는 것과 같다고 할 수 있지 않나요?

J   무슨 말씀이신지…… 에이, 그럴 리가 있나요!

M   아니에요. 한번 잘 들어보세요. 자본이 만들어지는 시장 영역에서도 질적으로 서로 다른 노동생산물이 교환되는 기준 역시 1시간, 2시간 등으로 표현되는 자연시간입니다. 이렇게 봤을 때 시장 영역과 대립되는 제3부문에서의 교환, 분배 방식의 기본적인 구조가 동일하기 때문에 이 두 영역 사이의 차이점이 사라진다고 할 수 있죠. 이는 곧 시장경제의 부정적 측면이 해결되는 것이 아니라 훨씬 더 깊어질 수 있음을 뜻한다고 볼 수 있죠.

J   음……

노동의 가치를 자연시간으로 보면 국가 간 빈부격차가 심화된다

M   시간은행, 타임달러 등과 아주 비슷한 제도가 19세기에 이미 실험되었습니다. 그레이, 프루동, 오언 등 공상적 사회주의자들이 구상했던 제도지요. 특히 그레이라는 사람은 상품 생산에 필요한 노동시간에 대한 중앙은행의 조사를 기초로 은행의 창고상품창고와 은행권노동화폐 발행 제도에 의한 공정한 상품 생산을 생각했답니다. 나중에 이 구상은 오언이라는 사람에 의해서 협동사회운동의 일환으로 실행에 옮겨져 1832년 노동화폐로 노동생산물을 교환하는 국민평형노동교환소가 창설되었지요. 비록 3년을

넘기지 못하고 실패하고 말았지만.

J   그럼 제가 말한 제도가 아무런 쓸모도 없다는 말씀인가요?

M   아, 아닙니다. 그렇게 들렸다면 미안합니다. 아무런 쓸모가 없다는 것이 아니고요, 현실화하기엔 좀 한계가 있다는 말이지요. 노동 또는 노동이 교환되는 가치를 1시간, 2시간 등의 자연시간으로 보는 것은 자본주의 경제 체제의 토대라고 할 수 있어요. 그런데 이익을 최고의 가치로 여기는 자본주의 경제의 토대를 비영리적인 제3부문에 적용시키면 그 역시 영리적인 자본주의 경제의 영향을 받게 되고, 결국에는 자본주의 경제 영역으로 합병될 수밖에 없지 않겠냐 하는 것이지요.

이제 노동의 가치는 "각자의 필요에 따라서"

J   노동의 가치를 이런 시간 말고 다른 걸로도 볼 수 있나요? 노동의 가치는 저 먼 옛날 고대인들이 물물교환을 하던 때부터 있었던 것 아닌가요? 시간 아니면 다른 무엇으로 노동의 가치를 삼을 수 있나요?

M   자연시간으로 따지는 노동의 가치는 자본주의 시대 들어와서 생겨난 것이지요. 왜냐하면 자기가 만든 노동생산물을 자기 마음대로 다른 사람의 노동생산물과 전면적으로 교환할 수 있는 것은 자본주의 시대에 접어들어 가능해졌지요. 그 이전 봉건주의 사회에서는 개인이 만든 노동생산물을 모두 개인이 마음대로 하는 사적 소유가 아니라 공동체 소유였으니까요. 우리가 사용하고 있는 1시간, 2시간의 시간관념은 자본주의 시대에 와서 생겨난 것이랍니다.

 노동의 가치를 시간 말고 다른 것으로 볼 수 있는 것이 있습니다. 바로

"각자의 필요에 따라", 즉 각자의 욕구에 따르는 것이지요. 이러한 방식 하에서는 그 누구도 이익을 보거나 손해를 볼 수 없어요. 왜냐하면 누구나 자신의 욕구를 충족시킬 수 있기 때문이지요. 이것을 바탕으로 한 분배, 교환, 소통 방식을 사람들은 비현실적이고 이상적인 것으로만 생각합니다만, 실제로는 우리 삶의 한편에 녹아 있어요. 친구 사이가 그렇고, 연인 사이가 그렇고, 동아리 구성원들 사이에서도 이해관계를 따지지 않고 서로 각자가 필요한 것을 충족시키지요.

J   아…… 우리가 노동하는 것은 각자가 필요한 것을 충족시키는 데 그 목적이 있는 거군요. 토론을 좀더 이어가고 싶지만 약속이 있어서 이만 나가봐야겠습니다. 덕분에 많이 배우고 갑니다.

M   무슨 말씀을! 덕분에 저도 공부 많이 했네요. 고맙습니다.

J   나중에 곡차 한잔해요.

경제가 발전한다고 해서 국민의 삶의 질이 높아지는 것은 아니다. 자본의 이익은 국민 대다수가 아니라 자본가의 소유가 되면서, 빈익빈 부익부 현상은 더욱 심화된다.

더
읽어야 할 자료

책

■ 마이클 레보위츠, 원영수 옮김, 《지금 건설하라, 21세기 사회주의》, 메이데이, 2008.

자본주의 외에는 대안이 없다고 말하는 신자유주의에서 벗어나 새로운 대안 모델로 베네수엘라 혁명을 다루고 있다. 협동과 연대, 주체적 민주주의를 통한 국영기업의 공동 경영과 자주적 관리, 지역 공동체 건설과 같은 베네수엘라의 실험을 통해 21세기 사회주의 건설의 관건을 파악한다.

■ 로버트 오언, 하승우 옮김, 《사회에 관한 새로운 의견》, 지만지, 2009.

오언은 자본주의 시장경제 체제가 모든 사회적 관계를 파괴한다고 생각하고 새로운 사회를 꿈꾸었다. 그가 강조했던 새로운 교육의 필요성과 협동조합운동의 중요성은 오늘날에도 여전히 의미를 가진다. 신자유주의가 가져온 심각한 사회적 양극화는 일하는 사람들을 빈곤과 고통 속으로 몰아넣고 있다. 이런 극단적 상황을 어떻게 변화시킬 수 있을지 이 책이 하나의 방향을 제시해주고 있다.

■ 이재유, 《스미스의 국부론》, 삼성출판사, 2006.

애덤 스미스가 왜 인간의 노동을 '국부'라고 했는지, 그리고 이 말이 어떻게 자본주의 경제 체제의 이념이 되었는지를 잘 설명하고 있다. 또 인간의 노동이 국부라는 스미스의 노동가치설이 지닌 한계를 살펴본다. 구체적이고 흥미로운 사례로 《국부론》을 짚어봄으로써 애덤 스미스 사상의 핵심을 발견할 수 있게 해준다.

■ 이재유, 《계급》, 책세상, 2008.

계급의 진정한 의미를 살펴봄으로써 우리가 인간적 삶을 향유하기 위해 어떤 길을 선택해야 할지 사유의 기틀을 마련하고 있다. 그 출발점으로 노동자의 이중성이란 딜레마를 해결하기 위해 산별 및 업종 노조와 같은 노조의 연계가 갖는 의미를 살펴보고, 노동자 계급의 자기 생산 교두보인 가족의 중요성, 그리고 여성의 가사노동 해방과 가부장제 폐지가 계급투쟁의 기점임을 주장하고 있다.

영화

■ 피터 카타네오, 〈풀 몬티〉, 1997.

서로 얼굴도 모르고 지내던 실직 노동자들이 남성 스트립쇼를 통해 '남성=노동자'라는 성별 분업을 넘어서서 자신의 새로운 정체성을 깨달아가는 내용이 절망적 삶에서 희망을 발견하고 마을 주민 전체가 서로를 자랑스러워하는 새로운 공동체의 가능성을 제시한다.

■ 마크 허먼, 〈브래스트 오프〉, 1996.

1992년 영국 정부의 탄광 폐업정책으로 말미암아 광부들이 일자리를 잃고 마을의 브라스 밴드도 해체 위기에 직면한다. 탄광 노동자들로 구성된 밴드 단원들은 자기들만의 방식으로 정부 정책에 저항하며 자신의 정체성에 눈을 떠간다. 잿빛 탄광촌에 울려 퍼지는 경쾌한 브라스 밴드의 연주가 인상적인 영화다.

■ 켄 로치, 〈빵과 장미〉, 2000.

미국 땅에 밀입국하여 LA의 한 빌딩에서 청소부로 일하고 있는 멕시코 여성 마야. 그녀는 백인 노동운동가를 만나면서 불합리한 현실에 눈뜨고 노동자들과 단결해 노조활동에 참여한다. 20세기 초반 '빵과 장미'를 함께 요구했던 여성 이주노동자들의 구호에서 제목을 따왔다. 여기서 빵은 삶을 지탱하게 해주는 기본적인 권리를, 장미는 인간으로서 존중받을 권리를 상징한다.

웹사이트

■ 미션 바리오 아덴트로 http://blog.jinbo.net/BA/

베네수엘라의 1차 의료개혁, 미션 바리오 아덴트로를 소개하는 블로그이다.

9

신자유주의

자유를 팝니다

박준영 (한국철학사상연구회 연구원)

 생각 속으로

신자유주의는
어떤 자유로운 세계를 가져올까?

신자유주의는 거역할 수 없는 대세인가

IMF 이후로 '신자유주의'라는 말이 유행어가 되었다. 처음에는 사회운동 가들이 한국 사회와 세계화를 규정하는 말로 사용했는데, 이제는 일반인 들과 많은 매체에서도 사용하고 있다. 그런데 우리는 이 말의 역사적 유래 와 개념적 함축을 제대로 알고 있는 것일까? 막연하게 자유주의의 새로운 버전쯤으로 알고 있지는 않은지 물어볼 만하다. 그리고 실상 이 모호한 개 념이 확실한 것인 듯 받아들여지고 있는데, 무엇이 확실한지도 파악되지 않았으면서 그것이 '대세'니 '마지막 대안'이니 한다. 뭔가 석연찮은 구석이 있다. 도대체 신자유주의는 어떤 모습을 하고 있는 것일까?

우리 주변을 돌아보면 십수 년 동안에 많은 변화가 있었음을 알 수 있 다. 무엇보다 실업자가 많이 늘었고, 비정규직이 정규직 수준에 육박하고 있으며, 다들 경제가 어렵다고 하는데도 상위 10%의 부유한 사람들은 소 비 행태가 더욱 사치스러워졌다. 그전에는 직장에 한번 들어가면 그곳을 평생직장으로 알고 헌신하는 것이 당연했으나, 지금은 수십 대 일의 경쟁

률을 뚫고 입사해도 언제 해고될지 모르는 불안 속에서 직장생활을 해나
간다. 또 한국 사회의 젊은이들은 '88만 원 세대'라는 말이 함축하는 것처
럼 정말 '쥐꼬리'만 한 월급을 받으면서 생활을 영위해야 한다. 이 모든 현
상들이 이토록 갑작스럽게, 또 이토록 엄청난 파급력을 가지면서 나타난
이면에는 신자유주의라는 전 사회적 구조조정의 동력이 작동하고 있다는
것을 먼저 알아야 한다.

현재 진행되고 있는 세계화globalization의 과정을 살펴보면 몇 가지 특징적
인 면을 발견할 수 있다.

첫째, 프랜시스 후쿠야마Francis Fukuyama가 제기한 '역사의 종말' 테제에 따
르면, 현대 사회는 자본주의를 정점으로 하는 역사의 마지막 단계에 있다
고 한다. 즉 자본주의는 인류가 진보해온 과정에서 가장 발전된 형태라는
말이다. 그리고 이를 뒷받침하는 것이 과학기술이다. 특히 최근의 정보혁
명은 개인의 민주적 의사 표현을 극대화하면서 정치적 진보를 촉진한다.

그런데 후쿠야마의 이 의견을 그대로 좇다 보면 우리는 한 가지 이상한
점을 발견하게 된다. 만약 현대 자본주의가 민주주의를 촉진하고 그것이
인류 진보의 정점을 표상한다면, 세계화는 필연적인 것이 되고 그 외에 다
른 것은 생각할 수 없다. 그러나 현대 사회는 복잡다기하며 자본주의가 안
고 있는 문제는 그렇게 단순한 시각에서는 해결될 수 없다는 것 또한 매
우 상식적이지 않은가? 후쿠야마의 '역사의 종말' 테제란 혹시 자본주의의

2007년, 한미 FTA에 반대하는 촛불
시위. '신자유주의'에서 '자유'는 '시장의 자유'를 뜻
한다. 그 외에 인간이 누려야 하는 정치적·사회적
자유는 여기서 의도적으로 배제되어 있다.

절대적 수혜자인 부르주아 계급의 이데올로기는 아닐까?

사실 후쿠야마의 역사관은 낯선 것이 아니다. 그 자신도 〈재고 – 병 속의 최후의 인간Second Thoughts : The Last Man in a Bottle〉이라는 논문에서 밝히고 있다시피, 그것은 종래 있어왔던 헤겔 류의 진보사관에 다름 아니다. 그럼에도 후쿠야마의 주장이 쉽게 받아들여질 수 있는 것은 그것이 1980년대 후반 소련과 동유럽 사회주의 몰락 이후 등장한 신자유주의의 주장을 뒷받침할 수 있는 최적의 조건을 갖추고 있었기 때문이다.

둘째, 신자유주의는 후쿠야마의 테제를 자기화하면서 경제적으로 '자유주의'를 명확하게 견지한다고 한다. 그러나 그 이름에서도 나타나듯이 그것은 고전적 자유주의의 '자유'와는 다른 의미이다. 고전적 자유의 개념은 밀John Stuart Mill이 《자유론On Liberty》에서 밝힌 바 있다. 그것은 '우리가 욕구하는 것을 하는 것'이다. 이 정의는 자유에 대한 적극적 규정이라고 불리는데, 신자유주의는 이러한 고전적 자유의 개념을 '경제적 자유'로 축소하고 있다는 것이 통설이다. 다시 말해 신자유주의의 자유는 '시장의 자유'에 다름 아닌 것이다. 그 외에 인간이 누려야 하는 정치적·사회적 자유는 여기서 의도적으로 배제되어 있다. 이러한 자유의 축소를 뚜렷이 볼 수 있는 것이 신자유주의를 대표하는 학자인 하이에크의 사상이다.

하이에크는 자유를 "사회에서 타인에 의한 강제가 가능한 한 줄어든 인간 조건"으로 정의하는데, 이것은 밀이 말하는 자유와는 현격한 차이를 보인다. 이것은 '강제의 결여'라는 의미에서 소극적 자유인 것이다. 그런데 문제는 하이에크가 이렇게 구속된 자유 개념을 시장경제의 자유로 다시 한번 제한한다는 데 있다. 그에게 이러한 자유가 가장 잘 유시되는 것은 시장질서market order, catallaxy이다. 이 시장질서 내에 국가의 개입이나 복지정책적 고려는 전혀 들어설 여지가 없다.

신자유주의는 우리가 선택할 수 있는 유일한 대안인가

만약 우리가 후쿠야마나 하이에크 또는 프리드먼Milton Friedman을 따른다면 이 질문에 긍정적으로 답할 수 있을 것이다. 왜냐하면 가장 이상적인 자유의 형태가 자본주의, 그것도 시장질서 내에서 이루어지고 있으며, 그러한 메커니즘을 사회 전반에 적용하기만 하면 되기 때문이다. 그렇지만 우리가 영위하는 '삶' 전체가 시장질서 내에 포섭되는 것이 가능할까? 경제적 삶이라는 것이 삶의 전부를 차지한다면 그것은 가능할 것이다. 하지만 삶은 경제적인 것으로 환원될 수 없는 잔여residue를 항상 남기는 것이지 않을까? 삶이 항상 부富의 욕망으로만 흐르는 것일까?

프랑스의 철학자 들뢰즈Gilles Deleuze는 욕망이란 삶과 동의어이며, 그것은 자본주의의 코드화를 항상 흘러넘친다고 말한다. 자본주의 시장질서가 삶을 구획하고 동선을 강제하는 곳에서 욕망은 그와는 다른 곳으로 출구를 내면서 언제나 탈주flight하는 것이다. 사실 고전적 자유 개념에 따르면, 인간의 욕망은 어떤 제한도 견디지 못한다고 하는 편이 맞을 것이다. 그래서 그 욕망은 항상 탈주와 전복을 꿈꾼다. 우리가 일상적으로 꾸는 꿈조차 그것을 증명하지 않는가? 깨어 있는 동안 이루지 못한 바람을 꿈이 이루어준다. 자신이 처한 삶의 조건에 만족하지 못하는 유일한 존재가 인간이라고 한다. 그렇다면 신자유주의가 말하는 경제적 자유란 진정한 의미의 자유라기보다 족쇄에 더 가깝지 않겠는가?

여기에 대해 네그리Antonio Negri는 신자유주의 세계화의 와중에 형성되는 대항제국counter-empire의 가능성에 대해 말하고 있다. 역사적으로 자본주의에서 말하는 자유란 경제적 자유일 수밖에 없다. 그것은 애초부터 '노동할 자유'이며, 결코 '노동으로부터 해방될 자유'를 의미하는 것이 아니었다는 것이다. 따라서 네그리는 노동자의 자기조직화self-organization를 통한 집합적 자유를 신자유주의 세계화에서 말하는 자유주의의 대척점에 놓는다. 그것은 경제적 자유가 강제하는 '노동'으로부터 벗어나 자기 욕망에 충실한 주체들, 즉 다중multitude을 미래 사회의 새로운 집단적 존재상으로 제시하는 것이다.

경제적 자유, 선택의 자유 또는 시장의 자유는 신자유주의 세계화가 말하는 장밋빛 미래를 정당화하는 기본 개념이다. 그러나 현대의 많은 학자들과 사회운동가들은 이러한 신자유주의의 제안이 담고 있는 본질을 꿰뚫어보려고 노력한다. 왜냐하면 신자유주의가 말하는 그 '자유' 아래에서 수많은 노동자들이 구조조정과 노동유연성이라는 이름으로 정리해고를 당했으며, 자본은 이를 통해 상호 경쟁을 부추기며 더 많은 잉여노동과 이윤을 뽑아내고 있기 때문이다. 이것은 바로 눈앞에 보이는 신자유주의 세계화의 결과이다. 즉 신자유주의는 피억압 계급의 이익이 아니라 지배 계급의 이익을 대변하는 이데올로기이지 '우리'가 선택해야 할 대안은 아닌 것이다. 우리의 삶에 대한 욕망은 그 영역을 넘어선다.

신자유주의가 만들어가는 세계, 하나의 지옥도

신자유주의는 자본과 노동시장의 규제 완화, 국가 간 관세 장벽 철폐를 통한 자본 이동의 보장을 통해 자본의 이윤을 극대화하는 체계라는 것을 새삼 알 수 있다. 여기에 노동은 하나의 상품으로 취급될 뿐, 그것이 '삶'의 일부라는 사실은 도외시된다. 1930년대 세계대공황 이후 그 대안이었던 케인스주의에서는 그나마 노동을 특화된 경제학의 대상으로 삼고 그것을 정치적 고려의 대상으로 취급할 것을 조언했었지만, 신자유주의 하에서 그런 조언은 웃음거리가 될 뿐이다.

실제로 신자유주의자들은 케인스주의식 노동경제학이 한계에 봉착한 시점에 등장했다. 영국의 대처Margaret Thatcher 정부와 미국의 레이건Ronald Reagan 정부 이래로 케인스주의는 만성적 인플레이션만을 조장하는 낡은 이론으로 치부되었으며, 오히려 노동에 대한 국가의 통제라고 매도당했다. 노동 역시 상품이므로 시장에 맡기라는 것이다. 이로써 복지와 임금은 2차적인 사안이 되었다.

그렇다면 신자유주의의 행진이 지금껏 성공한 것일까? 노동을 시장에 맡기면 실업률이 감소하고 가난한 자들에게도 기회가 공평하게 돌아갈 것이라고 말한 프리드먼의 전망은 지금 어떻게 되었을까? 사태는 그와 정확히 반대로 돌아가고 있다는 것이 전문가들의 말이다. 즉 자본주의의 위기를 관리하고 인플레이션을 극복하기 위해 제기된 신자유주의 경제정책이 오히려 그 위기를 심화, 증폭시키며 세계 곳곳에서 대중의 저항에 부딪힌 것이다.

그 한 가지 예로 선진 공업국의 성장률은 신자유주의 시행 이후 꾸준히 감소해왔다. 통계에 따르면 고작 2~3% 수준을 유지할 뿐이다. 거기에다 실업률은 증가 추세이다. 미국이 현재 세계 최대의 실업국이자 최대의 채무국인 것이 신자유주의와 무관할까? 재정적자를 해소하기 위해 줄인 복지비는 고스란히 상위 계층의 수입으로 전용되고 말았다. 그 결과로 생긴 빈부격차는 가난한 자들을 더욱 가난하게, 부자를 더욱 부자로 만드는 악순환을 심화시켜가고 있다. 비록 가난한 자가 용케 취업에 성공한다 하더라도 그 일자리는 항상 해고의 위협에 시달리는 비정규직일 뿐이다. 이것이 신자유주의가 주장하는 노동시장 유연화 정책의 결과라는 것은 명백하다.

IMF 체제 이후 한국의 사정도 이와 무관하지는 않다. 신자유주의 정책은 정권이 바뀌었다고 수정되지 않았다. 김영삼 정부와 노무현 정부 그리고 이명박 정부에 이르기까지 신자유주의는 그 수위를 높여온 것이 사실이다. 청년실업 문제, 교육 자율화, 공공 부문 민영화와 노동유연화는 이제 한국 사회에서도 낯설지 않은 사회적 이슈가 되었다. 그리고 가장 최근의 미국산 쇠고기 수입 문제는 신자유주의 무역협정인 FTA를 체결하기 위한 선결 조건이었음이 대통령의 입을 통해 공공연히 흘러나오고 있는 실정이다. 다시 말해 한국 사회도 신자유주의 세계화의 한 지절 또는 노드node로서 그 역할을 강제당하고 있다는 것이다.

  그리고 신자유주의를 맨 처음 받아들였다고 간주되는 멕시코에서 한국에 이르기까지 그 정책에 저항하는 민중들도 항상 존재해왔다. 멕시코의 라칸돈 정글에서부터 시작된 사파티스타Zapatista 투쟁, 시애틀의 반세계화 투쟁, 프랑스의 최초고용계약제CPE 반대 투쟁, 한국의 미친소 반대 촛불시위가 그 저항의 예들이다. 지금도 전 세계 민중들은 보이는 곳에서, 또 보이지 않는 곳에서 신자유주의에 반대하며 자신이 삶과 욕망의 주인임을 스스로 선언하고 있다.

안토니오 네그리와 밀턴 프리드먼

- **안토니오 네그리** Antonio Negri (1933~)

이탈리아 파도바 출신의 학자이자 노동운동가. 마르크시즘에 기반을 둔 자율주의autonimism를 주창한 신좌파에 속한다. 1969년부터 1979년까지 이어진 이탈리아의 혁명적 상황에서 노동자의 자율적 조직화를 긍정하면서, 국가화된 노조와 공산당의 온건 노선에 비판적 입장을 취했다. '붉은여단' 사건에서 알도 모로Aldo Moro 수상의 암살에 연루되었다는 누명을 쓰고 프랑스로 망명했다. 망명 중에도 집필과 강의를 멈추지 않았으며, 이때 나온 책이 스피노자 연구서인《야만적 별종L'anomalia selvaggia》(2001)이다. 이 외에도 마이클 하트Michael Hardt와 함께《제국Empire》(2001)을 집필했으며, 이 책으로 세계 사회운동 논쟁의 중심에 서게 되었다.

> 마이클 하트·안토니오 네그리, 윤수종 옮김,
> 《제국》, 이학사, 2001.

복지국가의 위기와 신자유주의

복지국가의 위기란 첫째로 공적 자금을 통해 구축된 공적인 상호 협력과 분배 구조들이 사적 이익을 위해 사유화되고 몰수되고 있다는 것을 의미한다. 에너지 서비스와 소통 서비스의 사유화를 향한 최근의 신자유주의적 경향은 나선형적 진행 과정의 또 다른 회전축이다. (···) 시장 체제와 신자유주의는 (···) 자연에 대한 이런 사적인 전유에 기생하며 그에 의존하여 생존한다. 공적인 것이라는 개념의 기초로 간주되는 공통적인 것들the commons은 사적인 사용을 위해 몰수되는데, 이때 그 누구의 저항도 용인되지 않는다. 그러므로 공적인 것은 심지어 개념적으로도 해체되며 사유화된다. 사실상 사적 소유의 초월적 권력이 공적인 것과 공통적인 것 사이의 내재적 관계를 폭압적으로 대체하는 것이다.

NGO와 신자유주의

여러 NGO 활동이 전 지구적 자본의 신자유주의 기획에 한층 더 협력적이라는 것이 정말로 사실일지 모른다. 그러나 우리는 이러한 사실을 통해 모든 NGO 활동을 적절하게 범주화할 수 없다는 점을 조심스럽게 지적할 것이다. 비정부적이거나 심지어 국민국가의 역능에 대립한다는 사실이 본질적으로 이러한 조직들이 자본의 이익과 일치한다고 말하는 이유가 되어서는 안 된다. (···) 우리는 최소한의 사람들, 즉 스스로를 대표할 수 없는 사람들을 대표하려고 노력하는 일련의 NGO들에 관심이 많다. (···) (NGO들은) 전 지구적이며 보편적인 인간의 이해를 직접적으로 대표한다. (···) 그들의 정치활동은 '문제는 삶 자체이다'라는 보편적인 도덕적 요청에 기대고 있다. (···) 그들이 실제로 대표하는 것은 '인민' 아래에 놓인 생명력이며, 따라서 그들은 정치를 일반적 삶, 즉 완전히 일반적인 삶의 문제로 변형시킨다. (···) 가장 넓고 보편적인 수준에서 NGO들의 활동은 생체 권력의 영토 위에서 삶 자체의 요구들과 대면하며 "정치를 넘어" 제국의 작동과 일치하는 것이다.

다중과 대항제국

제국으로의 이행과 제국의 전 지구화 과정은 해방세력에게 새로운 가능성
을 제공한다. 물론 전 지구화는 어떤 특정한 형태가 아니다. 그리고 우리
가 전 지구화라고 인식하는 다기한 과정은 통합적이지도, 명확하지도 않
다. 우리는 우리의 정치적 과제가 이런 단순한 과정에 저항하는 것이 아니
라 그 과정을 재조직하여 새로운 목표를 향해 재정향하는 것이라고 주장
할 것이다. 제국을 지탱하고 있는 다중multitude의 창조적 역능은 대항제국,
즉 전 지구적 흐름과 교환에 대한 대안적 정치 조직을 자율적으로 형성할
수 있다. 그러므로 현실적 대안을 구축하기 위한 투쟁들뿐만 아니라 제국
에 저항하고 제국을 전복하는 투쟁들이 제국적 지형 그 자체 위에서 야기
될 것이다. 사실, 그러한 새로운 투쟁들은 이미 시작되었다. 이 투쟁들과
더불어 이와 유사한 더 많은 투쟁들을 통해 다중은 새로운 민주적 형태들
과 언젠가는 우리로 하여금 제국을 관통하고 제국을 넘어서게 할 새로운
구성권력constituent power을 발명해야 할 것이다.

해설

네그리는 현재 전 세계적으로 통용되는 신자유주의를 복지국가에
대한 대대적인 공세로 생각한다. 복지국가는 1930년대 대공황기를
거치면서 형성된 케인스주의를 중심 사상으로 하는데, 이는 국가의
재정 투입과 시장 개입을 적극적으로 권하는 국가 시스템이다. 국가
가 시장, 특히 노동시장에 적극적으로 개입함으로써 유효수요를 창출

하고 그를 통해 시장과 사회 그리고 노동 간의 선순환을 이끌어내면서 결과적으로 파국공황을 예방해야 한다는 것이다.

네그리가 바라보는 지점은 이러한 케인스주의에 대한 대대적인 공세로서의 신자유주의가 고전적 자유주의와는 달리 국가의 개입을 전면 부인하는 것은 아니라는 것이다. 왜냐하면 고전적 자유주의 시절의 경우 자본은 일국적 차원에서 순환했지만 소비에트와 동유럽 사회주의 붕괴 이후 세계화되었으며, 이로 인해 국가가 자본에게 필요한 요소가 되었다는 것이다. 이를테면 자본은 국가에게 국경을 넘는 자본 거래에 필요한 규제 철폐, 노동유연화 등을 주문하는데, 국가는 이를 충실히 수행하는 하나의 지절node이 되는 것이다. 이때 국가가 동원하는 것이 '공권력경찰력'이다. 다시 말해 자본은 세계적 차원에서의 이윤 착취를 관철하기 위해 국가에게 폭력을 위임하는 것이다.

하지만 이러한 자본의 이윤 착취는 현재 전 세계적인 다중의 저항에 직면해 있다는 것이 네그리의 진단이다. 네그리는 이것을 하트와의 공저인 《제국》에서 '대항제국'이라고 부른다. 전 세계 프롤레타리아의 새로운 형상으로서 다중은 이러한 대항제국을 통해 자본의 제국적 질서에 파열구를 내면서 곳곳에 해방구를 만든다는 것이다.

밀턴 프리드먼 Milton Friedman (1912~2006)

미국 뉴욕 태생으로 신자유주의 경제학의 대표자로 알려져 있다. 그는 실업이 일정 수준 유지되는 것은 시장경제의 최소 메커니즘이라고 주장하면서, 통화정책을 통해 국부를 증진시킬 수 있다고 한다. 그에 따르면, 통화정책과 가격기구를 통하는 것 외에 국가의 시장 개입은 반복적인 인플레이션을 부를 뿐이다. 그의 대표작 중 하나인 《화려한 약속, 우울한 성과 Bright Promises, Dismal Performance》는 이러한 그의 신자유주의적 주장이 일관되게 담긴 대중적 경제학서 이다. 그는 이 책에서 통화정책조차 국가기구를 통해 인위적으로 통제하는 것은 가능하지도 않고 부작용만을 초래할 뿐이라고 말한다. 다시 말해 국가기구는 단지 시장의 경찰로서 자유거래와 무역의 자유를 보장하는 역할만을 해야 한다는 것이다. 신자유주의는 프리드먼의 조언을 충실히 따르는 경향을 띤다.

밀턴 프리드먼, 안재욱 · 이은영 옮김,
《화려한 약속, 우울한 성과》, 나남출판, 2005.

자본주의의 우월성

시장사회, 즉 자기 소유물을 자유롭게 처분하는 사회, 사람들이 자발적 교환을 하는 사회에서 선을 실천한다는 것은 힘들다. 당신은 사람들을 설득해야 한다. 그런데 그것보다 더 어려운 것은 이 세상에 아무것도 없다. 하지만 중요한 것은 그러한 사회에서는 악을 행하는 것 또한 어렵다는 점이다. (…) 그래서 나는 자본주의 자체는 인간적이지도, 비인간적이지도 않으며 사회주의 또한 그렇다고 결론짓는다. 하지만 자본주의는 인간의 존재를 규명할 때 사회주의와는 달리 인간적 가치에 보다 자유로운 관점을 가지고 있다. 한편으로 자본주의는 보다 높은 책임감을 가지게 하는 도덕적 분위기를, 또 한편으로는 인간 활동의 전 영역에서 위대한 성과를 위해 보다 호의적인 분위기를 전개하는 경향이 있다.

자유시장과 작은 정부

어떻게 하면 소비자를 보호할 수 있는가? 가장 효과적인 소비자 보호는 내 생각에 국내에서의 자유경쟁과 세계에서의 자유무역이다. 최고의 보호자는 어디서나 자유경쟁을 가능케 하는 자유시장, 사적 자유시장이다. 소비자에 대한 가장 큰 위협은 개인 혹은 공공의 독점이다. 소비자에 대한 훌륭한 보호는 소비자가 선택할 수 있는 공급의 원천을 갖는 것이다. X로부터 소비자가 착취당하는 것을 막는 방법은 X가 소비자에게 너무 큰 부담을 지울 때 소비자 스스로 Y에게 호소할 수 있게 하는 것이다.

다소 시간이 걸리겠지만 정부의 통제는 지식인들뿐만 아니라 모든 사람들의 자유를 파괴하며, 누구에게 행사되든지 간에 그런 고귀한 목적은 성취되지 않는다는 인식이 형성될 것이다. (…) 큰 정부가 곧 산타클로스라는 생각을 사람들에게 강요하는 것이 지식인의 의무라고 생각하는 사람들은 그만두고 어서 돌아가 그 열성으로 큰 정부가 실제로는 프랑켄슈타인이라는 가르침을 더 많은 사람들에게 일깨워주는 편이 현명할 것이다.

실업은 과장된 것이다

800만 명이 실업 상태에 있다는 발표는 사람들로 하여금 일자리를 찾기 위해 거리를 할 일 없이 배회하는 800만 명을 상상하게 한다. 그러나 그것은 잘못된 생각이다. 실업으로 기록된 대부분의 사람들은 일자리를 옮기고 또 그것을 찾는 과정에 있다. 대부분은 어떤 형태로든지 실업 당시에 소득이 있다. 매주 50만 명 이상이 일자리를 찾고 있고, 다른 50만 명은 일자리를 찾기 위해 노동시장으로 들어오는 것이다. 불경기에 발생하는 두드러진 현상은 일자리를 찾는 데 걸리는 시간이 더 늘어난다는 것이다.

(…) 실업은 분명 심각한 문제지만, 모호한 통계 때문에 헷갈려서도 안 된다. 사람들이 실업에 대해 안심하고 있다는 것은 공공연한 비밀이다. 그것이 문제의 진실을 드러내는 정확한 기준이다.

해설

프리드먼은 자본의 세계화를 현실사회주의 붕괴 이후 필연적인 세계적 추세 또는 법칙으로 이해한다. 이를 통해 이제 국가의 역할은 최소화되어야 하며 시장자본주의에 그 재량을 위임해야 한다고 주장한다. 이것이 바로 프리드먼을 비롯한 신자유주의자들의 '최소국가론'이다. 하지만 국가의 시장 개입을 반대하기는 고전적 자유주의자들도 마찬가지였다. 문제는 신자유주의자들이 케인스주의 이후 형성된 복지국가의 틀을 해체하는 데 국가의 힘을 아직도 요구하고 있다는 것이다. 규제를 풀고 공기업을 민영화하여 시장의 거래질서에 맡기는 작업은 애초에 그것을 시행한 주체인 국가가 아니면 안 될 것이다.

이 책에서 프리드먼은 복지국가의 기획이 약속했던 꿈을 '화려한 약속'이라고 비꼰다. 그것은 결국 '우울한 성과'만을 남겼다는 것이다. 그렇다면 과연 프리드먼의 주장처럼 신자유주의는 케인스주의와 복지국가 기획의 진정한 대안이 될 수 있을 것인가?

멕시코 사파티스타와
프랑스 최초 고용계약제 반대 투쟁

멕시코의 신자유주의와 사파티스타 봉기

1994년 1월 1일은 북미자유무역협정NAFTA이 발효된 날이다. 북미자유무역
협정은 말 그대로 캐나다와 멕시코, 미국 간의 관세 장벽을 없애고 멕시코
의 노동력을 이용해 북미 지역 자본의 이윤을 진작시키고자 하는 것으로
전형적인 신자유주의 협정이다. 이 역사적인 날 멕시코 치아파스 주 라칸
돈 정글에서는 북미자유무역협정을 반대하고 천연자원에 대한 주권과 토
지이용권을 주장하는 멕시코 원주민들의 저항이 일어났다. 이 저항에 참
여한 원주민들을 일컬어 사파티스타 민족해방군이라고 한다.

이들은 NAFTA로 발효된 신자유주의 정책이 멕시코 인구의 10%를 차지
하는 원주민들을 더욱더 비참한 상태로 몰아넣고 있다고 주장한다. 이 정
책은 멕시코에서 500여 년간 생활해온 원주민들의 터전을 신자유주의 이
윤 시장에 고스란히 갖다 바치는 것이다. 이들에게 가장 중요한 것은 물론
토지다. 그런데 멕시코의 살리나스Carlos Salinas de Gortari 정부는 이들의 공동
소유지에히도, ejido를 민영화하려고 한 것이다. 이와 같이 신자유주의는 지구
상에 남아 있는 모든 공동 소유의 터전들을 상품화하고, 마지막까지 이윤

을 짜내려고 한다.

이 봉기는 농민반란의 성격을 띠고 있음에도 정치권력의 획득을 목표로 하지 않는다. 이것은 다만 정당정치로부터 배제된 채 신자유주의 하에서 터전을 빼앗기고 생존을 위협받는 멕시코 인디오들의 존엄성을 위한 투쟁이다. 그리고 그 요구 조건도 매우 단순 명쾌하다. 원주민들의 문화, 언어, 관습, 무엇보다 토지 소유를 인정해달라는 것이다.

원주민들이 봉기한 치아파스 주는 경제적으로 멕시코의 요충지다. 석유가 매장되어 있으며 삼림도 풍부하다. 농업 생산량도 멕시코 전역에서 세 번째로 많다. 그러나 이들은 이 부유한 땅에서 노예처럼 일만 하는 가난한 자들일 뿐이다. 모든 토지가 정부와 결탁한 일부 세력의 수중에 있으며, 인디오들은 빼앗긴 땅 근처에서 옥수수 농사로 겨우 연명한다.

이들의 요구와 무장봉기에 살리나스 정부는 처음에 무력으로 맞섰다. 북미자유무역협정을 망치고 싶지 않았기 때문이었다. 이때 사파티스타가 택한 전술은 '선전전'이었다. 그리고 여기서 상당한 위력을 발휘한 것이 인터넷이다. 그들은 인터넷에 사이트를 개설하고 전 세계 네티즌들에게 치아파스의 상황을 실시간으로 중계했으며, 이를 계기로 '대륙 간 회의'에 수많은 반세계화 민중들과 그 지도자들을 끌어 모으는 데 성공했다. 전 세계가 지켜보는 가운데 살리나스 정부는 무력진압을 할 수 없었고, 살리나스가 물러나고 세디요Ernesto Zedillo 정부가 들어서자 1996년 2월 '산 안드레스' 협정에 조인하기에 이른다. 이를 통해 인디오들은 자치권과 자결권을 얻었으나 실질적으로 토지소유권을 얻지는 못했으므로 사파티스타의 투쟁은 계속 이어진다. 세디요 정부가 물러나고 폭스Vicente Fox Quesada 정권이 들어선 이후에도 사파티스타의 투쟁은 계속되고 있다.

프랑스의 최초고용계약제 반대 투쟁

2006년 1월 16일 프랑스의 드 빌팽Dominique de Villepin 수상이 다음과 같은 요지의 법안을 발표했다. "26세 미만 청년 노동자의 수습기간을 현행 1~2개월에서 2년으로 연장하겠다." 이것을 '최초고용계약제'라고 한다. 문제는 이 법안으로 인해 수습기간 중 사업주에게 해고의 자유가 주어진다는 것이었다. 거기다가 3년분의 사회보장비 부담 면제까지. 이는 전형적인 노동 유연화 정책으로 그동안의 복지 정책을 철회하고 자본에 유리한 방향으로 노동 계약을 법제화하기 위한 신자유주의 제도였다.

수상의 발표 이후 프랑스 전역이 들고 일어났다. 같은 달 19일 청년-학생 조직이 최초고용계약제 철회를 요구하며 연대투쟁을 선포했다. 2월 7일에는 40만 명이 시위를 벌였고, 3월 7일에는 100만 명으로 규모가 확대된다. 그리고 3월 9일 국회에서 이 법안이 의결된다. 이때부터 45개 대학이 동맹 휴업에 들어가고, 16일까지 50만 명 이상이 참여한 시위가 프랑스 전역에서 일어나게 된다. 이후 시위는 더 확대되어 18일에는 150만 명이 참여한다. 이 과정에서 167명이 불법 연행, 체포되었다. 잠시 소강상태를 거친 후 23일에는 다시 22만 명이 시위에 참여했으며 630명이 체포되었다. 24일에는 노조 대표부와 수상이 회담을 진행했으나 결렬된다. 이에 프랑스노동조합은 총파업을 결행, 국철 노동자의 30%, 교사의 40%가 파업에 참여한다. 그리고 60개 대학과 600개 고등학교도 파업에 동참한다. 이로써 학교가 점거, 봉쇄되었으며, 신문이 휴간했고, 오페라관도 휴관했다. 이 시기에 최대 규모인 300만 명이 시위에 참여해 800명이 체포되었으며 탄압이 더욱 강화되었다.

그러나 3월 30일에 헌법재판소가 최초고용계약제 법안에 대해 합헌 판결을 내렸다. 힘을 얻은 시라크Jacques Rene Chirac 정부는 대통령 연설을 통해 법안을 공포할 것이라고 말했다. 이에 프랑스 국민들의 분노는 극에 이르렀다. 4월 1일까지 밤을 새우며 수천 명의 시위대가 파리에서 농성했고 100명이 체포되었다. 그리고 다음날, 법안은 결국 공포 시행된다. 그러나 프랑스 국민들은 이러한 신자유주의적이고 반노동자적이며 반국민적인 법안의 시행에 다시 분기했다. 4개월여에 이르는 투쟁 기간 중 최대 규모인 310만 명이 시위에 동참하는 것으로 그것에 답했다. 이것은 전국적인 규모의 시위였으며, 파리에서만 50만 명이 시위에 나섰고 338명이 체포되었다. 이후로도 탄압은 계속되었으나 마침내 국민적 저항에 밀린 정부가 4월 10일 최초고용계약제 법안의 전면 철회에 합의하게 되었다. 프랑스 전역이 축제 분위기였고 프랑스 역사는 1789년 대혁명, 그리고 1968년 혁명 이후 최대의 승리를 거두었으며, 프랑스 민주주의의 건재함을 세계에 과시했다. 결국 신자유주의는 프랑스라는 민주주의의 성지에서 또 한 번의 패배를 맛보아야 했다.

신자유주의의 성장과 미국산 쇠고기 반대 촛불시위

멕시코를 시작으로 유럽을 거쳐 영역을 확장하려던 신자유주의 세계화 세력은 마침내 동아시아의 경제 거점을 파고들기 시작했다. 그 일차적 목표가 바로 한국이었다.

2008년 4월 7일, 한국과 미국은 참여정부 이래로 난항을 거듭하던 쇠고기 협상을 전격적으로 타결했다. 그 다음날 이명박 대통령은 국빈 자격으로 미국의 캠프 데이비드에서 부시George W. Bush 대통령과 회담을 했으며,

2006년 프랑스에서 일어난 최초고용계약제 반대 시위. 이 법안은 청년 실업을 해결하고 고용 기회를 늘린다는 명분 아래 26세 미만 노동자의 경우 고용 2년 내에 이유 없이 해고할 수 있도록 제도화한 것이다. '노동유연화'라는 자본권력적 기조를 보면 미국이 주도하는 신자유주의 세계화 논리와 크게 다르지 않다. 국민적 저항에 밀린 프랑스 정부는 결국 이 법안을 전면 철회한다.

한미동맹이 더욱더 강화되었음을 천명했다. 그리고 그는 내외신 기자들과 미국측 인사들이 함께한 오찬 자리에서, 쇠고기 협상이 타결되었으니 한미 FTA로 가는 하나의 걸림돌이 사라졌다고 말하며 큰 박수갈채를 받았다.

이 일련의 사태는 쇠고기 협상 타결이 곧 신자유주의 무역정책의 일환으로 미국이 주축이 되어 각국이 추진하고 있는 FTA, 즉 자유무역협정 Free Trade Agreement의 선결 조건이었음을 의미한다. 각국의 무역장벽을 없애고 신자유주의 세계화의 중심인 금융자본과 다국적 기업의 국가 간 투자를 원활하게 하기 위해 체결되고 있는 이 협정은 각국의 이해관계를 조율하여 당사국 자본의 최대 이윤을 함께 끌어내는 것이 목적이다. 하지만 사실상 협상 당사자의 국제정치적 지위와 국력에 따라 그 이윤의 파이 조각을 어느 일방이 더 많이 먹을 확률이 높다. 미국산 쇠고기 문제는 참여정부가 이러한 불평등을 막아보기 위해 협상의 마지노선으로 그어놓은 것이기도 했다.

그러나 이명박 정부는 단 몇 주 만에 이 협상을 타결했다. 그리고 그 결과는 유래가 없을 정도의 불평등 협상이었다. 전 세계 어디에서도 수입하지 않는 광우병 위험 미국산 쇠고기를 전격 수입하기로 결정한 것이다.

국민들의 저항은 협상 체결 보름 후인 5월 2일부터 시작되었다. 그전까지는 졸속협상이라는 비난과 함께 정치권 내에서의 비난에 그쳤으나, 4월 29일 〈미국산 쇠고기, 광우병에서 안전한가〉라는 제목으로 TV 고발 프로그램이 방영되자 저항은 들불처럼 번져가게 되었다. 특이한 것은 초기 저항을 10대 청소년들이 이끌었다는 것이다. 그리고 시위가 인터넷과 휴대전화를 통해 공지되었으며, 그에 따라 많은 청소년들^{약 1만 명}이 5월 2일 첫 시위에 매우 기동력 있게 동참했다는 것도 특기할 사항이다.

청소년들의 시위에 고무된 시민사회단체들은 5월 6일 '광우병 국민대책회의'를 출범시킨다. 정부의 탄압이 시작된 것도 이즈음이다. 정부는 청소년들과 시민들의 건강에 대한 불안을 '괴담'과 '배후세력의 사주'로 규정하고 대대적인 경찰 동원령을 내렸다. 그러나 이는 오히려 역효과를 불러왔다. 자발적으로 촛불을 든 시민들이 평일과 주말 시청 앞 광장에 모이기 시작했고, 적게는 수천에서 많게는 수만에 이르는 시위대가 형성되었다. 이즈음에 열린 국회 청문회는 더욱더 많은 의혹을 증폭시켰다. 마침내 대통령의 사과까지 있었으나 시민들이 요구하는 '재협상'은 불가하다는 기본원칙에는 변함이 없었다.

분노한 시민들은 5월 24일 밤샘 시위를 벌이며 청와대로 진출을 시도했고, 이에 경찰은 불법 연행과 폭력 진압으로 대응했다. 이날을 전후해서 시위의 양상은 이명박 정부의 정책 전반에 대한 저항으로 확대되기에 이른다. 그리고 정권 퇴진 요구마저 등장하게 된다. 그럼에도 정부는 경찰력을 증강하고 물리력으로 탄압했다. 이 과정에서 수백 명의 시민들이 부상당하고 또 수백 명이 연행되기에 이르렀다.

5월 29일, 마침내 정부는 협상 고시 강행을 선포했다. 이는 시민들의 저항에 기름을 붓는 격이었다. 비가 오는 악천후 속에서도 시민들은 촛불을 들고 거리로 나섰으며, 정부는 소화기와 물대포를 직사하며 맞섰다. 수십만 시민의 저항에 봉착한 정부는 마침내 6월 7일 협상 고시를 무기한 연기한다고 선포했다. 그러나 시민들은 정부의 발표를 미봉책일 뿐이라고 여기며 촛불시위를 계속 이어갔고 그 규모는 더욱더 확대되었다. 그 결과가 6월 10일 최대 규모 시위다. 주최측 추산 50만 시위대가 시청을 중심으로 서울시 전역을 촛불로 밝히는 장관을 이룬 것이다.

그러나 정권은 완고했다. 결국 고시가 강행되었으며, 이에 따라 저항도 그칠 줄 모르고 거세졌다. 약 2개월이 넘는 기간 동안 부상자만 900여 명에 달했고 연행자는 1000명을 넘어섰다. 그후에도 평일 소규모 집회와 주말 대규모 집회가 이어졌으며, 이명박 정부의 지지율은 7~20%대로 떨어졌다. 탄압도 고강도로 진행되어 수배와 감금, 불법 압수 수색이 자행되었으며, 인터넷을 중심으로 움직이는 시위자들에 대한 검거와 출국 금지, 실형 선고도 이어졌다.

과연 우리는 정의로운 자본주의 사회에 살고 있을까?

현재 우리는 어떤 사회에 살고 있는 것일까? 자본주의 사회에 살고 있는 것은 확실한데, 도대체 '어떤' 자본주의일까? 자신의 능력을 자유롭게 펼치고, 그 능력에 따라 대우받으며, 행복한 가정을 이루며 사는 것, 그것이 우리 모두의 작은 희망일 것이다. 그런데 우리 주위를 살펴보면 날마다 자살과 살인, 끔찍한 유괴, 강간 사건들이 끊임없이 일어난다. 많은 사람들이 실직하고, 가족이 돈을 벌기 위해 뿔뿔이 흩어지기도 한다. 도대체 이런 일들이 십수 년 사이에 그토록 증가한 이유는 무엇일까? 과연 우리는 '정의로운' 자본주의 사회에 살고 있는 것일까?

자본주의의 최대 가치는 '자유'다. 그것은 '타인에게 해가 되지 않는 한도 내에서' 개인의 자유를 최대화하는 것을 중심 가치로 삼는다. 만약 우리 사회가 이런 자본주의의 자유 이념을 실행하는 데 성공하고 있다면 위와 같은 의문은 나오지 않을 것이다. 그렇다면 이러한 의문이 나올 수밖에 없는 현재 우리 사회 자본주의의 문제가 무엇인지 알아야 한다. 그것이 바로 신자유주의 문제이고, 우리 자신의 현재와 미래가 걸린 문제이기 때문이다.

시장에서 조화롭게 욕망이 촉구된다면?

사회자   오늘 토론에는 애덤 스미스, 밀턴 프리드먼, 안토니오 네그리 선생님을 모셨습니다. 시공을 초월하여 힘든 걸음을 해주신 세 분에게 심심한 감사를 드립니다.

스미스   반갑습니다.

프리드먼·네그리   안녕하세요.

사회자   소비에트와 동구 사회주의 몰락 이후 자본주의가 유일한 대안이되고 있습니다. 한편에서는 신자유주의를 적극 주장하면서 자본 이동의 규제를 풀고 노동시장을 유연화해서 기업의 이윤추구를 보장하라고 합니다. 또 다른 편에서는 신자유주의 자본주의가 노동자와 전 세계 민중들에

■■■■ 1994년, 신자유주의에 경도된 멕시코 정부를 향해 선전포고를한 사파티스타 민족해방군은 봉기한 지 15년이 지난 지금까지 투쟁을 계속해오고 있다.

게 고통을 전가하고 최상층 부르주아 계급만을 살찌운다고 비판합니다. 이에 대해 어떤 입장을 가지고 계시는지 말씀들 해주시죠.

프리드먼 제가 먼저 말씀드리겠습니다. 신자유주의는 이데올로기라기보다는 1930년대 대공황 이후 도입된 케인스주의의 실패에 따른 자유주의 자본주의 사회의 필연적 추세이며 자본주의의 본질로 돌아가는 것이기도 합니다. 사실상 케인스주의의 국가 개입 정책으로 세계 경제는 더욱더 심각한 침체에 빠졌습니다.

스미스 자본주의의 본질이라는 건 어떤 것을 얘기하는 건가?

프리드먼 이윤추구의 자유, 그리고 당연히 시장의 자유를 의미합니다.

네그리 소비에트 몰락 이후 지구화는 자연스러운 과정이긴 합니다. 그러나 그것이 곧 시장의 자유가 자본주의의 본질이라는 주장을 정당화하지는 않지요. 사실 이윤추구에 익숙한 자본주의 부르주아 계급에게 그것은 본질처럼 보일 것입니다. 하지만 정규직과 비정규직 노동자, 유색인종들에게 그것은 재앙입니다.

프리드먼 실업에 대해서 말씀하시는 겁니까? 사실상 케인스주의가 제기했던 문제도 그것이지요. 하지만 보십시오. 1930년대 대공황 이후 국가가 경제에 개입하여 실업을 조절하기 위해 인플레이션을 유발하면서 더 큰 재앙이 발생했습니다. 국가의 시장 개입은 단기적 안정책이 될 수 있을지는 몰라도 장기적으로는 더 큰 실업과 경기 침체를 불러온다는 것이지요.

네그리 케인스주의의 실패에 대해서는 동의합니다만, 그것이 곧 신자유주의의 장밋빛 미래를 보장해주지는 않지요. 지금 당장을 보더라도 전 세계적으로 빈부격차가 심해지고 있지 않습니까? 케인스주의의 실패라는 게 사실상 노동자들의 잘못은 아니지요. 그런데도 자본가들은 그것이 마치 노동자들의 잘못인 것처럼 호도하고 있습니다. 그런 인식 하에서 복지기금을 줄이고 공공 부문을 민영화하는 것이지요.

스미스   시장이라는 것이 물건을 사고파는 이기적 주체들의 조화로운 욕망 추구를 늘 담보해야 하는데, 내가 살던 시대와 지금은 많이 다른가 보군. 그렇지 않다면 어떻게 실업과 공황이 주기적으로 발생하는가? 내 입장에서는 프리드먼 박사의 말이 더 신뢰가 가지만, 뭔가 빠진 것 같다는 생각이 들기도 하네. 사실 내가 《도덕감정론》에서 말했고 《국부론》의 여기저기서 암시한 바는 시장에 나오는 거래자들이 공정하다는 전제인데……

네그리   선생님의 생각은 수긍이 갑니다. 그리고 시장의 거래자들이 공정하다는 것도 인정하지요. 하지만 세계화, 신자유주의는 그러한 거래자들의 공정 거래의 양심을 구조적으로 갉아먹는 체제입니다. 사실상 거기에 상거래 도의라든지 담합에 대한 거절과 같은 양심이 끼어들 여지가 없다는 겁니다. 그랬다가는 사업을 말아먹게 되거든요.

프리드먼   네그리 선생께서는 시장 메커니즘을 너무 단순하게 보시는 것 같습니다. 스미스 선생님께서 어떤 의미에서 '양심'을 말씀하시는지는 잘 모르겠지만, 시장은 자율적 가격 조절 기구입니다. 이것만 지켜지면 상거래상의 도덕성은 자연스럽게 지켜진다는 게 제 주장입니다. A라는 자가 사기로 이윤을 취한다면 B라는 자도 그렇게 할 것인데, 시장은 그러한 사기를 구조적으로 막아줄 수 있습니다. 왜냐하면 그런 사기 거래가 만연했을 때 손해를 보는 것은 당연히 A와 B 당사자들일 테니까요.

시장은 사기꾼을 원하지 않는다

네그리   그렇지요. 제 말이 그 말입니다. A와 B 모두가 지는 게임을 신자유주의가 하고 있는 것입니다. 그것이 금융자본, 즉 카지노 자본이지요. 돈으로 돈을 벌다가 그것 때문에 망하는 것입니다. 막스 베버Max Weber가 '천민자본주의'를 말할 때 암시한 것은 노동이 아니라 이자로 먹고 사는 그 금융자본입니다. 신자유주의는 노동이 아니라 금융을 중심에 놓고 있으니 더 문제입니다. 금융자본은 투자처를 찾아 이동합니다. 그들에게 노동자의 일상과 삶은 고려 대상이 아니지요. 그러니 당연히 거래상의 도의라는 것도 없습니다. 이윤만이 존재할 뿐이지요.

프리드먼 그렇다면 네그리 선생께서는 세계화를 반대하시는 겁니까?

네그리 그렇지 않습니다. 저는 세계화 자체를 반대하는 것이 아닙니다. 오히려 그것이 어떤 긍정적 작용을 한다고도 생각합니다. 마르크스의 말을 빌리자면 이런 것이지요. "자본주의는 자기 자신의 무덤을 파는 계급을 육성한다"는 말 말입니다. 세계화는 자기 자신의 무덤을 파는 전 세계 다중을 불러 세웁니다. 멕시코 치아파스 주에서 일어난 사파티스타 봉기에서부터 최근 한국의 미국산 쇠고기 수입 반대 촛불시위에 이르기까지, 계급과 인종을 초월한 다중은 세계화의 무덤을 파는 진정한 프롤레타리아입니다.

스미스 매우 흥미로운 발상이군. 네그리 선생은 어떤 혁명적 변화를 원하는가 보군.

네그리 당연합니다. 그러나 'Revolution'이 아니라 'revolutions'입니다. 고전적 방식으로 혁명을 이해하면 곤란하다는 것이지요. 지금은 일괴암적인monolithic 당적 중심이 불필요하며 다중이 그것을 원하지도 않습니다. 또 세계화 자체가 그러한 혁명을 원하고 있기도 하지요.

프리드먼 제 생각에 네그리 선생은 이상주의자 같습니다. 경제는 현실입니다. 신자유주의도 마찬가지고요. 혁명을 부정하는 것은 아니지만 현실적 맥락을 벗어난 시도는 모험주의에 불과합니다. 선생께서 말하는 그 다중을 더 고달프게 할 뿐이지요. 차라리 가격기구와 노동시장의 합리적 메커니즘에 노동자들의 복지를 맡겨보는 게 더 나을 것 같습니다.

네그리   분명히 말하지만 자본주의에서 노동은 시장 거래의 대상이 될 수 없습니다. 실로 고전적 자유주의 시대에 노동을 시장에 맡긴 것이 재앙이 되었듯이, 현대의 신자유주의도 그 전철을 밟을 것이고, 또 실제로 그렇게 되어가고 있습니다. 노동은 '산 노동'이며 시장에서는 상품, 즉 '죽은 노동'만을 거래합니다. 산 노동을 죽은 노동처럼 취급하는 순간, 다시 말해 노동을 거래의 대상으로 취급하는 순간 자본주의는 스스로 무덤을 파게 됩니다. 그것은 역사가 증명하는 것 아닙니까? 신자유주의도 마찬가지입니다. 노동을 국경을 넘나드는 금융자본의 상품처럼 취급하는 순간 수많은 저항에 부딪힐 것입니다. 당연한 것이 상품은 '정신'을 가지지 않지만, 노동자들은 '정신'을 가지기 때문이지요. 경제학적 수량 판단만으로 상황을 재단하는 것은 매우 위험하다는 것을 말씀드리고 싶군요. 그건 세계화 자체에도 도움이 되지 않습니다.

스미스   하긴, 노동을 거래 대상으로만 보는 것은 문제가 있긴 하지. 그 주체가 '도덕감정'을 가진 인간이니까. 그렇다면 자본가들은 어떤 식으로 노동을 대해야 하나?

프리드먼   자본가들에 대한 신화가 있습니다. 그것은 모든 자본가들이 악하다는 것이지요. 제가 《화려한 약속, 우울한 성과》에서도 밝혔습니다만, 자본가들은 악하지도 선하지도 않습니다. 그들은 다른 모든 노동자들과 마찬가지로 자신의 욕망에 따라 움직이며, 그것이 시장에 의해 조절된다고 믿습니다. 또 스미스 선생님께서 말씀하셨듯이, 그 이기적 욕망이 전체의 복리를 증진시킨다고 생각하지요.

스미스   그러나 중요한 것을 빠뜨리면 안 되지. 누누이 말하지만, 시장에서의 욕망 추구는 도덕감정을 기초로 해야 하네. 그것이 없으면 시장은 사기꾼들로 넘쳐나게 되지.

프리드먼   시장은 사기꾼들을 원하지 않습니다. 그 자체로 정화능력이 있다고 생각합니다.

보이지 않는 손, 보이지 않는 인간의 삶

네그리   정화능력이 있다면 어째서 노동과 자본의 대립이 생기는 걸까요?

프리드먼   그것은 정부와 시민단체들이 과도하게 시장에 개입하기 때문입니다. 일종의 노사 분열의 이데올로그로 활동하는 게 그들이니까요.

네그리   인플레이션이나 공황기에 고통을 감내하라는 데에 저항하는 것이 노사분열을 부추긴다는 것입니까? 실업자들에게 실업수당을 주는 것이 이데올로기적 행태인가요? 프리드먼 박사의 말대로라면 가격 조절을 통해 노동시장에서 배제된 노동자들은 그것을 경제법칙의 필연으로 받아들이고 시장이 부를 때까지 고통을 감수해야 한다는 것으로 들립니다. 도대체 경제법칙이라는 것이 중력법칙과 같이 인간이 받아들일 수밖에 없는 법칙이 되어야 하는 이유가 뭡니까?

프리드먼   실업의 폐해를 부정하는 것은 아닙니다. 노동자들의 고통을 모르는 것도 아니고요. 문제는 그것을 해결하는 과정에서 국가의 개입이 더한 고통을 유발한다는 것입니다. 경제법칙은 자율적이며, 그런 만큼 외부의 개입에 민감하게 반응합니다. 그렇다면 그것을 두고 보는 것이 국가가 해야 할 일입니다. 자연스럽게 흐르는 물길을 돌리면 어떻게 됩니까? 당연히 환경파괴가 발생하지요.

네그리   처음에 프리드먼 박사가 제게 한 말이 생각나는군요. 제가 너무 '이상적'이라고 했던 것 말입니다. 지금 보면 박사께서 더 이상주의자 같습니다. 시장의 법칙을 이상화하는 것 말입니다. 사실상 시장이 '보이지 않는 손'에 의해 움직인다고 말한 분은 여기 계신 스미스 선생님이시지요. 그러나 그때 스미스 선생님이 그것을 '법칙'의 수준에 이르기까지 맹신하시지는 않은 것으로 알고 있습니다. 그런데 프리드먼 박사는 그 수준을 넘어서고 있습니다. 노동과 자본의 대립은 역사적 현상입니다. 그것은 시장법칙의 그 '법칙'보다 더 오래된 역사 현상이지요. 그리고 그 대립이 프리드먼 박사의 신자유주의보다 더 역사적으로 증명된 바가 많습니다. 이것이 제가 노동의 정치를 말하는 이유이고, 신자유주의가 스스로 무덤을 파고 있다고 말하는 이유이기도 합니다. 다시 말해 모험주의라는 라벨은 혁명이라는 역사적 현상에 붙이는 것이 아니라, 금융자본을 필두로 해서 세계 자본주의를 전일화하려는 신자유주의 시장 맹신에 붙여야 한다는 겁니다.

프리드먼   잘 알겠습니다. 결국 네그리 선생은 정치야말로 신자유주의를 넘어서는 대안이라는 말씀이시군요. 그 정치의 주체는 다중이고 말입니다. 굉장히 모호하다는 생각을 지울 수가 없군요.

네그리   법칙의 눈에 보이지 않는 것이 '삶'입니다.

프리드먼   삶에도 일정한 법칙이 있으며, 그것을 밝히는 것이 경제학이지요.

스미스   경제학적 삶은 어떤가? 내가 보기에는 두 사람 모두 삶을 부정하는 것 같지는 않아. 그것도 노동자들의 삶을 말이야. 네그리 선생은 노동의 삶에 가깝고, 프리드먼 선생은 자본의 삶에 기깝다는 차이점이 있긴 하군.

네그리   자본은 산 노동의 활력을 먹고 삽니다. 노동이 없으면 자본은 당장 연명할 수가 없지요.

프리드먼 자본이 없으면 누가 노동자들을 고용합니까?

네그리 근본적으로 볼 때 노동자의 삶은 고용을 필요로 하지 않습니다. 결국 '노동자'라는 계급을 없애고 '인간'으로서 가치를 발휘하도록 하는 것이 모든 혁명의 목적이니까요.

사회자 자, 자, 진정하시고요. 스미스 선생께서는 다른 할 말이 없으신지요?

스미스 그렇소.

사회자 굉장히 열띤 토론이었습니다. 생각 같아서는 하루 종일 이어가고 싶은데, 시간이 허락하지를 않는군요. 네그리 선생과 프리드먼 선생의 의견차가 굉장히 심한 것 같습니다. 토론이라는 것이 꼭 결론을 내야 하는 것은 아니니 오늘은 이만 마치도록 하지요. 참석해주신 세 분께 다시 한번 감사드립니다.

더
읽어야 할 자료

■ 워너 본펠드, 이원영 옮김, 《신자유주의와 화폐의 정치》, 갈무리, 1999.

신자유주의의 본질이라고 볼 수 있는 금융자본주의의 역사적 출현과 그것의 메커니즘을 심층적으로 분석한 책이다. 결과적으로 신자유주의 하에서 금융자본은 투기자본으로 화한다는 점을 강조한다.

■ 데이비드 하비, 최병두 옮김, 《신자유주의 – 간략한 역사》, 한울, 2009.

신자유주의의 역사적 배경과 그것의 현재 모습을 잘 묘사하고 있는 책이다. 한국에 도입된 신자유주의에 대해서도 언급하고 있다. 신자유주의가 결코 필연적인 대세가 아니라는 점을 역사적·공간적 분석을 통해 밝히고 다른 세계에 대한 접근을 시도한다.

■ 조정환, 《미네르바의 촛불》, 갈무리, 2009.

2008년 미국산 쇠고기 수입 반대로 시작된 100만 촛불항쟁의 사회철학적 본질을 탐구하는 책이다. 저자는 촛불항쟁을 중간 계급의 단순한 이익 투쟁으로 바라보지 않고 신자유주의에 대한 광범위한 다중의 저항으로 바라본다.

여현석

벌거숭이 임금을 바라보며 비겁하게 침묵을 지켰던 어른들과 통쾌하게 웃음을 날렸던 소년의 풍경이 오래도록 그림자처럼 내 주위를 맴돌고 있다. 어른이 되어가면서도 소년을 지향하는 것은 정신적 퇴행일까? 철학이 비판을 넘어 사람들에게 즐거움과 희망이 될 수 있는 길을 모색하고 있다.

고려대학교 철학과를 졸업하고 같은 학교 대학원 철학과에서 석사학위를 받고 박사과정을 수료했다. 안양대학교, 충북대학교, 한국방송통신대학교 등에서 윤리학, 사회철학, 토론과 발표, 논리적 사고와 글쓰기 등을 강의하고 있다. 안양대학교에서 강의평가 우수상을 수상했다. 논저로 〈칸트의 선악개념과 그 규정원리에 관한 연구〉, 《마키아벨리의 군주론》, 《플라톤의 국가》, 《예술, 인문학과 통하다》(공저), 《세계를 바꾼 아홉 가지 단어》(공저), 《논술의 모든 것》(공저) 등이 있다.

박영균

왜 그랬는지 모르지만 나는 언제나 일상의 고통과 고뇌를 짊어지고 살아가는 사람들의 삶에 항상 관심이 많았다. 특히 사람들의 삶을 왜곡하거나 생명력과 자유를 억압하는 기제들에 늘 분노가 일었다. 그래서 철학을 했는지도 모른다. 철학은 언제나 현실과 호흡하고 생명의 무한한 잠재력을 일깨우는 역할을 해야 한다고 믿기에 사회정치철학을 전공했다. 이런 관점에서 한때 기술철학에도 관심을 가졌으며, 지금도 현대 문명의 핵심을 파헤치기 위해서는 기술철학을 해야 한다고 믿는다. 그동안 펴낸 책으로 《칼 마르크스》, 《맑스, 탈현대적 지평을 걷다》등이 있으며, 그 밖에 다수의 논문이 있다. 현재 건국대학교 HK교수로 재직 중이다.

김범수
인생에 대한 고민은 사춘기 시절에 해야 한다. 그런데 이 고민을 인생 설계할 나이인 스물네 살에 비로소 했다. 그리고 어설프게 철학 공부를 시작했다. 원래는 사회철학을 공부하려고 했지만 존재론의 늪에 빠져서 헤어 나오지 못하고 있다. 지금도 존재론에서 허우적거리며 박사논문은 쓰고 있다. 한국철학사상연구회라는 단체에서 선배들과 어울리며 공부하고 책도 쓰고 있다.

유현상
헤겔의 자유 개념에 관한 주제로 석사논문을 쓰고 현재는 주로 공동체주의에 관한 관심을 두고 철학 공부를 하고 있다. 특히 자유주의와 공동체주의적 입장에서의 다원주의의 차이가 무엇인지를 밝히는 데에 관심이 있으며, 다문화사회에서 사회정의를 위한 실천적 전략으로서의 연대의 의미, 조건, 기준 등을 마련할 수는 없을까 하는 고민을 하고 있다.

윤은주
대학 1학년, 어느 수업 시간에 교수님이 종이 한 장을 주시며 자신을 나타내는 단어를 모두 써보라 하셨다. 열 개를 채 못 채웠던 것으로 기억한다. "윤은주, 숭실대학교 철학과, 철학박사, 안토니오 그람시, 한나 아렌트". 이 다섯 단어가 현재의 나를 나타내며, 여전히 완성되지 않은 단어들이지만 지금까지 살면서 내가 찾은 것들이다. 이 단어들은 또한 누군가와 내가 다르다는 것을 알려주는 것이기도 하다.

지금은 사람들이 왜 다른지, 무엇이 다른지, 다르다는 것은 어떤 의미인지를 고민 중이다. 학위논문은 〈그람시의 실천철학에서 본 아렌트의 정치적 행위 개념〉이고, 여기에서 발전되어 인간의 정치적 행위가 어떤 다름에서 시작되는지 생각하고 또 생각하면서, 〈아렌트의 정치적 행위에서 본 마키아벨리의 정치〉, 〈다름의 인정과 차이의 지양〉, 〈정치와 비─정치〉 등의 글을 썼다.

홍영두

지배, 억압, 착취가 없는 세상을 꿈꾸면서 살아간다. 그래서 사회철학, 정치철학 분야의 연구를 업으로 삼고 있다. 일상생활에서는 불화와 분열을 싫어하고 조화를 좋아한다. 사회생활에서도 평온한 삶을 누리고 싶지만 내 뜻대로 살지 못한다. 세상이 내가 살고 싶은 삶을 추구할 수 없게 방해하기 때문인 것 같다. 현재 건국대학교 법학연구소 학술연구교수로서 '다문화사회와 법'에 관한 공동연구를 수행 중에 있으며, 충북대학교에서 교양철학을 강의하고 있다.

성균관대학교에서 〈칸트의 공허한 형식주의적 도덕주관성에 대한 헤겔의 비판과 인륜적 자유의 이념〉으로 박사학위를 받았고, 《헤겔 법철학 비판》, 《철학노트》 등을 번역했으며, 〈자유주의의 두 방법론에 대한 헤겔의 비판과 인륜성 범주의 연역〉, 〈헤겔과 자유주의〉, 〈공동선의 연대 정치와 민주주의의 배제의 동학〉, 〈마르크스주의 철학사상 원전 번역사와 우리의 근대성〉 등의 논문을 발표했다.

김시천 책이 단어를 다루듯이 나를 하나의 단어로 말하면 뭐라 하면 좋을까? 어느 선생님에 따르면, 발칙하고 괘씸한 '386 서당개'란다. 때로 훈장님보다 서당개가 더 크게 소리 낼 때가 있기 때문이란다. 우연히 숭실대학교 철학과에 입학했고, 동양철학을 전공하다가 또 우연찮게 책도 몇 권 펴냈다. 좋은 선생님들을 만나 들은 풍월이 더러 있어, 강의도 하고 글도 쓰고 특히 요즘에는 동양의 고전을 현대인의 삶의 관점에서 읽는 일로 고민한다.

왕필王弼에 관한 논문을 쓴 것이 계기가 되어 노장老莊 사상을 연구하였고, 2003년에 〈노자의 양생론적 해석과 의리론적 해석〉으로 박사학위를 취득하였다. 더불어 동의과학연구소에서 한의학을 위한 철학강의, 철학아카데미에서 여러 강의를 진행하면서 전통 고전을 오늘날의 생동하는 의미로 되살리는 작업에 관심을 두고 있다. 지은 책으로는 《철학에서 이야기로—우리 시대의 노장읽기》, 《기학의 모험 1, 2》(공저), 《이기주의를 위한 변명》, 《번역된 철학 착종된 근대》(공저), 《찰스 다윈 한국의 학자를 만나다》(공저) 등이 있다.

이재유 나는 별로 내세울 게 없는 사람이다. 그냥 스스로 '곰탱이'라 생각하는 사람이다. 곰탱이라는 말은 여기서 두 가지 의미다. 하나는 편하고 정감 있는 쪽이고 다른 하나는 약삭빠르지 못해서 자기 것도 제대로 못 챙기는 미련곰탱이다. 후자가 필자에 어울리는 이미지이다.

그래서인지 미련 곰탱이답게 물리학을 공부했다가 너무 공부를 못해서 철학을 다시금 공부하려 했고, 지금도 그러고 있다. 물리학 공부도 제대로 못했는데, 철학이야 오죽하랴마는 그래도 거북이마냥 한 걸음 한 걸음 옮기고 있다.

이렇게 발걸음을 옮기면서 〈마르크스의 생산력 개념에 대하여〉, 〈계급의식의 형성과 보편화에 관하여〉, 〈계급의 해체와 재구성에 관하여〉, 〈여성 되기와 계급투쟁〉, 〈클라우제비츠의 《전쟁론》에 대한 철학적 고찰〉 등의 논문을 썼다. 쓴 책으로는 《스미스의 국부론》, 《계급》, 옮긴 책으로 《이데올로기와 문화정체성》 등이 있다.

박준영 17살, 학교 공부가 재미없어졌고 시립도서관 인문과학, 문학 자료실에서 살다시피 했다. 프로이트와 니체와 도스토옙스키를 만났고, 학교를 그만두었다. 그 후 2년, 책만 읽었다, 아니 씹어 먹었다.

19살, 《대승기신론소大乘起信論疏》의 원효를 만났다. 대학 입학 후 마르크스와 들뢰즈 그리고 기형도가 날 먹여 살렸다. 나는 텍스트가 살다 간 흔적일 뿐이다. 텅 빈 환등기처럼 나는 텍스트를 비추고 있었다. 그래서 덧없다. 모든 철학의 시작은 '덧없음'이니 나는 출발점에서 한 치도 못 움직였다. 언제 스스로 생각할 것인가? Sapere Aude! 아직 미명이다.

동국대학교에서 불교를 배웠고, 서강대학교에서 프랑스철학으로 석사학위를 받았다. 현재는 리쾨르Paul Ricoeur로 박사 논문을 준비하면서 강의도 하고 있다.